Thomas Geisel

Grenzgänger

Thomas Geisel

Grenzgänger
Sechs Jahre Leben für die Politik

Erinnerungen eines
Düsseldorfer Oberbürgermeisters

Droste Verlag

Bibliografische Information der Deutschen Nationalbibliothek
Die Deutsche Nationalbibliothek verzeichnet diese Publikation in
der Deutschen Nationalbibliografie; detaillierte bibliografische
Daten sind im Internet über http://dnb.d-nb.de abrufbar.

© 2021 Droste Verlag GmbH, Düsseldorf
Foto Einband: Daniel Enning
Fotos Innenteil: Susanne Diesner: S. 35; Michael Gstettenbauer: S. 67, 99, 120,
187, 188, 301, 352; privat: S. 26, 27, 111, 199, 200, 209, 265, 267, 315;
Uwe Schaffmeister: S. 29, 30; Dieter Schneider-Bichel: S. 86, 105, 161, 219, 263,
295; Melanie Zanin: S. 324
Druck und Bindung: CPI books GmbH, Leck
ISBN 978-3-7700-2345-5

www.droste-verlag.de

Inhaltsverzeichnis

Vorwort von Günther H. Oettinger

Durch seine Kandidatur bei der Wahl des Oberbürgermeisters der Landeshauptstadt Düsseldorf wurde ich erstmals auf Thomas Geisel aufmerksam. Seinen Vater, Dr. Alfred Geisel, habe ich 30 Jahre vorher kennengelernt. Er war während der ersten drei Wahlperioden meiner Landtagszugehörigkeit in Baden-Württemberg »mein« Erster stellvertretender Landtagspräsident. Dr. Alfred Geisel war ein Sozialdemokrat alten Schlages: links, demokratisch, sehr korrekt, ab und zu besserwisserisch und zugleich von herzlicher Wärme. Ellwangen auf der Ostalb ist seine Heimat, er ist Volljurist aus Tübingen. Während der gemeinsamen Zeit in der Landespolitik, aber auch bei Begegnungen danach haben wir uns immer freundschaftlich behandelt.

Dr. Alfred Geisel hat voller Freude von der überraschenden Wahl seines Sohnes erzählt. Ein Schwabe als Oberbürgermeister in der stolzen Rheinmetropole ...!

Die Wahl war eine handfeste Überraschung. Ein Quereinsteiger aus der Energiewirtschaft, ein Sozialdemokrat als Kandidat seiner Partei, die in Düsseldorf keine starke Stellung hatte: Das war eine bundesweit beachtete Konstellation.

Während seiner sechsjährigen Amtszeit hatte ich zahlreiche Begegnungen und Gespräche mit Thomas Geisel. Mehrmals trafen wir uns auf den Leitmessen der Immobilienwirtschaft, der Mipim in Cannes und der Expo Real in München. Am Stand seiner Stadt hat er mit Begeisterung über die außergewöhnlichen Projekte Düsseldorfs gesprochen.

Thomas Geisel wurde als Manager in der Energiewirtschaft groß. Er war und ist ein Macher. Als solcher verstand er sich auch in dem kommunalpolitischen Spitzenamt. Die Landeshauptstadt verfügt auch nach zahlreichen Privatisierungen über wichtige Beteiligungen in verschiedenen Wirtschaftssektoren. Hier war er genauso in seinem Element wie bei den großen Herausforderungen einer Metropole: Soziales, Bildung und Betreuung, kommunale Infrastruktur in den verschiedenen Stadtteilen, Wohnungsbau oder Integration.

Thomas Geisel ist stolz auf seine Stadt und hat doch immer auch die Vorurteile, die im Rheinland und in ganz Deutschland gegenüber Düsseldorf bestehen, erkannt. Ein neues Stadtmarketing, welches die Qualität und die Stärken von Düsseldorf ohne Arroganz darstellt, war ihm wichtig.

Für mich entstand schon bei der ersten Begegnung eine Vertrauensbeziehung zwischen uns. Ein Sozialdemokrat und ein Christdemokrat müssen keine Gegner sein. Mit gegenseitigem Respekt, Offenheit und Fairness kann Freundschaft entstehen. So sehe ich es zwischen ihm und mir.

Trotz des wichtigen Amtes hat sich Thomas Geisel nicht zu wichtig genommen. Er war selbstbewusst, aber er ist nicht abgehoben. Mit seiner fröhlichen Art und seiner feinen Ironie hat er viele Menschen begeistert, so auch mich.

Thomas Geisel war bei der Wiederwahl nicht erfolgreich. Dies bedaure ich, und sicher auch viele andere. Die Politik aber braucht mehr denn je Grenzgänger, die in der Wirtschaft und Arbeitswelt erfolgreich waren, dann aber auch bereit sind, sich politisch zu engagieren. Sein Buch wird hoffentlich nicht davon abhalten, sondern dazu motivieren.

Von Herzen wünsche ich ihm weiterhin mit seiner Schaffenskraft einen erfolgreichen Lebensweg, vor allem aber Lebensfreude und Gesundheit.

Günther H. Oettinger

Vorwort von Ulrich Tukur

Als Schauspieler kommt man hin und wieder mit einem Berufs-
stand in Berührung, der dem eigenen gar nicht so fremd ist:
dem des Politikers. Der Schauspieler behauptet Gefühle, die
nicht die eigenen sind, er spricht Texte, die andere für ihn geschrieben haben, er tut so, als sei er jemand, der er gar nicht ist.
Und er hofft auf die Akzeptanz, mehr noch, die Bewunderung
des Publikums und betet insgeheim, bei dieser Hochstapelei
nicht erwischt zu werden.

Der erste Politiker, dem ich die Hand reichen durfte, war der
US-Präsident Gerald Ford. Das war 1976 anlässlich der Feierlich-
keiten zum 200. Gründungsjahr der Vereinigten Staaten von
Amerika. Später lernte ich Helmut Kohl kennen, der mit meinem Kollegen Fritz Muliar unter den blühenden Kastanienbäu-
men eines Biergartens im Salzkammergut saß und sich zu ein
paar neckischen Worten an mich herabließ. Es folgten Helmut
Schmidt, der mir auf meine Bitte (und ohne mich dabei auch nur
eines einzigen Blickes zu würdigen) eine seiner Menthol-Ziga-
retten überließ, Olaf Scholz, Frank-Walter Steinmeier, Boris Pal-
mer und Sigmar Gabriel.

Zwischen dem Tübinger Oberbürgermeister und dem sozialdemokratischen Vizekanzler traf ich auf Thomas Geisel, den
Oberbürgermeister von Düsseldorf, der eigentlich aus Schwä-
bisch-Sibirien (Ellwangen) stammte und darum einen ortsfrem-
den Dialekt sprach. Irgendwie schien er mir fehl am Platze, aber
dann auch wieder nicht, denn er hatte die sprichwörtliche
schwäbische Behäbigkeit abgestreift (wenn er sie denn je beses-
sen hatte) und eine rheinische Vitalität angenommen, die die
seiner neuen Landsleute in ihrer Quirligkeit noch weit übertraf.

Ihm verdanke ich wunderbare Abendessen nach Konzerten in der Düsseldorfer Tonhalle, geistreiche Gespräche, mindestens zwei Karnevalsorden, drei Vollräusche und den Helmut-Käutner-Preis, den ich aus seiner Hand entgegennehmen durfte.

Streng genommen ist er ein Politiker, also ein Schauspieler, aber in Wahrheit doch eher ein Vollblutbürgermeister, der sich mit (oft unangenehmen) Wirklichkeiten und Problemen herumschlagen muss, ein leidenschaftlicher Pragmatiker ohne ideologischen Dünkel und parteipolitische Hörigkeit, der stets das Beste für seine Stadt und ihre Bürger herauszuholen sucht.

Und er ist der schlagende Beweis, dass ein Schwabe auch Humor haben kann, den er selbst in der Diaspora nicht verliert.

Weil er nach Latein, Griechisch, Französisch und Englisch das Hochdeutsche erst als fünfte Fremdsprache erlernte, haben ihn die Düsseldorfer unlängst aus dem Amt des Oberbürgermeisters gewählt. Sie werden es bereuen, genauso wie Thomas Geisel seinen hier vorliegenden Bericht über sein Leben als Oberbürgermeister. Ich habe ihm geraten, damit noch ein paar Jahre zu warten, sein politisches Leben sei ja noch nicht abgeschlossen, er könne ja immer noch Oberbürgermeister von Köln oder Bundeskanzler werden. Es war nichts zu machen, er wollte nicht hören. Und so kommen Sie nun, werte Leserinnen und Leser, viel früher, als Sie zu hoffen wagten, in den Genuss, die wahre und auch unterhaltsame Geschichte eines Mannes zu lesen, der einmal die Geschicke einer bedeutenden westdeutschen Großstadt sicher lenkte, ohne die der Dichter des Belsazar und der Loreley das Licht der Welt niemals erblickt hätte.

Ulrich Tukur

Schluss nach sechs Jahren

Am 27. September 2020 verlor ich nach sechsjähriger Amtszeit die Stichwahl um das Amt des Oberbürgermeisters der Landeshauptstadt Düsseldorf mit 44 % zu 56 % gegen meinen Herausforderer von der CDU. Die Niederlage war deutlich: Über 25.000 Stimmen trennten mich vom Sieger.

Sechs Jahre zuvor war ich strahlender Sieger gewesen. Damals, am 15. Juni 2014, hatte ich ebenfalls in einer Stichwahl den Amtsinhaber mit fast 60 % geschlagen.

Als ich mein Amt antrat, dachte ich, auf diesen Posten eigentlich gut vorbereitet zu sein. Von der Ausbildung her war ich Volljurist – was in der Verwaltung nie verkehrt ist – und hatte sogar noch zwei Jahre »Public Management« an der ehrwürdigen Harvard-Universität studiert.

Zumindest ein wenig politische Erfahrung konnte ich auch vorweisen. Immerhin komme ich aus einer politischen Familie: Mein Vater war 24 Jahre lang Mitglied des Landtags von Baden-Württemberg, und zu meinen frühesten Kindheitserinnerungen gehörte das Verteilen von Wahlkampfbroschüren im rabenschwarzen Wahlkreis Aalen. Und meinen ersten Job hatte ich unmittelbar nach meinem Jura-Examen im Frühjahr 1990 in der ersten – und letzten – frei gewählten Volkskammer der DDR, wo ich als Assistent der SPD-Fraktion gearbeitet hatte. Seinerzeit war ich mit leichtem Gepäck nach Berlin gefahren, hatte mich im Haus der Parlamentarier – dem ehemaligen ZK der SED und heutigen Außenministerium – nach einem Bekannten durchgefragt, von dem ich wusste, dass er im Büro des SPD-Fraktionsvorsitzenden Richard Schröder arbeitete, und hatte nach zwei Stunden einen Arbeitsvertrag in Händen, der mit dem stolzen

Gehalt von 1500 DM pro Monat vergütet war. So konnte ich ein wenig mitgestalten am Einigungsvertrag und wurde Zeuge der historischen Volkskammersitzung, in der die DDR ihren Beitritt zur Bundesrepublik beschloss.

In den Jahren 1991/1992 war ich sogar hauptamtlicher Parteifunktionär als persönlicher Referent des damaligen SPD-Bundesgeschäftsführers Karlheinz Blessing im Erich-Ollenhauer-Haus in Bonn. Nach einem Jahr in den Diensten der Partei entschied ich allerdings sehr bewusst, meine Ausbildung fortzusetzen, um nicht als – wie man zu sagen pflegt – »Political Junkie« darauf vertrauen zu müssen, irgendwann einmal in einer sozialdemokratisch geführten Ministerialbürokratie in Bund oder Land unterzukommen. Dies hielt mich freilich nicht davon ab, in den 90er-Jahren, als ich in Berlin lebte, noch zumindest ehrenamtlich für die SPD tätig zu bleiben; seinerzeit als stellvertretender Kreisvorsitzender im Bezirk Prenzlauer Berg.

Spätestens seit Ende der 90er-Jahre aber wurde ich in Sachen Parteiarbeit mehr und mehr zur Karteileiche, was familiäre, vor allem aber berufliche Ursachen hatte. Nach meinem Referendariat bekam ich Ende 1994 ein Angebot der Treuhandanstalt, die Privatisierungsverhandlungen für den sogenannten mitteldeutschen Olefinverbund an den Standorten Buna, Leuna und Böhlen zu führen und einige Monate später als Abteilungsleiter der Treuhand-Nachfolgerin BvS die Restrukturierung praktisch aller ostdeutschen Chemiestandorte zu begleiten. Eine spannende Tätigkeit an der Schnittstelle zwischen Wirtschaft und Verwaltung, bei der es um Subventionen im zweistelligen Milliardenbereich ging. Und nach einer – gottlob – nur kurzen Episode beim amerikanischen Energiehändler Enron kam ich dann im Jahr 2000 zur Essener Ruhrgas AG, wo ich für den Einkauf von Erdgas aus deutschen, holländischen, dänischen, englischen und vor allem norwegischen Quellen zuständig war. Auch dieses Geschäft war ausgesprochen großvolumig, und entsprechend groß war die Verantwortung, als es darum ging, die langfristigen Bezugsverträge im Zuge der Liberalisierung der Energiemärkte von der traditionellen Ölbindung auf eine Marktpreis-Indexierung umzustellen.

Damit, so dachte ich vielleicht etwas naiv, müsste ich doch fit sein für den Job eines Oberbürgermeisters. Denn vor allem ging es dabei ja – so jedenfalls stellte ich mir das vor – um eine anspruchsvolle Management-Aufgabe. Was sollte die Führung einer Verwaltung mit 10.000 Mitarbeitern schon wesentlich anderes sein als der Job eines Geschäftsführers eines bedeutenden mittelständischen Unternehmens? Ein Unterschied lag allenfalls darin, dass die Erfolgskriterien für die Arbeit eines Oberbürgermeisters etwas komplexer sein würden als die »Bottom Line«, die in der Wirtschaft in der Regel für Erfolg und Misserfolg maßgeblich ist. Das Gemeinwohl als Ziel politischen Handelns lässt sich naturgemäß rein quantitativ nicht erfassen, sondern ist letztlich immer abhängig von politischen Vorlieben. Und auch die »Shareholder« sind in der Kommunalpolitik andere. Aber das war mir ganz recht, denn für die Bürgerinnen und Bürger der eigenen Stadt zu arbeiten würde gewiss noch mehr Freude machen als für »Couponschneider« und Pensionsfonds, wie ich es aus dem Konzern, für den ich bisher gearbeitet hatte, gewohnt war.

Der »Stadtkonzern« selbst schreckte mich ebenfalls nicht. Die städtischen Beteiligungen, sei es nun die Rheinbahn, der Flughafen, die Messe oder die Stadtsparkasse, zu beaufsichtigen, traute ich mir jedenfalls zu. Wer wenn nicht jemand, der aus der Wirtschaft kam, sollte dazu besser geeignet sein?

Ein wenig unsicher war ich mir, wie ich wohl mit den repräsentativen Aufgaben des Amtes zurechtkommen würde. Immerhin war ich bis dahin noch nie auf einem Schützenfest gewesen, und den Karneval kannte ich allenfalls vom Rosenmontagszug. Aber da ich von Natur aus neugierig bin und gerne Menschen kennen-lerne, sollte dies eine lösbare Aufgabe sein.

Trotz meines begrenzten politischen Erfahrungsschatzes sah ich auch im Umgang mit der Politik kein größeres Problem. Meine Vorstellung war, das Amt in dem Sinne überparteilich zu führen, dass ich grundsätzlich bei allen (demokratischen) Parteien um die Zustimmung zu den Vorschlägen und Vorlagen der Verwaltung werben wollte. Aufgrund der Tatsache, dass die meisten kommunalpolitischen Vorgänge sich nicht wirklich weltanschaulich einsortieren lassen, schien mir dies durchaus ein realistisches und aussichtsreiches Vorgehen zu sein. Vorbilder waren mir dabei Oberbürgermeister, die ich aus Süddeutschland kannte, wie der langjährige Stuttgarter OB Manfred Rommel (CDU) oder »mein« Oberbürgermeister aus Freiburger Studientagen, Rolf Böhme (SPD), der in den Erinnerungen an seine Amtszeit schreibt, »was im Kern die Kommunalpolitik so interessant macht und abhebt von dem bekannten Koalitions- und Lagerkampf der Parteien in Bund und Land«, sei, dass »die Entscheidungen immer nach Projekt und Sachfrage fallen und nicht parteigebundener Linie«.

Und persönlich brachte ich – jedenfalls auf den ersten Blick – eigentlich auch alle Voraussetzungen mit, um ein glaubwürdiger und erfolgreicher Politiker zu sein.

Ich war ein »Quereinsteiger« mit einem Leben vor der Politik; insofern unterschied ich mich von der wachsenden Schar von Politikern, deren Karriere sich auf »Kreißsaal, Hörsaal, Plenar-saal« beschränkte. Außerdem war ich wirtschaftlich zumindest so unabhängig, dass ich nicht »von der Politik« leben musste, sondern »für die Politik« leben konnte, wie es Max Weber in »Politik als Beruf« einmal so treffend formuliert hat.

Arroganz und Statusdünkel – ein gegenüber Politikern nicht selten geäußerter Vorwurf – waren ebenfalls nicht meins. Im Gegenteil: Über manche Wichtigtuerei mit Fahrern, Vorzimmern und anderen Privilegien und Statussymbolen, die man bisweilen bei kommunalen Würdenträgern erleben kann, konnte ich ehrlicherweise nur den Kopf schütteln. Und das Privileg, mit meinem Dienstfahrzeug auf Bus- und Umweltspuren fahren zu dürfen, hatte ich von meinem Vorgänger geerbt und selbst praktisch nie in Anspruch genommen. Dass es gleichwohl in den Medien skandalisiert und vom politischen Gegner ausgeschlachtet wurde, war meiner politischen Unerfahrenheit – Politikprofis würden sagen: Dummheit – geschuldet, es einmal auf einer Pressekonferenz erwähnt zu haben.

Dass ich nahezu rund um die Uhr für Düsseldorf im Einsatz war, fand selbst beim politischen Gegner Anerkennung. Für so viel Fleiß durfte ich sogar mildernde Umstände dafür geltend machen, dass Pünktlichkeit nicht zu meinen Paradedisziplinen zählte. Mangelnde Volkstümlichkeit und »Abgehobenheit« konnte man mir auch nicht attestieren. Wenn der langjährige Oberbürgermeister von Ulm, Ivo Gönner, in den Erinnerungen an seine Amtszeit schreibt, Grundvoraussetzung für die erfolgreiche Tätigkeit eines Oberbürgermeisters sei es, dass man »die Menschen mag«, so darf ich mir zugutehalten, dass ich jedenfalls in dieser Hinsicht für mein Amt qualifiziert war. Wer mich erlebte, spürte in der Regel recht schnell, dass ich wirklich Freude an meiner Tätigkeit hatte. Schauspielern musste ich dafür nicht. Es stimmte einfach, dass ich – wie ich es einmal formulierte – mindestens 85 % meines Jobs aus Neigung und allenfalls 15 % aus Pflicht machte.

Und in das Bild der Politiker, die viel versprechen und wenig halten, passte ich auch nicht. Jedenfalls war ich bestrebt, das, was ich vor der Wahl versprochen hatte, auch zu halten. Dies musste selbst die in Düsseldorf marktbeherrschende Tageszeitung *Rheinische Post* einräumen, die sich zu Beginn meiner

Tätigkeit vorgenommen hatte, in ihrer Online-Ausgabe anhand eines »OB-Meters« laufend zu überprüfen, ob den angeblich so vielen Ankündigungen und Versprechen, die ich im Wahlkampf gemacht hätte, auch Taten folgen würden. Dieses »OB-Meter« wurde nach etwa drei Jahren eingestellt, nachdem ich praktisch alle meine Ankündigungen und Versprechen umgesetzt hatte. Nur am Rande sei bemerkt, dass es vor meiner Amtszeit nie ein »OB-Meter« gegeben hatte und offensichtlich auch nicht beabsichtigt ist, die Tätigkeit meines Nachfolgers mit einem derartigen Werkzeug nachzuverfolgen.

Woran lag es, dass ich bereits nach einer Amtszeit abgewählt wurde? Eindeutig klären lässt sich so etwas naturgemäß nicht.

Es waren wohl mehrere Faktoren, die dazu beigetragen haben. Mit Sicherheit habe ich manches falsch eingeschätzt, was mit meiner politischen Unerfahrenheit zu tun gehabt haben dürfte, wohl auch mit einer gewissen Naivität, und vielleicht lag es manchmal auch an mangelnder Einsicht und einer gewissen Beratungsresistenz. Unterschätzt habe ich wohl auch das Beharrungsvermögen und Eigenleben einer Bürokratie, von der man bisweilen den Eindruck bekommen kann, sie werde nicht demokratisch-politisch geführt, sondern funktioniere nach ihrer eigenen Mechanik. Dasselbe gilt, so musste ich lernen, für die Politik. Auch das politische Geschäft folgt seinen eigenen Regeln, die sich rein rationaler Beurteilung nicht immer erschließen, und der »Menschelfaktor« spielt dabei eine nicht zu unterschätzende Rolle. Lehrgeld musste ich wohl auch insofern bezahlen, als allein eine gute Bilanz in der Politik vielleicht hilfreich, keinesfalls aber entscheidend ist. Wie heißt es so schön auf Neudeutsch: »Perception is Reality!« Nicht Zahlen, Daten, Fakten entscheiden über politischen Erfolg und Misserfolg, sondern das »Narrativ«. Und darauf hat der praktische Politiker erfahrungsgemäß immer weniger Einfluss. Halfen früher noch eine gut aufgestellte Presseabteilung und der eine oder andere »Spin Doctor«, so erscheint es in Zeiten von Social Media immer unberechenbarer und zufälliger, wo sich gerade wieder ein Shitstorm zusammenbraut.

Dieses Buch lässt die sechs Jahre meiner Amtszeit Revue passieren. Große Projekte hatte ich mir gemeinsam mit Politik und Verwaltung vorgenommen. Vieles wurde erfolgreich realisiert, manches zumindest erfolgversprechend auf den Weg gebracht, das eine oder andere blieb in den Mühlen der Bürokratie stecken, und ein paar Vorhaben sind gescheitert. Insofern geht es in diesem Buch um Kommunalpolitik im weitesten Sinne. Es geht um die Entwicklung der Landeshauptstadt Düsseldorf in den Jahren 2014–2020; es geht um Erfolge und Niederlagen einer Administration, die sich viel vorgenommen hatte; es geht um das Miteinander, Nebeneinander und Gegeneinander von Oberbürgermeister, Politik und Verwaltung; es geht um die wechselnden Befindlichkeiten und Vorlieben einer vielfältigen und selbstbewussten Stadtgesellschaft; es geht um großartigen Bürgersinn ebenso wie um kleinliche Partikularinteressen; es geht um gelungene und misslungene Kommunikation, um Beifall und Shitstorms; und es geht um Überraschungen, Enttäuschungen und Irrtümer des Autors, der sechs Jahre lang seinen Traumberuf ausüben durfte.

Traumjob Oberbürgermeister

Viele Zufälle und eine Sensation

Am 15. Juni 2014 wurde ich in mit 59,2 % zum Oberbürgermeister der Landeshauptstadt Düsseldorf gewählt.

Meine Wahl war, das kann man ohne Übertreibung sagen, eine Sensation. Noch wenige Wochen vorher hatte eine Düsseldorfer Tageszeitung kommentiert, meine Wahl zum Oberbürgermeister wäre etwa so wahrscheinlich wie die deutsche Eishockey-Meisterschaft der Düsseldorfer EG, die seinerzeit schon theoretisch nicht mehr möglich war.

Dass ich überhaupt antreten konnte, war einer Reihe von glücklichen Zufällen und Fügungen zu verdanken, vor allem aber dem Umstand, dass es für die SPD ein Jahr vor der Wahl ziemlich aussichtslos erschien, einen Machtwechsel im Düsseldorfer Rathaus herbeizuführen. Seit 14 Jahren regierte in Düsseldorf die CDU in einer Koalition mit der FDP und saß praktisch an allen Schalthebeln der Macht. Insbesondere unter der Ägide des CDU-Oberbürgermeisters Joachim Erwin, der die Stadt von 1999 bis zu seinem Tod im Jahre 2008 führte, wurde in dem Sinne »durchregiert«, dass praktisch alle Leitungsfunktionen, auf die die Politik Einfluss nehmen konnte, von loyalen Gefolgsleuten des Oberbürgermeisters besetzt waren.

Die SPD fand spätestens seit dem Jahr 2009 kommunalpolitisch kaum mehr statt. In diesem Jahr kassierte die Partei eine krachende Niederlage bei der Kommunalwahl und war gerade noch etwa halb so stark wie die CDU. Auch bei der Bundestagswahl verlor die Partei beide Mandate, die bis dahin immerhin von zwei parlamentarischen Staatssekretären wahrgenommen worden waren.

Bei der Landtagswahl 2010, die überraschend zur Machtübernahme von Hannelore Kraft geführt hatte, war ebenfalls kein Düsseldorfer SPD-Kandidat erfolgreich. Eine Ausnahme machte die vorgezogene Landtagswahl 2012. Mit dem positiven Landestrend gelang es der Partei, gleich alle vier Düsseldorfer Wahlkreise zu gewinnen. Nichtsdestoweniger überrascht es vor diesem Hintergrund nicht, dass kein etablierter Düsseldorfer SPD-Politiker sich auf das Wagnis einlassen wollte, als Kandidat für das Amt des Oberbürgermeisters anzutreten.

Auf die Idee, mich zu fragen, ob ich Interesse hätte zu kandidieren, kam schon deshalb niemand in der Düsseldorfer SPD, weil ich bis dahin als Sozialdemokrat in Düsseldorf nicht in Erscheinung getreten war, sondern als klassische Karteileiche mein parteipolitisches Engagement darauf beschränkt hatte, regelmäßig meine Beiträge zu bezahlen. Insofern bedurfte es der Hilfe von außen, und zwar in Person des Vorsitzenden der SPD-Landtagsfraktion, Norbert Römer, der mich von einem »politischen Salon« kannte. Der »politische Salon« war eine Veranstaltungsreihe, zu der meine Frau und ich seit 2009 zwei- bis dreimal im Jahr einen Kreis von etwa 50 Freundinnen und Freunden einluden, um mit Politikern zu diskutieren. Norbert Römer wusste, dass ich mich mit dem Gedanken trug, mich beruflich zu verändern, und mir durchaus eine Tätigkeit in Politik und Verwaltung vorstellen konnte.

An eine Kandidatur als Oberbürgermeister hatte ich dabei allerdings nicht gedacht. Von daher kam sein Anruf im Dezember 2012 in der Tat völlig überraschend. Auf meine spontane Reaktion, Kommunalpolitik hätte ich noch nie gemacht und insofern auch keine Ahnung davon, meinte er nur, ich möge doch einmal darüber nachdenken, die Angelegenheit mit meiner Frau besprechen und mich dann wieder melden.

Und als ich anfing, darüber nachzudenken, wurde mir recht schnell bewusst, dass die Tätigkeit eines Oberbürgermeisters – jedenfalls so, wie ich sie mir vorstellte – durchaus dem entsprach, was ich eigentlich immer einmal machen wollte. Meine Frau davon zu überzeugen, sich auf dieses Wagnis einzulassen, war einfacher, als manch eine(r) wahrscheinlich vermutet hätte. Hilfreich war dabei, dass wir uns schon länger darüber einig waren, dass ich spätestens zu meinem 50. Geburtstag, der im Oktober 2013 anstand, »etwas anderes« als einen Job im E.ON-Konzern machen würde. Und die Auflösungsvereinbarung, die ich vor diesem Hintergrund verhandelt hatte, sah recht auskömmliche Ausstiegskonditionen vor und sollte in Kraft treten, sobald die laufenden Verhandlungen mit den Erdgasproduzenten abgeschlossen waren.

Natürlich blieb die Frage, ob wir es uns und unseren Kindern antun wollten, ein Jahr lang Wahlkampf – mit bestenfalls unsicherer Aussicht auf Erfolg – zu machen, um dann gegebenenfalls einen Job auszuüben, der mit Sicherheit nicht weniger anstrengend sein würde als mein gegenwärtiger, dafür aber deutlich schlechter vergütet. Aber auch hier waren wir uns schnell einig: Der Mensch lebt nicht vom Brot allein. Wer weiß, vielleicht würde ich mein Leben lang bedauern, es nicht einmal versucht zu haben, nachdem mir die Kandidatur angeboten worden war. Hinzu kam der Umstand, dass das Risiko während des Wahlkampfs zumindest insofern begrenzt war, als mir für diesen Zeitraum vertraglich eine Wettbewerbsverbotsentschädigung zustand, deren Höhe ungefähr der Besoldung eines Oberbürgermeisters von Düsseldorf entsprach.

Am 15. April waren die Verhandlungen mit den Gasproduzenten abgeschlossen, am 17. April ging über das E.ON-Intranet die Meldung, Herr Geisel suche sich »eine neue Herausforderung«, und am 19. April stellte mich die Düsseldorfer SPD der Presse als ihren Oberbürgermeisterkandidaten vor.

Die Vorstellung war eine gelungene Überraschung, denn tatsächlich hielten die sechsköpfige Findungskommission und gerade einmal eine Handvoll weiterer eingeweihter Genossinnen und Genossen bis zum Schluss dicht, sodass auch noch so intensive Recherchen der lokalen Medien erfolglos blieben und meine Person bis zum Schluss als »Mister X« gehandelt wurde.

Die Reaktion auf meine Kandidatur war unterschiedlich. Nachdem ich auf der Pressekonferenz auch noch gebeichtet hatte, Mitglied von Hertha BSC zu sein, titelte die *Bild*-Zeitung beispielsweise »Fünf Töchter, Schwabe, Hertha-Fan – dieser Mann will Oberbürgermeister von Düsseldorf werden« und brachte schon dadurch zum Ausdruck, dass sie mein Unterfangen für ziemlich aussichtslos hielt.

Gleichwohl war der SPD ein »Coup« gelungen. Niemand hätte es dieser Partei zugetraut, einen Kandidaten aufzustellen, der alles andere als eine typische sozialdemokratische Funktionärsvita aufwies, augenscheinlich so gar keinen sozialdemokratischen Stallgeruch hatte und damit grundsätzlich auch für ein bürgerliches Publikum wählbar erschien.

Entsprechend »unsortiert« waren die Reaktionen des politischen Gegners. Der FDP-Fraktionsgeschäftsführer beispielsweise ätzte, der SPD-Kandidat könne offenbar »alles außer Rheinisch«, und war sich dabei ganz offensichtlich nicht bewusst, dass dies ja durchaus auch als Kompliment verstanden werden konnte. Der Amtsinhaber wollte sich gar nicht äußern und beließ es auch in der Folge dabei, mich als »Neuankömmling« zu bezeichnen. Und die Versuche von CDU-Funktionären, mich als Versorgungsfall des E.ON-Konzerns darzustellen, wird man bestenfalls als hilflos bezeichnen können.

Die SPD-Mitglieder waren ganz überwiegend begeistert, und das, obwohl mich bis dahin ja praktisch niemand kannte. Bei meiner ersten Vorstellungstour durch sämtliche SPD-Ortsvereine waren die vorgesehenen Lokalitäten nicht selten zu klein bemessen, da auf einmal Mitglieder zu einer Sitzung erschienen, die man dort noch nie oder jedenfalls schon lange nicht mehr gesehen hatte. Die Neugierde war groß, und manch eine(r) war beruhigt, dass ich mit 30 Jahren Parteimitgliedschaft und dem einen oder anderen Parteimandat in den 90er-Jahren zwar kein »in der Wolle gefärbter Sozi« war, aber doch ein glaubwürdiger SPD-Kandidat sein würde. Vor allem aber hatte man den Eindruck, dass es für viele Mitglieder ein ganz neues Lebensgefühl war, auf einmal einen Kandidaten unterstützen zu können, der in der Tat die Absicht hatte, zu gewinnen.

Der Wahlkampf hatte – wie sollte es anders sein? – Höhen und Tiefen. Zunächst einmal fand er schon deshalb gar nicht richtig statt, weil die Bundestagswahl 2013 die gesamte Aufmerksamkeit der Partei absorbierte und nach dem Willen der Parteiführung nicht dazu genutzt werden sollte, den eigenen OB-Kandidaten bekannt zu machen. Immerhin konnte ich diese Zeit nutzen, um mich in unzähligen Einzelgesprächen der Stadtgesellschaft vorzustellen. Dabei kam mir mein SPD-untypisches Profil zu Hilfe, das mir vielerorts die Türen öffnete, auch dort, wo man meiner Kandidatur keinerlei Chancen und nicht selten auch nur sehr begrenzte Sympathien einräumte.

Mit dem enttäuschenden Ergebnis bei der Bundestagswahl 2013 war die Düsseldorfer SPD – nach der kurzzeitigen Euphorie der Landtagswahl 2012 – wieder auf dem Boden der Tatsachen angelangt, und auch mit Blick auf die kommende OB- und Kommunalwahl machte sich Ernüchterung breit. Insbesondere für die Medien schien das Rennen bereits gelaufen zu sein, und entsprechend wurden meine Bemühungen, bekannter zu werden,

Charly Chaplin und Marlene Dietrich

einfach ignoriert. Der Tiefpunkt war schließlich erreicht, als mich ein durchaus wohlmeinender Sympathisant meiner Kandidatur gegen Jahresende 2013 fragte, ob ich bereits aufgegeben hätte.

Ironischerweise kam mir dann der Karneval zu Hilfe, bei dem ich als Radschläger und gemeinsam mit Vera in aufsehenerregen-

Quasimodo und Esmeralda

der Verkleidung als Charlie Chaplin und Marlene Dietrich zumindest in der Boulevard-Presse für Schlagzeilen sorgte.

Und auch der Amtsinhaber half, der sich bereits in der Vergangenheit durch sein rabiates Vorgehen gegen Feuerwehrleute unbeliebt gemacht hatte, die es gewagt hatten, ihn mit despektierlichen Facebook-Postings zu kritisieren. Diesmal hatte er sich auf einem CDU-Parteitag zu der Aussage vergaloppiert, »im Ruhrgebiet wolle man ja noch nicht einmal tot überm Zaun hängen«. Schöner ließ sich das Klischee vom arroganten, neureichen Düsseldorfer ganz offensichtlich nicht bedienen!

Über die Frage, ob der Ausgang die OB-Wahl am 15. Juni eher meine Wahl oder die Abwahl meines Vorgängers war, ist viel spekuliert und geschrieben worden. Eindeutig lässt sich die Frage naturgemäß nicht beantworten. Wahrscheinlich spielte beides eine Rolle.

Auf der einen Seite gab es eine wachsende Kritik am Amtsverständnis, aber auch an der »Performance« von Dirk Elbers. Tatsächlich bemängelten immer mehr Menschen, dass die Stadtentwicklung seit seiner Amtsübernahme kaum neue Impulse erfahren hatte. Elbers beschränkte sich im Wesentlichen darauf, die Projekte, die sein Vorgänger angestoßen hatte, einigermaßen ordentlich zum Abschluss zu bringen. Eigene Ideen durchzusetzen – womöglich noch gegen politische Widerstände – war offensichtlich nicht sein Ding. Auf Widerspruch und Kritik reagierte er – siehe die »Feuerwehraffäre« – dünnhäutig und nicht selten überzogen.

Gleichwohl aber profitierte er von dem durchaus gut bestellten Haus, das ihm sein Vorgänger hinterlassen hatte, und von einer öffentlichen – vor allem aber veröffentlichten! – Meinung, die das Bild verbreitete, Düsseldorf sei insbesondere im kommunalen Quervergleich hervorragend aufgestellt und außerdem schuldenfrei. Von daher läge es auf der Hand, dass jeder, der die Absicht habe, hier eine Veränderung herbeizuführen, eigentlich nur die Stadt »schlechtreden« wolle.

Nach meinem Eindruck hielt diese nachgerade »hegemoniale« Meinungsführerschaft recht lange. Denn trotz einer zunehmenden Unzufriedenheit mit der Stadtentwicklung kam

Der Einzug ins Rathaus

kaum eine Wechselstimmung auf. Jede(r) schien davon auszugehen, dass Dirk Elbers die OB-Wahl ohne Weiteres im ersten
Wahlgang gewinnen würde.

Eine Wende brachte insofern möglicherweise tatsächlich
Elbers' despektierliche Äußerung über das Ruhrgebiet. Diese
ebenso unbedachte wie törichte – wer möchte schon in Düsseldorf tot überm Zaun hängen? – Äußerung war nämlich für viele
gewissermaßen das Ventil, nunmehr begründen zu können,
warum sie Elbers nicht wählen wollten. Wer sich so verächtlich
über seine Nachbarn äußert, verdient meine Stimme nicht – so
oder ähnlich ließen sich immer mehr an sich bürgerliche Wäh-
lerinnen und Wähler in Düsseldorf vernehmen. Ich bin ziemlich
sicher, dass dieser Stimmungsumschwung bei den meisten weniger mit einem ausgeprägten Mitgefühl für das Ruhrgebiet zu

Mit der Ministerpräsidentin am Wahlabend

tun hatte, zumal derlei Gemütsregung in Düsseldorf erfahrungsgemäß nicht allzu weit verbreitet ist. Wohl aber konnten sie nun
begründen, weshalb sie einen Wechsel im Rathaus befürworte-
ten, ohne in den Verdacht zu geraten, sich kritisch über diese
Stadt zu äußern, die doch, wie man jeden Tag in der führenden
Tageszeitung nachlesen konnte, so großartig gemanagt wurde.
Und womöglich kam der eine oder die andere auch nach und
nach zu der Überzeugung, dass jemand mit meinem Profil und
beruflichen Hintergrund vielleicht doch besser geeignet sei, das
Potenzial dieser Stadt zu heben und sie auch über die Grenzen
des Rheinlands hinaus zu repräsentieren.

Wie dem auch sei: Die Stimmung kippte so langsam und
konnte auch nicht mehr aufgehalten werden durch eine bemer-

kenswerte Umfrage, die die *Rheinische Post* gerade einmal vier Tage vor der Kommunalwahl präsentierte und die bei einer Fehlermarge von 4 % den Amtsinhaber bei über 57 % – also uneinholbar in Führung – sah.

Aus 57 % wurden am 25. Mai tatsächlich 46 %.

Und damit war die Wahl für mich so gut wie gewonnen. Denn in den nun folgenden drei Wochen bis zur Stichwahl konnte man den Eindruck bekommen, sämtliche Sozialdemokratinnen und Sozialdemokraten, ja eigentlich alle, die mit meiner Kandidatur sympathisierten, wären ununterbrochen unterwegs, um alle davon zu überzeugen, dass Düsseldorf einen Wechsel brauchte.

Das Ergebnis der Stichwahl war entsprechend. Der Amtsinhaber kam gerade noch auf knapp über 40 % der Stimmen.

Und damit war die Sensation perfekt!

Die 100-Stunden-Woche

Oberbürgermeister der Landeshauptstadt Düsseldorf ist ein anstrengender Job.

Das hat zunächst einmal mit der »Machtfülle« des Amtes zu tun. Man ist – wenngleich beschränkt auf die 217 km² der Gemarkung Düsseldorf – gewissermaßen Bundespräsident, Bundeskanzler, Bundestagspräsident und »Chairman« eines diversifizierten Wirtschaftskonzerns in einer Person.

Es gibt wohl kaum ein Amt, in dem man so viel gestalten kann. Städtebauliche Veränderungen, der Ausbau der Infrastruktur, Investitionen in Bildungs- und Kultureinrichtungen, große Wohnungsbauvorhaben – all dies sind Projekte, die kommunalpolitisch entschieden werden und das Stadtbild für jedermann sichtbar und erlebbar nachhaltig verändern. Und auch bei weniger greifbaren Themen, wie etwa der Organisation der Verwaltung oder der Außenwahrnehmung – dem Image – der Stadt, kann der Oberbürgermeister spürbare Akzente setzen.

Vor allem aber gibt es wohl kein politisches Spitzenamt, in dem man den Menschen so nahe sein und ihre individuelle Lebenssituation so nachhaltig beeinflussen kann. Sei es die alleinerziehende Mutter, die auf einen Kita-Platz für ihr Kind angewiesen ist, um ihren Lebensunterhalt bestreiten zu können, sei es die betagte Seniorin, die aufgrund ihrer eingeschränkten Mobilität nicht mehr selbstständig ihren Haushalt führen kann und deshalb einen Pflegeplatz benötigt, sei es der schon lange in Deutschland lebende Ausländer, der Probleme mit seiner Aufenthaltserlaubnis hat oder gerne deutscher Staatsbürger werden möchte, sei es die junge Polizistin, der Student der Hochschule Düsseldorf oder die Auszubildende bei der Stadtverwaltung, die eine bezahlbare Wohnung brauchen, um hier leben zu können – auf vielen Veranstaltungen, auf Schützenfesten und OB-Dialogen und manchmal auch im persönlichen Gespräch auf der Straße, ebenso wie in unzähligen E-Mails und Briefen haben mir Düsseldorferinnen und Düsseldorfer ihr persönliches Anliegen, ihr individuelles Problem oder auch ihre gut gemeinte Anregung geschildert. Nicht immer, aber immerhin nicht selten konnte ich gemeinsam mit den Kolleginnen und Kollegen der Verwaltung reagieren und helfen, manchmal sogar, wie man so schön sagt, schnell und unbürokratisch.

Die zeitliche Beanspruchung eines Großstadt-Oberbürgermeisters ist gewaltig. Zwar war ich bereits seit Studientagen Frühaufsteher. Seinerzeit bedeutete dies allerdings, dass ich mein Tagwerk in der Regel gegen 6:30 Uhr begann. Als Oberbürgermeister machte ich es mir zur Gewohnheit, den Wecker noch zwei Stunden früher klingeln zu lassen, da in der Regel ab 8:00 Uhr der gesamte Tag durchgetaktet war, sodass für die Bearbeitung von Post, Akten, Sitzungsunterlagen, Unterschriften- und

Tagesmappen eigentlich nur die frühen Morgenstunden zur Verfügung standen. Beginnend mit der Morgenlage um 8:00 Uhr ging es dann Schlag auf Schlag mit im Schnitt etwa 15 Terminen pro Tag, deren letzter nicht selten erst kurz vor Mitternacht endete. Und auch das Wochenende war in der Regel gut mit Terminen bestückt, mit Ausnahme von Sonntagnachmittag und -abend, den ich – einigermaßen konsequent – für Familie und Privates reservierte.

Ebenfalls unvergleichbar mit allem, was ich zuvor gemacht hatte, war die Vielfalt der Aufgaben und Termine. Da waren zunächst einmal die im engeren Sinne politischen Termine. Zehn Ratssitzungen standen in jedem Jahr auf dem Programm und dazu eine ganze Reihe von Ausschusssitzungen, in denen die Anwesenheit des Oberbürgermeisters erwünscht oder erforderlich war. Hinzu kamen Fraktionssitzungen und Parteiversammlungen. Und natürlich zahllose Diskussionen und Abstimmungsgespräche mit den Ampelspitzen, aber auch Einzelgespräche mit Ratsmitgliedern jeglicher Fraktion, um für Verwaltungsvorlagen zu werben oder sie gegebenenfalls so anzupassen, dass eine Mehrheit im Rat für sie erwartet werden konnte.

Mit dem Personalrat gab es nicht nur in jedem Quartal zwei Vierteljahresgespräche (eines mit dem Gesamtpersonalrat und eines mit dem Personalrat der allgemeinen Verwaltung), sondern darüber hinaus auch einen regelmäßigen Austausch.

Meine Funktion als Aufsichtsrats-, Verwaltungsrats- und Kuratoriumsvorsitzender in gut einem Dutzend städtischer Beteiligungsunternehmen beschränkte sich nicht allein auf die Leitung der entsprechenden Gremiensitzungen. Diese wollten auch gut vorbereitet sein, weshalb ich mich regelmäßig mit den Geschäftsleitungen besprach.

Tagsüber war das Programm im Rathaus gut gefüllt mit Gesprächsterminen jeder Art, mit Investoren und Unternehmern, die in Düsseldorf Projekte realisieren wollten, mit Vertretern der Stadtgesellschaft, die Hilfe und Zusammenarbeit anbieten wollten oder für ihr Ansinnen städtische Unterstützung benötigten, aber auch nicht selten mit Bürgerinnen und Bürgern, die sich einfach mit einem konkreten Anliegen an den Oberbürgermeister gewandt hatten. Natürlich konnte ich mich bei Weitem nicht um alles, was an mich herangetragen wurde, persönlich kümmern; immerhin aber versuchte ich doch immer wieder, auch am konkreten Fall herauszubekommen, wo den Bürgerinnen und Bürgern »der Schuh drückte« und wo wir als Verwaltung gegebenenfalls noch besser werden konnten.

Ebenfalls einen sehr breiten Raum im Terminkalender nahmen Repräsentationstermine in Anspruch: Grußworte bei Kongressen und Empfängen, Besuche von Vereinen, Initiativen und Freundeskreisen, Kulturveranstaltungen jeder Art und natürlich das Brauchtum mit Karneval, Schützenwesen und Heimatvereinen.

Ehrungen, Auszeichnungen, Würdigungen und dergleichen machte ich üblicherweise im Jan-Wellem-Saal, der guten Stube des Rathauses. Dies war auch der Ort, wo ich die meisten der insgesamt 82 Trauungen durchführte, die ich als »Hilfsstandesbeamter« vornehmen durfte.

Mein Bestreben war es, das Rathaus für die Bürgerinnen und Bürger zu öffnen. Es sollte nicht eine »Trutzburg des Oberbürgermeisters« mit verschlossenen Türen sein, sondern das Haus der Bürgerinnen und Bürger dieser Stadt. Hierzu passte es, dass wir den Bereich hinter dem Haupteingang zu einer Ausstellungsfläche umfunktionierten, in der sich Künstler, aber auch Schulen, Vereine, Unternehmen und Bürgerinitiativen präsentieren konnten.

Aber auch außerhalb des Rathauses, in den Stadtteilen, suchte ich das Gespräch mit den Bürgerinnen und Bürgern. Eigentlich hatte ich vor, während meiner Amtszeit alle 50 Düsseldorfer

Einer der schönsten Termine im Jahr: das Konzert für den Weihnachtsgruß der Landeshauptstadt Düsseldorf

Stadtteile im Rahmen eines »OB-Dialogs« zu besuchen. Hier machte mir leider Corona einen Strich durch die Rechnung, sodass der OB-Dialog im Stadtteil Vennhausen am 3. Dezember 2019 der 38. und letzte – jedenfalls mit mir als Oberbürgermeister – gewesen ist.

Die Agenda

Vor dem Hintergrund dieser Terminfülle kann man als Oberbürgermeister ohne Weiteres eine 100-Stunden-Woche voll bekommen, ohne irgendetwas tatsächlich zu bewegen.

Dies freilich war nicht mein Ansinnen. Ich war angetreten mit klaren programmatischen Schwerpunkten und dem Willen, die Stadt tatsächlich in diesem Sinne zu gestalten. Vier Punkte waren mir dabei besonders wichtig.

Erstens das Thema Wohnungsbau. Wenn Düsseldorf tatsächlich – und dies war mein im Wahlkampf geäußerter Anspruch – eine »Großstadt für alle« bleiben sollte, dann mussten vor allem mehr bezahlbare Wohnungen gebaut werden.

Zweitens sollte unter meiner Ägide ein Schwerpunkt auf der Entwicklung der Stadtteile liegen. Nicht »Prestigeprojekte« in der Innenstadt, sondern der Ausbau von Infrastruktur und Einrichtungen der Daseinsfürsorge, also Kitas, Schulen, Bäder und Kultureinrichtungen, sowie die Aufwertung des öffentlichen Raums in den Stadtteilen sollten Schwerpunkt der städtebaulichen Entwicklung sein.

Drittens sollte die Verkehrswende vorankommen, also insbesondere mehr Verkehre auf Bus, Bahn und Fahrrad verlegt werden.

Und viertens ging es mir um eine Veränderung des Images der Stadt, das nach meiner Wahrnehmung in den zurückliegenden Jahren gelitten hatte. Auch außerhalb unserer Stadtgrenzen sollte die Kunde verbreitet werden, dass Düsseldorf eben keine arrogante »Bling-Bling«- und »Schickimicki«-Metropole ist, sondern eine gleichermaßen erfolgreiche wie sympathische und solidarische Großstadt. Und auch die Zeiten, in denen Düsseldorf ein weißer Fleck auf der Landkarte der regionalen Zusammenarbeit war, sollten überwunden werden.

So wenig hilfreich meine nicht Düsseldorfer Herkunft häufig im Wahlkampf war, so half sie mir doch zumindest in einem Punkt. Gegen das Mantra der Schuldenfreiheit, das von Dirk Elbers sowie seinen Wahlkämpfern von CDU und FDP unentwegt bemüht wurde, konnte ich glaubwürdig einwenden, dass ich als sparsamer Schwabe durchaus wüsste, wie man das Geld zusammenhält. Das war ernst gemeint und ebenfalls ein Ziel, das ich mir für meine Amtszeit vorgenommen hatte.

Auf mich allein gestellt, das war klar, ließ sich dieses Programm nicht umsetzen.

Ampel und Verwaltung

Zunächst einmal brauchte ich eine einigermaßen verlässliche politische Mehrheit im Rat.

Rein rechnerisch hätte es nach der Kommunalwahl 2014 zu einer schwarz-grünen Ratsmehrheit kommen können. Diese allerdings stand von Anfang an unter keinem guten Stern, nachdem der örtliche CDU-Vorsitzende, der Bundestagsabgeordnete Jarzombek, seine grüne Kollegin, die spätere grüne Landesvorsitzende Mona Neubaur, am Abend der Kommunalwahl per SMS mit den Worten »Schatz, wir müssen reden« zu entsprechenden Verhandlungen aufgefordert hatte. Derlei Macho-Despektierlichkeit kam bei der grünen Basis verständlicherweise nicht so gut an. Eine ebenfalls mögliche schwarz-rote »große« Koalition, die damals diesen Namen noch verdient gehabt hätte, scheiterte bereits daran, dass es niemanden bei SPD und CDU gab, der sich mit einem entsprechenden Vorschlag aus der Deckung gewagt hätte.

So bildete sich nach der Wahl die Ampel, deren Kooperationsvertrag Anfang Oktober 2014 von den örtlichen Parteivorsitzenden von SPD, Grünen und FDP präsentiert wurde.

Die Ampel-Verhandlungen verliefen – für manche überraschend – unspektakulär, was wohl auch damit zu tun hatte, dass es für die FDP die einzige Machtoption war und ihr der Abschied von der CDU insofern leicht gemacht wurde, als Dirk Elbers noch am Abend der Kommunalwahl die 15-jährige schwarz-gelbe Zusammenarbeit mit einem Satz für beendet erklärt hatte, um unmittelbar danach den Grünen Avancen zu machen.

In der Öffentlichkeit entstand bisweilen der Eindruck, es gäbe Differenzen innerhalb der Ampel, und zwar weniger zwischen den Bündnispartnern als zwischen dem Ampelbündnis und dem Oberbürgermeister. Dies mag, worauf ich später noch zurückkommen werde, der subjektiven Befindlichkeit des einen oder anderen Ratsmitglieds entsprochen haben. In der konkreten Stadtpolitik allerdings hat dies keinen Niederschlag gefunden. Im Rückblick gesehen nämlich war die Ampel ein ausgesprochen erfolgreiches Bündnis. Praktisch alle bedeutenden Projekte, die die Verwaltung dem Rat vorlegte, fanden dank des einheitlichen Stimmverhaltens von SPD, Grünen und FDP eine Mehrheit. Die Projekte, bei denen die Ampelpartner nicht gemeinsam mit dem Oberbürgermeister abstimmten, lassen sich nach meiner Erinnerung an den Fingern einer Hand abzählen. Dass dies dann jeweils zu einem medialen Großereignis – siehe Tour de France (siehe Seite 264) oder Ed Sheeran (siehe Seite 209) – aufgebauscht wurde, sollte darüber nicht hinwegtäuschen. Und bemerkenswert ist auch, dass die Zusammenarbeit der Ampel – entgegen den Erwartungen fast aller politischer Beobachter im Jahre 2014 – bis ins letzte Jahr der Legislaturperiode hielt und erst brüchig wurde, nachdem alle beteiligten Parteien eigene OB-Kandidaten aufgestellt hatten.

Nicht weniger wichtig als die politische Unterstützung im Rat war die gute Zusammenarbeit mit der Verwaltung, umso mehr, als ich über keinerlei Verwaltungserfahrung verfügte und auch noch nie eine Organisation der Größe der Stadtverwaltung Düsseldorf geführt hatte.

Ein wenig zu Hilfe kam mir, dass ich auf all meinen bisherigen beruflichen Stationen die Erfahrung gemacht hatte, dass man einen Sprung ins kalte Wasser dann unfallfrei und letztlich erfolgreich überstehen kann, wenn man denjenigen, die einem helfen können, vertraut und sich helfen lässt.

Natürlich gab es zahlreiche – gewiss wohlmeinende – Berater, die mir empfahlen, gleich mit dem »eisernen Besen« durchzufegen, da die Führungsetagen in der Verwaltung und namentlich das Büro des Oberbürgermeisters durchsetzt seien mit Getreuen meines Vorgängers und CDUlern, die nur darauf warteten, gegen mich zu intrigieren. Diesen Rat schlug ich aus. Lediglich die Positionen des Büroleiters und der Pressesprecherin besetzte ich neu.

Den Referenten im »Büro 01« (so die Bezeichnung für das Büro des Oberbürgermeisters in der Verwaltungsnomenklatur) bot ich an, jedenfalls bis auf Weiteres in ihrer bisherigen Funktion für mich zu arbeiten, so sie sich dies vorstellen könnten und wünschten. Die meisten willigten ein, und mit vielen von ihnen habe ich viele Jahre gut und erfolgreich zusammengearbeitet.

Von der Ausgangsposition her anders, aber im Ergebnis ähnlich war die Zusammenarbeit mit den Beigeordneten. Diese sind für eine Amtszeit von acht Jahren (also länger als der Oberbürgermeister!) vom Rat bestellt, das heißt sie waren »gesetzt«, ohne dass ich darauf hätte Einfluss nehmen können. Zugegebenermaßen war ich anfangs skeptisch, wie die Zusammenarbeit laufen würde. Immerhin waren vier der sieben Beigeordneten CDU-Mitglieder und hatten im Wahlkampf zumindest durchblicken lassen, mit wem sie sympathisierten. Die Skepsis erwies sich als unbegründet. Tatsächlich nämlich machte ich die Erfahrung, dass die Beigeordneten in der Düsseldorfer Stadtverwaltung nach ihrem eigenen Selbstverständnis zunächst einmal loyale Beamte sind und das Parteibuch eine allenfalls untergeordnete Rolle spielt. Dass dies keineswegs überall so ist, habe ich aus dem einen oder anderen Gespräch mit Amtskollegen erfahren.

Die Zusammenarbeit mit den Beigeordneten war von Anfang an sachlich konstruktiv und professionell, und in kurzer Zeit entwickelte sich auch ein persönlich vertrauensvolles, ja zu dem einen oder der anderen auch freundschaftliches Verhältnis. Wenn es einmal Meinungsverschiedenheiten über das laufende Geschäft oder die generelle Zielsetzung des Dezernats gab, debattierten wir darüber bei den Rücksprachen, die regelmäßig mit den Beigeordneten, ihren engsten Mitarbeitern und dem

»Spiegelreferenten« aus dem Büro 01 stattfanden. Und über Themen, die mehrere Dezernate betrafen, diskutierten wir in der Verwaltungskonferenz, also in der Runde der Beigeordneten und des Oberbürgermeisters.

Praktisch jede schriftliche Äußerung der Stadtverwaltung ziert ein Briefkopf mit dem Absender »Der Oberbürgermeister«. Hieraus aber sollte nicht der Schluss gezogen werden, der Oberbürgermeister wisse von allem, kümmere sich um alles und entscheide alles, was in seinem Namen verfügt oder mitgeteilt wird.

Dem ist nicht so, und das ist auch gut so. Das meiste, was in der Verwaltung läuft, geschieht routiniert, professionell und fachlich kompetent, ohne dass die Verwaltungsspitze davon überhaupt etwas mitbekommt.

Tatsächlich sind die Aufgaben der Verwaltung so vielfältig und komplex, dass jede Art von »Mikromanagement« aus dem Büro des Oberbürgermeisters von Anfang an zum Scheitern verurteilt wäre. Lediglich dort, wo es um grundsätzliche Entscheidungen und strategische Zielsetzungen geht, sollte nach meinem Verständnis die Handschrift des Oberbürgermeisters erkennbar sein. In meinem Falle waren dies die oben genannten Zielsetzungen, für die ich im Wahlkampf geworben hatte. Sie galt es, gemeinsam mit den Beigeordneten und der gesamten Verwaltung umzusetzen.

Insofern hatte ich mir vorgenommen, zumindest so viel von der Sache zu verstehen, dass ich in der Lage sein würde, Impulse zu setzen und guten Gewissens die Verantwortung zu übernehmen. Bisweilen war es deshalb auch geboten, die »Kommandobrücke« zu verlassen und selbst in den »Maschinenraum« zu gehen, will heißen: die eine oder andere Akte selbst zu studieren und sich vor Ort im Gespräch mit den Betroffenen und Spezialisten ein Bild von der konkreten Problemlage oder Fallgestaltung zu machen. Vielleicht war dies der Grund, weshalb von der

Presse, vom politischen Gegner, manchmal auch von Ampel-
partnern immer wieder versucht wurde, in mein Verhältnis zu
den Beigeordneten Meinungsverschiedenheiten und sonstige
Zwistigkeiten hineinzugeheimnissen. So wurde etwa der Vorwurf kolportiert, ich sei kein »Teamplayer« und mische mich zu
sehr in ihr Geschäft ein. Nun, dieser Vorwurf geht meines Erachtens schon deshalb fehl, weil der Oberbürgermeister nach der
Gemeindeordnung nun einmal für »seine« Verwaltung verantwortlich ist. Und was wäre die Alternative? Ein »Frühstücksdi-
rektor«, der alles delegiert, oder ein bloßer »Moderator«, der
selbst keine Entscheidung trifft, wollte ich jedenfalls nicht sein.

Natürlich wurde auch das Ausscheiden von drei CDU-Beige-
ordneten in den ersten drei Jahren meiner Amtszeit mit angeblichen Zerwürfnissen »erklärt«. Auch das war Unsinn. Für den
ehemaligen Kämmerer Manfred Abrahams war das Angebot
einer Vorstandsposition bei den Stadtwerken einfach zu verlockend; damit änderten sich vielleicht Intensität und Gegenstand
unserer Zusammenarbeit, aber auch in seiner neuen Funktion
brach der von Anfang an sehr gute Kontakt nicht ab. Verkehrs-
und Ordnungsdezernent Stephan Keller machte einen Karriere-
sprung; er ging als Stadtdirektor nach Köln. Und der ehemalige
Planungs- und Baudezernent Gregor Bonin nahm ein Angebot
meines CDU-Kollegen Hans Wilhelm Reiners in seiner Wahlhei-
mat Mönchengladbach an.

Die Morgenlage

Der erste Bürotermin allmorgendlich war die Morgenlage. Anberaumt war sie für 8:00 Uhr, und sie sollte in der Regel eine halbe Stunde dauern. Häufig allerdings kam bereits mit diesem Termin der Tagesablauf in Verzug. Das lag daran, dass ich nicht selten zu spät kam, weil die Erledigung der Post und die Terminvorbereitung zu Hause länger gedauert hatten als geplant; manchmal musste ich meine Kollegen auch warten lassen, weil am Frühstückstisch ein familiäres Problem hochkam, das keinen Aufschub duldete.

Eine feste Tagesordnung gab es bei der Morgenlage nicht. In der Regel besprachen wir die wichtigsten Termine des Tages und das Presseecho des Vortages.

Teilnehmer an der Morgenlage waren meine engsten Mitarbeiter: mein Büroleiter, meine persönliche Referentin und die Leitung des Presse- und Kommunikationsamtes. Während die Besetzung der anderen Funktionen während meiner Amtszeit zum Teil mehrfach wechselte, blieb die Leitung von Büro 01 in all den Jahren in denselben Händen: Jochen Wirtz hatte ich bereits während des Wahlkampfes als damaligen Geschäftsführer der SPD-Ratsfraktion kennen- und schätzen gelernt. Während meiner Amtszeit feierte er sein 40-jähriges Dienstjubiläum und konnte mit seiner Erfahrung manches verhindern oder ausbügeln, was ich aus Unerfahrenheit, Naivität oder Ungestüm an politischem Schaden womöglich ansonsten angerichtet hätte. Seinem Urteil vertraute ich in aller Regel, auch deshalb, weil er in all den Jahren ein – optisch keineswegs! – dickes Fell entwickelt hatte, das ihn den politischen Betrieb ertragen ließ, ohne an Leib und Seele Schaden zu nehmen. Jochen Wirtz' Stellvertreter, Thomas Neuhäuser, war eben-

falls trotz seines noch vergleichsweise jungen Alters bereits ein erfahrener Verwaltungsmann. Dass er darüber hinaus auch ein ebenso kenntnisreicher wie leidenschaftlicher Fortuna-Fan ist, mag mit dafür ursächlich sein, dass wir auch persönlich gut befreundet sind.

Die Funktion des persönlichen Referenten übte zunächst Fabian Zachel aus, der mir schon im Wahlkampf gute Dienste geleistet hatte; er wechselte später in das Tour-de-France-Team und anschließend zum Düsseldorfer Flughafen. Seine Nachfolgerin Anja Wysocki kam aus dem Protokoll und managte die Terminflut, mit der ich in all den Jahren konfrontiert war, ebenso geräuschlos wie professionell. Sie verließ das Büro, um sich auf eine Weltreise zu begeben, die mittlerweile auf den Philippinen ihr Ziel gefunden hat. Ihre Nachfolgerin Sarah Walther kann man mit Fug und Recht als Glücksgriff bezeichnen. Bei ihr gingen hochprofessionelle Effizienz, ein robustes Nervenkostüm, ein gesundes Maß an Frustrationstoleranz und ein immer freundliches Wesen eine kongeniale Verbindung ein, die sie für diese Aufgabe regelrecht prädestinierte!

Die häufigsten Wechsel gab es in der Leitung des Presseamtes. Meine erste Sprecherin, Kerstin Jäckel-Engstfeld, kündigte Anfang 2018. Das vermeintliche Zerwürfnis, das in diese Kündigung hineingeheimnisst wurde und seinerzeit drei Tage lang für medialen Wirbel sorgte, war freilich weniger dramatisch, als manch einer vermutete. Anlass ihrer Kündigung war ein persönliches Gespräch zwischen uns, in dem ich ihr angekündigt hatte, sie lieber mit einer weniger exponierten Stelle betrauen zu wollen. Sorgen nämlich bereitete mir nicht die Tatsache, sondern ihr Umgang mit einer strafrechtlichen Untersuchung, die mein Vorgänger eingeleitet hatte. Hintergrund seiner Strafanzeige war ein Artikel in der Bild-Zeitung, in dem berichtet wurde, dass er nach Angaben des Rathauses bislang weder die Höhe seiner aktuellen Einkünfte offengelegt noch seine Pension zurückgezahlt habe, obwohl er gerade das – ebenfalls in der Bild-Zei-

tung – einige Monate zuvor in Aussicht gestellt hatte. Offensichtlich hatte Kerstin Jäckel-Engstfeld von dieser Untersuchung nichts zu befürchten, denn es handelte sich erkennbar um kein strafwürdiges Verhalten, und außerdem war sie gar nicht die Veranlasserin der entsprechenden Berichterstattung. Gleichwohl beherrschte dieses Thema tagelang die Morgenlage, und der Eindruck drängte sich auf, dass sie dieser Angelegenheit nervlich nicht gewachsen war. Insofern hielt ich es für geboten, hier in hinreichendem zeitlichen Abstand zur nächsten Wahl eine Lösung zu finden, bei der niemand Schaden nehmen sollte. Dass sie dies zum Anlass nahm, von sich aus zu kündigen, habe ich nie so ganz verstanden. Ihre Nachfolgerin, Ingrid Herden, blieb leider nur ein knappes Jahr, da sie sich dem Ruf ihres vorherigen Chefs, Norbert Walter-Borjans, nicht entziehen wollte, nachdem dieser Vorsitzender der SPD geworden war. Und mit ihrem Nachfolger Marc Herriger, der vom Düsseldorfer Express kam, hätte ich gerne noch etliche Jahre weitergearbeitet, wenn der Wähler es so entschieden hätte.

Nicht vergessen werde ich die Morgenlage vom 2. September 2020. Ich kam – wie häufig leicht verspätet – in den »Radschläger«-Sitzungsraum, der in Corona-Zeiten mein Arbeitszimmer als Ort der Morgenlage ersetzt hatte, um die einschlägigen Abstandsregeln einhalten zu können, und war einigermaßen erstaunt, dass der Tisch mit Kuchen und Sektgläsern eingedeckt war. »Was soll das denn?«, fragte ich die anwesenden Kollegen, unter denen sich Corona-bedingt noch der Leiter der Feuerwehr und der des Gesundheitsamtes befanden. »Heute ist der 2. September und damit dein sechsjähriges Dienstjubiläum«, entgegnete mir Sarah Walther. »Stimmt«, sagte ich und fügte hinzu: »… und wenn ich ehrlich bin, bin ich heute zum ersten Mal in den sechs Jahren die Treppen hochgelaufen und habe mir gedacht: ›Eigentlich könntest du auch mal was anderes machen‹.« Das war ehrlich, auch wenn es die Feierlaune nicht eben beförderte.

War ich amtsmüde? Bestimmt nicht! Aber klar war mir doch, dass ich weitere fünf Jahre in diesem Amt wohl kaum noch einmal mit demselben Einsatz und derselben Leidenschaft würde bestreiten können, wie ich es sechs Jahre lang gemacht hatte – und mit Blick auf meine Familie und meine Gesundheit vielleicht auch nicht wollen und dürfen!

Wohnungsbau mit Hindernissen

Wer sich Düsseldorf nicht leisten kann ...

Wohnungsbau und bezahlbarer Wohnraum waren mit hoher Wahrscheinlichkeit die entscheidenden Themen im Wahlkampf 2014. Eine von meiner Kampagne bei einem studentischen Meinungsforschungsinstitut der Heinrich-Heine-Universität in Auftrag gegebene Befragung kam zu dem Ergebnis, dass über 60 % der Befragten der Aussage »Ich befürchte, dass ich mir das Leben in Düsseldorf immer weniger leisten kann« voll oder jedenfalls überwiegend zustimmten. Das Ergebnis war für alle Altersgruppen ungefähr gleich. Nicht überraschend stimmten gut situierte Personen dieser Aussage überwiegend nicht zu; nicht wenige von ihnen bemerkten aber, dass sie sich entsprechende Sorgen um ihre Nachbarn machten.

Tatsächlich war das Thema Wohnungsbau in den Jahren vor 2014 sträflich vernachlässigt worden. Obwohl bereits seinerzeit ein hoher Nachfrageüberhang auf dem Wohnungsmarkt bestand, der dem bereits damals stetigen Jobwachstum und damit einhergehenden Bevölkerungswachstum in Düsseldorf geschuldet war, wurden nur relativ wenige Wohnungen gebaut. Bezeichnend ist, dass im Jahr 2013 kein einziger Bebauungsplan für Wohnungen vom Rat verabschiedet wurde. Und dort, wo gebaut wurde, wurde ganz überwiegend das hochpreisige Segment bedient. Öffentlich geförderte Wohnungen wurden in den 14 Jahren der schwarz-gelben Koalition so gut wie nicht gebaut, obwohl jedes Jahr zahlreiche Wohnungen aus der Sozialbindung herausfielen. Die Folge war ein dramatischer Anstieg der Mieten, insbesondere im unteren und mittleren Segment.

Meinen Vorgänger schien dies nicht sonderlich zu stören. Das ihm zugeschriebene Zitat »Wer sich Düsseldorf nicht leisten kann, muss hier ja auch nicht wohnen« war jedenfalls das Gegenteil der von mir propagierten Willkommenskultur einer »Großstadt für alle«. Die Quittung dafür bekam er bei der Stichwahl am 15. Juni.

Um den Anstieg der Mieten zu stoppen, musste beim Thema Wohnungsbau offensichtlich richtig Tempo gemacht werden. Denn es bedurfte nun wahrlich keiner profunden Kenntnis marktwirtschaftlicher Wirkungszusammenhänge, um zu erkennen, dass eine hohe Nachfrage nach Wohnraum nur dann nicht zu steigenden Mieten führt, wenn ihr ein entsprechendes Angebot entgegengesetzt wird.

Gesunde Wohnverhältnisse und heranrückende Wohnbebauung

Zielsetzung war, dem Wohnungsmarkt jedes Jahr 3000 zusätzliche Wohnungen zur Verfügung zu stellen, und zwar nachhaltig: In jedem Jahr sollten ungefähr für diese Anzahl von Wohnungen Standorte identifiziert, wo erforderlich, Bebauungspläne entwickelt und verabschiedet und Baugenehmigungen erteilt werden. Selbstverständlich sollte dies nicht planlos erfolgen, sondern an klaren Grundsätzen orientiert sein.

Der wichtigste dieser Grundsätze ist das Prinzip »Innenverdichtung vor Außenzersiedelung«. Im Kern bedeutet dies, eben nicht alles zuzubauen, sondern die vorhandenen Flächen so effizient wie möglich zu nutzen, um allen legitimen Bedürfnissen gerecht zu werden. Grün- und Erholungsflächen sollen erhalten und Frischluftschneisen bei der Planung sorgfältig beachtet werden. Und selbstverständlich müssen auch jederzeit hinreichende Flächenreserven für Büro und Gewerbe vorgehalten werden. Als Potenziale für Wohnungsbau bieten sich von daher vor allem solche Flächen an, die bereits weitgehend versiegelt sind, da sie in der Vergangenheit beispielsweise als Gewerbe- oder Verkehrsflächen genutzt worden sind oder sich in geschlossenen Siedlungsbereichen befinden.

Vor dem Hintergrund des in Deutschland geltenden Planungsrechtes ist das aber gar nicht so einfach. Denn diesem Planungsrecht, namentlich dem Baugesetzbuch und dem Bundes-Immissionsschutzgesetz, liegt der Gedanke zugrunde, dass unterschiedliche Grundstücksnutzungen – etwa für Wohn- oder Gewerbezwecke – möglichst streng voneinander zu trennen sind, um »gesunde Wohnverhältnisse« sicherzustellen und gleichzeitig das Gewerbe vor »heranrückender Wohnbebauung« zu schützen. Mögliche Konflikte führen nämlich in der Regel zu langwierigen rechtlichen Auseinandersetzungen, die es besser zu vermeiden gilt.

Wie die Erfahrung in einer Wachstumsmetropole wie Düsseldorf zeigt, führt dieses planungsrechtliche Trennungsprinzip aber bisweilen zu ziemlich grotesken und dysfunktionalen Konsequenzen. Zum einen wird hierdurch ein an sich unnötiger Flächenverbrauch forciert, was vor dem Hintergrund eines ohnehin bereits sehr hohen Versiegelungsgrades sicherlich nicht wünschenswert ist. Zum Zweiten wird auf die Art der Wohnungsbau verhindert oder zumindest wesentlich erschwert, was die gerade in Großstädten bestehende Wohnungsnot noch weiter verschärft. Und drittens widerspricht dieses Prinzip dem modernen urbanen Ideal, das gerade die großen Metropolen für so viele Menschen attraktiv macht. Denn dieses Ideal besteht ja gerade darin, dass man auf engem Raum – in seinem »Kiez« oder »Veedel« – leben, wohnen, arbeiten, ausgehen und Kultur, Sport und Freizeit genießen kann.

Drei Beispiele mögen dies veranschaulichen:

Der Düsseldorfer Medienhafen ist ein Quartier, das sich in den letzten 25 Jahren grundlegend gewandelt hat. Wo früher klassische Hafenbetriebe beheimatet waren, sind Büros, Hotels, Restaurants und Kinos entstanden. Insofern ist es nicht erstaunlich, dass schon früh Stimmen laut wurden, an dieser Stelle auch Wohnungsbau zuzulassen. Das Problem aber sind die in unmittelbarer Nähe ansässigen Mühlenbetriebe. Sie sehen sich in ihrer Existenz durch die heranrückende Wohnbebauung bedroht, da sie Klagen der Bewohner gegen die von ihren Betrieben ausgehenden – eher maßvollen – Lärm- und Geruchsemissionen befürchten müssen. Sie kündigten daher schon frühzeitig an, gegen einen Bebauungsplan, der Wohnungsbau ermöglichen sollte, rechtlich vorzugehen.

Gelöst wurde das Problem nach mehrjährigen Verhandlungen schließlich dadurch, dass im Bebauungsplan für zwei Wohntürme, die dort mittlerweile gebaut worden sind, ausdrücklich festgelegt worden war, dass sich die Fenster der Wohnungen zu bestimmten Zeiten nicht öffnen lassen. Offenbar konnte nur so mit hinreichender Rechtssicherheit ausgeschlossen werden, dass etwaige Klagen Erfolg haben könnten.

Freilich ginge es auch viel einfacher. Nämlich dadurch, dass man den zukünftigen Bewohnern erst gar keine Möglichkeit einer Klage gegen die ansässige Industrie gibt. Der Rechtsstaat wäre dadurch schon deshalb nicht in Gefahr, weil jeder, der in den Hafen zieht, ja weiß, dass dort emittierende Industriebetriebe ihren Standort haben. Einmal ganz abgesehen davon, dass den Hafenbewohnern hierdurch mit Sicherheit weniger Unrecht geschieht, als wenn man sie noch nicht einmal selbst entscheiden lässt, ob sie lieber auf frische Luft oder auf die eine oder andere Emission verzichten wollen.

Zweites Beispiel: Im Düsseldorfer Stadtteil Lierenfeld stand einmal ein Lager des Düsseldorfer Stahlhändlers Hoberg & Driesch. Da sämtliche Lager an einem Standort konzentriert wurden, wurde dieses Lager stillgelegt und anschließend abgerissen. Die Absicht war, an dieser Stelle Wohnungen errichten zu lassen. Misslicherweise befand sich in der Nähe ein Gewerbebetrieb, der zwar aktuell keinen relevanten Lärm verursachte, aber über eine Genehmigung verfügte, die in bestimmtem Umfang Lärmemissionen zuließ.

Aus diesem Grunde sah sich die städtische Planungsbehörde mit Blick auf den Grundsatz der Vermeidung »heranrückender Wohnbebauung« gehindert, hier Wohnungsbau zuzulassen, da zu befürchten stand, der Gewerbebetrieb könnte einen entsprechenden Bebauungsplan erfolgreich beklagen. Allerdings war nunmehr auch eine gewerbliche Nutzung ausgeschlossen, da mit dem Abriss des Lagers der vorherige Bestandsschutz aufgehoben war und die unmittelbar angrenzende bereits bestehende Wohnbebauung die Neuansiedlung von Gewerbe hätte verhindern können. Bis heute liegt dieses Grundstück brach.

Beispiel Nummer drei: Vor einigen Jahren erreichte mich ein Anruf der Vizepräsidentin der Hochschule Düsseldorf, die mir berichtete, dass die Hälfte der von ihrem Studierendenwerk geplanten Studierendenwohnungen nicht genehmigt werden sollte. Das Wohnheim sollte an der Rather Straße gebaut werden, einer Durchgangsstraße mit allenfalls mäßigem Verkehrsaufkommen, und zwar so, dass die Hälfte der Zimmer zur Rather Straße hin angeordnet sein sollte, die andere Hälfte nach hinten. Nun sei das Umweltamt offenbar zu dem Ergebnis gekommen, dass für die unmittelbar an der Rather Straße gelegenen Zimmer »gesunde Wohnverhältnisse« nicht dargestellt werden könnten.

Ganz ehrlich: Ich traute meinen Ohren nicht. Ich erinnerte mich an meine Studienzeit in Genf, wo ich in einem Zimmer im ersten Stock – und ohne Mehrfachverglasung – direkt an der Plaine de Plainpalais wohnte, einer sechsspurigen Straße, über die seinerzeit noch der gesamte Schwerlastverkehr donnerte. Dennoch war dieses Studentenwohnheim das beliebteste von ganz Genf. Wie also Studierende der Hochschule Düsseldorf an der vergleichsweise ruhigen Rather Straße gesundheitliche Beeinträchtigungen zu gewärtigen haben sollten, erschien mir völlig schleierhaft. Es bedurfte einiger Telefonate, um hier Vernunft einkehren zu lassen.

Apropos gesunde Wohnverhältnisse: Die strengen Maßstäbe, die nach aktuellem Planungsrecht hieran zu stellen sind, gelten selbstverständlich nur für den Neubau. Alles, was bereits existiert, genießt Bestandsschutz. Hier wird offenbar ohne Weiteres hingenommen, dass Menschen Gesundheitsrisiken ausgesetzt sind, vor denen man sie bei neuen Vorhaben unter allen Umständen schützen muss.

Etwas mehr Pragmatismus und Common Sense wären hier wünschenswert, im Interesse gleichwertiger Lebensverhältnisse ebenso wie im Interesse der Beschleunigung dringend notwendiger Wohnungsbauvorhaben.

Die Demokratie der Besitzstände

Das ehrgeizige Ziel von 3000 Wohnungen pro Jahr hatte aber nicht nur mit dem eben beschriebenen bürokratischen – ja paternalistischen – Planungsrecht zu kämpfen, auch vor Ort stießen die entsprechenden Vorhaben in den seltensten Fällen auf vorbehaltlose Begeisterung.

Einigermaßen nachvollziehbar war dieser Widerstand dort, wo bestehende Wohnungen abgerissen werden sollten, um durch neue – und in der Regel mehr – Wohnungen ersetzt zu werden. Dies war etwa in den Quartieren der Fall, in denen Genossenschaften in der unmittelbaren Nachkriegszeit Wohnungen errichtet hatten, die nach heutigem Standard zu klein, energetisch ineffizient und zumeist nicht barrierefrei sind. Hinzu kommt, dass diese Wohnungen in einer Zeit errichtet wurden, in der es – wie ich es einmal formulierte – »wenig Steine, aber viel Platz« gab. Also genau das Gegenteil der heutigen Verhältnisse, wo es darum gehen muss, die knappen Flächen so effizient wie möglich zu nutzen.

Ein gutes Beispiel hierfür ist die Siedlung »Klein-Korea« der Düsseldorfer Bau- und Spargenossenschaft, die – wie der Name sagt – während des Korea-Krieges zu Beginn der 50er-Jahre im Stadtteil Lichtenbroich errichtet wurde. Die verständliche Befürchtung der Bewohner war, dass ein Abriss und Neubau der sehr preiswerten Bestandswohnungen zu einer deutlichen Mieterhöhung führen würden, auch wenn letztlich wesentlich mehr und qualitativ bessere Wohnungen errichtet würden. Man einigte sich schließlich auf einen Kompromiss, bei dem zunächst ein Teil der alten Wohnungen stehen bleiben konnte, wobei die Akzeptanz für den Neubau dadurch befördert wurde, dass mittlerweile viele der Bewohner aus Altersgründen Interesse an barrierefreien Wohnungen hatten.

Ich bin sicher, diese Erfahrung lässt sich auf eine ganze Reihe von vergleichbar strukturierten Siedlungsgebieten übertragen. Und so ließen sich gleich zwei Fliegen mit einer Klappe schlagen: Es entsteht dringend benötigter zusätzlicher Wohnraum für die wachsende Bevölkerung, und gleichzeitig können alte Menschen, auch wenn sie in ihrer Mobilität eingeschränkt sind, in ihrem Quartier verbleiben.

In der Regel ist der Widerstand gegen neue Wohnungsbauvorhaben nicht dem Interesse an der Erhaltung preiswerten Wohnraums, sondern eher dem Motiv geschuldet, sich unliebsame Nachbarn vom Hals zu halten, die einem dann womöglich knappe Parkplätze oder Kindergartenplätze streitig machen oder mit ihren Wohnungen die schöne Aussicht verbauen könnten. Und manch eine(r) möchte wohl auch ganz einfach gerne unter sich bleiben, was insbesondere dann bedroht sein könnte, wenn in der Nachbarschaft – horribile dictu – öffentlich geförderte Wohnungen, also die mancherorts immer noch (völlig zu Unrecht!) übel beleumundeten »Sozialwohnungen« entstehen könnten.

So ehrlich wird allerdings nicht argumentiert. Vielmehr werden üblicherweise hehre »Gemeinwohl«-Argumente bemüht. Die Verkehrssicherheit beispielsweise, denn durch das zusätzliche Verkehrsaufkommen könnten ja Kinder auf dem Weg in die Schule gefährdet werden. Wer an entsprechenden Vor-Ort-Terminen teilgenommen hat, wird bestätigen können, dass dieses Argument nicht selten von »Helikopter-Eltern« vorgetragen wird, die ihre Kinder mit ihrem SUV am liebsten direkt in den Klassenraum befördern würden und so selbst Ursache der beklagten Gefahrenlage sind.

Im Nachhinein gesehen ist übrigens bei keinem größeren Wohnungsbauprojekt der im Vorfeld von den Nachbarn vielfach beschworene Verkehrsinfarkt eingetreten. Insgesamt dürften zusätzliche Wohnungen die Verkehrsintensität auf Düsseldorfer Straßen sogar verringern, und zwar insbesondere dann, wenn sie in der Innenstadt oder im Umfeld leistungsfähiger ÖPNV-Verbindungen errichtet werden.

Zu bedenken ist nämlich, dass ein Großteil derjenigen, die Wohnungen in Düsseldorf suchen, gegenwärtig aus dem Umland nach Düsseldorf einpendeln. Wohnen sie in Düsseldorf, sind ihre Wege kürzer und geht insofern die Verkehrsleistung insgesamt zurück, einmal ganz abgesehen davon, dass die Neigung, Bus und Bahn zu nutzen, bei Stadtbewohnern in der Regel wesentlich stärker ausgeprägt ist als bei Einpendlern.

Gerne werden auch ökologische (Schein-)Argumente ins Feld geführt, wenn es darum geht, unliebsamen Wohnungsbau in der Nachbarschaft zu verhindern. Das Thema Klimaschutz ist ja aktuell – völlig zu Recht! – en vogue. Einigermaßen grotesk allerdings mutet es schon an, wenn – wie tatsächlich geschehen – in pseudowissenschaftlichem Duktus in einer mehrseitigen Abhandlung behauptet wird, mit der Bebauung eines Grundstückes würde die Klimakatastrophe mehr oder weniger irreversibel besiegelt. Ironischerweise handelte es sich dabei gerade um das Grundstück, dessen Bebauung dem Beschwerdeführer den Blick auf ein nahe gelegenes Schloss verstellt hätte.

Ich möchte diese Ausführungen nicht dahingehend missverstanden wissen, dass ich gegen eine umfassende Bürgerbeteiligung bei großen Planungsvorhaben bin. Das Gegenteil ist der Fall. Ich bin überzeugt davon, dass eine Verwaltung nur dann nachhaltig erfolgreich sein kann, wenn ihre Planungen auf einen möglichst breiten Konsens treffen.

Entscheidend ist aber das Format, in dem diese Beteiligung stattfindet. Anzustreben ist eine möglichst hohe Partizipation, idealerweise nicht nur derjenigen, die von einem bestimmten Vorhaben unmittelbar als Nachbarn betroffen sind, sondern auch derjenigen, denen dieses Vorhaben potenziell zugutekommt. Mir ist nämlich immer wieder aufgefallen, dass Art und Inhalt der Diskussion bei Bürgerbeteiligungen sehr stark variieren, je nachdem, wie die Fragestellung formuliert und wie groß der Teilnehmerkreis ist.

Bei bedeutenden, die gesamte Stadt betreffenden Partizipationsverfahren – ich denke etwa an die Diskussionen zu den Planungsprojekten »Raumwerk D« und »Mobilitätsplan D« oder auch etwa zum »Blau-grünen Ring« oder zur zukünftigen Hochhausbebauung in Düsseldorf – spielten Partikularinteressen in der Regel kaum eine Rolle, sondern hatten die Beiträge, so kontrovers sie im Einzelnen auch waren, immer das gesamtstädtische Interesse im Blick. Je kleiner der »Scope« und je enger der Teilnehmerkreis, desto mehr spielen rein lokale Interessen die entscheidende Rolle. Gleichwohl wird der Anspruch erhoben, für die Allgemeinheit zu sprechen.

Mit Demokratie hat diese Form der Bürgerbeteiligung natürlich nichts zu tun. Hier geht es um die Verteidigung partikularer Besitzstände. Dafür kann man niemandem einen Vorwurf machen. Denn es ist völlig legitim, für seine Interessen zu kämpfen. Im Interesse einer sachgerechten Entscheidung ist es aber Aufgabe der Verwaltung, Beteiligungsformate anzubieten, die eine breitere Partizipation und insbesondere auch die Mitsprache derjenigen ermöglichen, die von einem Projekt potenziell begünstigt sind. Ganz einfach ist dies nicht, da die unmittelbar Betroffenen erfahrungsgemäß eher motiviert sind, ihre Stimme zu erheben, als diejenigen, denen ein Vorhaben nur möglicherweise zugutekommt. Immerhin aber bietet die Digitalisierung hier neue Möglichkeiten in Form von Online-Plattformen, die im Interesse einer ausgewogeneren und – wenn man so will – »objektiveren« Bürgerbeteiligung zeitnah entwickelt und umgesetzt werden sollten.

Die Neuaufstellung der Städtischen Wohnungsgesellschaft

Bereits vor meiner Wahl, in der Ratssitzung vom Juni 2013, hatte der Rat mit einer für damalige Verhältnisse ungewöhnlichen Mehrheit von CDU, FDP und Grünen das »Handlungskonzept Wohnen« verabschiedet. Neben einer ganzen Reihe von Einzelmaßnahmen sah dieses Konzept im Kern vor, dass für alle größeren neuen Wohnungsbauvorhaben 20 % als öffentlich geförderte und weitere 20 % als preisgedämpfte Wohnungen gebaut werden mussten.

Auch wenn meine Partei seinerzeit im Rat nicht zugestimmt hatte, hielt ich dieses Konzept für im Grundsatz ausgesprochen sinnvoll. Natürlich gab es im Einzelnen das eine oder andere auszusetzen. Insbesondere war nicht hinreichend geklärt, unter welchen Voraussetzungen Investoren beanspruchen konnten, als »Altfall« und damit nicht unter das Handlungskonzept fallend behandelt zu werden. So gab es auch fünf Jahre nach der Ratsentscheidung noch Investoren, die sich darauf beriefen, als »Altfall« behandelt werden zu müssen.

Auch war zunächst nicht klar, wer denn in den Genuss der preisgedämpften Wohnungen kommen sollte. Hierbei handelt es sich um ein Eigengewächs der Düsseldorfer Verwaltung, das, anders als der klassische öffentlich geförderte Wohnungsbau, gesetzlich nicht geregelt war. Und auch die an sich naheliegende Überlegung, eine Preisdämpfung auch auf Eigentumswohnungen zu erstrecken, wurde im Handlungskonzept nicht aufgegriffen.

Gleichwohl waren die Erfahrungen mit dem Handlungskonzept ganz überwiegend positiv. Die Investoren nahmen es mehr oder weniger klaglos hin, und einige von ihnen machten sogar – durchaus zielführende – Vorschläge zu seiner Weiterentwicklung. So wurde zu Beginn meiner Amtszeit die Regelung für den öffentlich geförderten Wohnungsbau dahingehend flexibilisiert, dass dessen Anteil – zulasten des preisgedämpften Anteils – auf bis zu 30 % erhöht werden konnte. Hiervon wurde vielfach Gebrauch gemacht, wohl auch deshalb, weil die Landesregierung die Finanzierungskonditionen ausgesprochen attraktiv gestaltet hatte.

Dass das Handlungskonzept Wohnen so erfolgreich umgesetzt werden konnte, lag auch daran, dass die Investoren verstanden hatten, dass diesem Konzept eben auch ein gewisser »Trade-off« zugrunde lag: Wer sich daran beteiligt, die wohnungspolitischen Ziele der Stadt zu verwirklichen, der kann auch darauf vertrauen, dass seine Projekte von der Verwaltung professionell bearbeitet und so zügig wie möglich genehmigt werden.

Einen Geburtsfehler des öffentlich geförderten Wohnungsbaus konnte auch das Handlungskonzept Wohnen nicht ausräumen: die Tatsache nämlich, dass jede Sozialbindung zeitlich befristet ist, sodass ständig neue Sozialwohnungen gebaut werden müssen, um den Bestand an bezahlbarem Wohnraum aufrechtzuerhalten.

Einen Ausweg aus diesem Dilemma bietet kommunales Wohnungseigentum, denn nur Wohnungen im Eigentum der Stadt würden dauerhaft dem Gemeinwohl verpflichtet bleiben. Dies war der Grund, weshalb wir bereits unmittelbar nach Beginn meiner Amtszeit Überlegungen anstellten, wie wir die städtische Wohnungsgesellschaft SWD stärken und zu einem bedeutenden Spieler im Düsseldorfer Wohnungsbau machen könnten.

Bislang führte die SWD eher ein »Mauerblümchen-Dasein«. Als städtisches Tochterunternehmen, an dem die Stadtsparkasse Düsseldorf auch noch eine Sperrminorität von 25,99 % hielt, hatte sie gerade einmal knapp 1200 Wohnungen in ihrem Portfolio. Zum Vergleich: Das waren noch nicht einmal 3 % der über 43.000 Wohnungen, die von der Kölner kommunalen Wohnungsgesellschaft GAG seinerzeit gehalten wurden. Und gerade in den zurückliegenden Jahren war die Bautätigkeit der SWD – gelinde gesagt – eher bescheiden gewesen.

Zu den Wohnungen im eigenen Portfolio kamen circa 7000 Wohnungen hinzu, die die SWD von der Stadt angepachtet hatte und verwaltete. Das jährliche Pachtentgelt in Höhe von etwa 40 % der Mieterlöse – das entsprach einem Betrag von gut 11 Millionen Euro – wurde von einem Betrieb gewerblicher Art, der der Kämmerei zugeordnet war, vereinnahmt.

Diese Wohnungen waren teilweise in einem Zustand, der eine grundlegende Sanierung und Modernisierung geboten erscheinen ließ. Hieran aber sah sich die SWD schon deshalb gehindert, weil unter dem Mantra der Schuldenfreiheit Investitionen, die den städtischen Haushalt belasten würden, vermieden werden mussten.

Meine Vorstellung war, der SWD das von ihr bislang gepachtete städtische Immobilienvermögen als Kapitaleinlage zu übertragen, um sie zu einem kreditfähigen und potenten Spieler im Düsseldorfer Wohnungsbau zu machen. Ganz so einfach war das aber nicht.

Zum einen war schnell klar, dass die Stadtsparkasse sich an einer derartigen Kapitalerhöhung nicht beteiligen würde, sondern stattdessen lieber die Gelegenheit ergreifen wollte, sich von einer offensichtlich ohnehin ungeliebten Beteiligung zu trennen. Die Verhandlungen über den Wert ihres Anteils nahmen gleichwohl geraume Zeit in Anspruch, und man konnte sich bisweilen des Eindrucks nicht erwehren, dass die Stadtsparkasse (auch) dieses Geschäft zulasten ihres Trägers optimieren wollte.

Vor allem aber galt es, für die geplante Transaktion eine steuerneutrale Lösung zu finden, insbesondere die Grunderwerbsteuer zu vermeiden. Der damalige Kämmerer Manfred Abrahams beauftragte zu diesem Zweck eine namhafte Wirtschaftsprüfungsgesellschaft, der es tatsächlich gelang, ein Modell zu ersinnen, das zwar an Komplexität kaum zu überbieten, aber offenbar das einzige war, das die genannte Zielstellung erreichen konnte.

Im Ergebnis entstanden zwei untereinandergehängte Kommanditgesellschaften mit derselben GmbH als Komplementär, von denen zunächst nur 95 % der Geschäftsanteile der Vorgängergesellschaften übernommen wurden. So richtig verstanden habe ich ehrlich gesagt nie, weshalb das deutsche Steuer- und

Gesellschaftsrecht derart abenteuerliche Konstruktionen erforderlich macht. Ob Steuern zu bezahlen sind, sollte doch allein davon abhängig sein, ob ein Verkehrsgeschäft vorliegt, also ob tatsächlich der Eigentümer wechselt. Wenn es hingegen allein um eine konzerninterne Restrukturierung geht – und bei dem, was wir beabsichtigten, handelte es sich ja offensichtlich um eine gesellschaftsrechtliche Neugliederung innerhalb des Stadtkonzerns –, gibt es keinen Grund, Steuern zu erheben.

Umgekehrt sollte schleunigst die gegenwärtig legale Praxis beendet werden, riesigen Immobilienbesitz in Form sogenannter »Share Deals« zu verschieben, ohne dass hierbei Grunderwerbsteuer fällig wird. Dies ist ein Steuerschlupfloch, das dringend geschlossen werden muss, auch um einem unerträglichen Monopoly-Spiel, wie wir es in Düsseldorf beispielsweise seit Jahren auf dem Glasmacher-Areal in Gerresheim erleben, Einhalt zu gebieten.

Trotz dieser Geburtswehen wurde das Ziel erreicht, das wir uns vorgenommen hatten: Die SWD – in welcher Rechtsform auch immer – ist heute ein kommunales Wohnungsunternehmen, das aktiv im Wohnungsbau mitmischt. Mittlerweile sind es gut 1000 Wohnungen, die die Gesellschaft in Bau und Planung hat. Damit sind wir zwar immer noch weit entfernt von anderen Städten, in denen kommunales Wohnungseigentum eine lange Tradition hat. Aber Düsseldorf ist auf gutem Weg.

Hilfreich ist dabei auch die Entscheidung, städtische Grundstücke prioritär der SWD zur Verfügung zu stellen, um darauf dauerhaft bezahlbaren Wohnraum zu errichten. Dies gilt namentlich für eine ganze Reihe städtischer Grundstücke, die während der Flüchtlingskrise als Standorte für Behelfsunterkünfte identifiziert wurden und auf denen jetzt Containerdörfer durch Geschosswohnungsbau ersetzt werden können. Dabei werden die Grundstücke als Kapitaleinlage in die Gesellschaft eingebracht. Dies hat den Vorteil, dass die Liquidität der SWD in vollem Umfang für den Wohnungsbau zur Verfügung steht; und außerdem kann hierdurch – here we are again! – die Grunderwerbsteuer vermieden werden.

Ferien- und Luxuswohnungen

Nicht jede Wohnung, die in Düsseldorf Wohnzwecken dienen könnte, wird auch tatsächlich hierfür genutzt. Neu ist das nicht. Denn seit vielen Jahren wird zu Recht beklagt, dass Anwaltskanzleien, Arztpraxen und andere in der Regel freiberufliche Tätigkeiten die »Beletage« manchen Gebäudes in beliebten Wohngebieten belegen.

Dieses Problem dürfte heute nicht mehr ganz so drängend sein, da häufig für Wohnungen eine nicht geringere, bisweilen sogar höhere Miete verlangt werden kann als für derartige gewerbliche Zwecke.

Ein viel größeres Problem ist heute aber die Zweckentfremdung attraktiver Wohnungen als Ferienwohnungen, die insbesondere durch Vermittlungsplattformen im Internet, namentlich Airbnb, einen dramatischen Anstieg erfahren hat. Selbstverständlich ist nichts dagegen einzuwenden, wenn Wohnungen, die von Studierenden, aber auch von Familien genutzt werden, vorübergehend – etwa während der Ferien – untervermietet werden, und Airbnb ermöglicht dies in einer höchst effizienten Form. Allerdings hat das Vermittlungsgeschäft von Airbnb und Konsorten mittlerweile Dimensionen angenommen, die weit darüber hinausgehen und in vielerlei Hinsicht problematisch sind.

Zum einen gab und gibt es eine erhebliche Dunkelziffer von Untervermietungen, die nicht ordnungsgemäß versteuert werden. Darüber hinaus entsteht hier eine Konkurrenz zum herkömmlichen Beherbergungsgewerbe, die man insofern durchaus als unlauteren Wettbewerb bezeichnen kann, als einschlägige Anforderungen, die Hotels und Pensionen üblicherweise erfüllen müssen – die Registrierungspflicht der Gäste beispielsweise oder strenge Brandschutzauflagen –, hier nicht gelten oder jedenfalls nicht durchgesetzt werden. Drittens – und damit sind wir beim Kern des Problems – wird hierdurch der Mangel an Wohnraum noch weiter verschärft, da es ganz offenkundig mittlerweile eine ganze Reihe von Wohnungen gibt, die überhaupt nicht mehr normalen Wohnzwecken dienen, sondern nur noch als Ferienwohnungen vermietet werden. Erschwerend kommt hinzu, dass durch diese hochpreisig vermietbaren Ferienwohnungen auch die Mieten für normale Wohnungen in der Nachbarschaft in die Höhe getrieben werden.

Offenkundig ist dies ein Problem, das insbesondere große Metropolen betrifft, in denen einerseits häufig eine nicht unerhebliche Wohnungsnot besteht und die andererseits beliebte touristische Destinationen sind. In Düsseldorf war dies ein wesentlicher Beweggrund, weshalb der Rat 2019 eine Verordnung verabschiedet hat, die ausdrücklich auch die Zweckentfremdung von Wohnraum als Ferienwohnung grundsätzlich untersagt. Damit wurde die Voraussetzung geschaffen, gegen diesen Missbrauch vorzugehen.

Allerdings bot diese Verordnung keine Handhabe, um herauszufinden, welche Wohnungen tatsächlich ganz oder jedenfalls überwiegend von »Airbnb-Touristen« genutzt wurden. Im Prinzip war man auf eigene behördliche Recherchen angewiesen, die in der Regel durch Nachbarn ausgelöst wurden, die tatsächlich (oder vermeintlich) neben einer solcherart zweckentfremdeten Wohnung wohnten.

Aus diesem Grunde schrieb ich das Bundesfinanzministerium und die Landesregierung an und bat darum, doch die gesetzlichen Voraussetzungen zu schaffen, auf deren Grundlage Airbnb und vergleichbare Plattformen verpflichtet würden, den Kommunen zu melden, welche Wohnung für welche Zeiträume über die entsprechende Plattform vermietet wurde. Hierdurch bekämen die betroffenen Kommunen sofort einen Überblick, welche Wohnungen ganz oder überwiegend als Wochenend- und Ferienwohnung genutzt würden, ohne insofern auf – wie manche es nannten – »denunziatorische Nachbarn« angewiesen zu sein.

Vom Finanzministerium kam eine Antwort, die man höflich als hinhaltend bezeichnen könnte. Die Initiative gegenüber der Landesregierung führte immerhin zu einem Treffen, zu dem die zuständige »Heimatministerin« Ina Scharrenbach die Oberbürgermeister von vier wichtigen touristischen Destinationen des Landes – neben mir als Vertreter der Landeshauptstadt die Kölner Kollegin Henriette Reker, Ashok Sridharan aus Bonn und den Münsteraner OB und damaligen Präsidenten des Deutschen Städtetags Markus Lewe – eingeladen hatte. Von so hochrangiger kommunalpolitischer Kompetenz schien sich Airbnb nicht sonderlich beeindrucken zu lassen. Der Internet-Riese schickte drei eher »juniore« Mitarbeiter der Rechts- und Öffentlichkeitsabteilung, die uns anhand aller möglichen statistischen Auswertungen wortreich erklärten, dass lediglich ein Bruchteil von unter 10 % der in den jeweiligen Städten bei Airbnb registrierten Wohnungen häufiger als 180 Nächte pro Jahr vermittelt würde, sodass von einem nennenswerten Problem doch gar nicht gesprochen werden könne. Und im Übrigen verstoße die von mir angesprochene Meldepflicht gegen geltende Datenschutzvorschriften im Allgemeinen und insbesondere in Irland, wo sich der Sitz des Unternehmens befinde.

Diese Argumentation war natürlich Augenwischerei. Denn bereits mit 50 Übernachtungen, das sind 25 Wochenenden pro Jahr, können mit großer Wahrscheinlichkeit höhere Erlöse generiert werden als mit der ganzjährigen Vermietung einer Wohnung zu normalen Wohnzwecken. Und das – in solchen Diskussionen immer besonders wohlfeile – Datenschutzargument geht bereits insofern fehl, als man ohne Weiteres regeln könnte, dass nur ein Wohnungsbesitzer, der der Weiterleitung der entsprechenden Daten an die Kommune zustimmt, seine Wohnung auf der Internetplattform anbieten kann; dies würde auch die Gleichbehandlung mit dem herkömmlichen Beherbergungsgewerbe gebieten, wo Datenschutzgründe ja einer Registrierungspflicht auch nicht entgegenstehen.

Bedauerlicherweise aber war meiner Intervention – bislang jedenfalls – kein Erfolg beschieden. Die Meldepflicht gibt es nach wie vor nicht. Stattdessen müssen sich die Anbieter bei der Kommune registrieren lassen, was insofern ein relativ stumpfes Schwert sein dürfte, als allein die Registrierung noch keinen Aufschluss darüber gewährt, ob hier tatsächlich ein Missbrauch getrieben wird oder nicht. Und das Angebot von Airbnb, die einschlägigen Steuern »pauschal« den Gemeinden zu überweisen, dürfte die Verschleierung der tatsächlichen Verhältnisse wohl eher perpetuieren als beenden.

Ein weiteres Thema, das in den letzten Jahren zu einer deutlichen Verknappung insbesondere des »bezahlbaren« Wohnraums geführt hat, sind aufwendige Luxussanierungen, die insbesondere häufig dann durchgeführt werden, wenn die Sozialbindung ehemaliger Sozialwohnungen ausläuft. Sobald die Mieter ausgezogen sind, wird nicht nur die allgemeine Ausstattung der Wohnung signifikant verbessert, sondern auch die energetische Effizienz nachhaltig gesteigert. So kommt oft ein Sanierungsaufwand zustande, der – entsprechend den einschlägigen gesetzlichen Regelungen – so auf den Mieter umgelegt werden kann, dass eine Mietsteigerung in einer Größenordnung von 4 bis 5 Euro pro Quadratmeter herauskommt. Die Folge ist natürlich, dass das Quartier »gentrifiziert« wird, will heißen, dass sich der Bevölkerungsmix innerhalb eines sehr überschaubaren Zeitraums deutlich verändert.

Dergleichen Entwicklungen zu unterbinden ist schon deshalb schwierig, weil damit Eingriffe in das Eigentum verbunden sind, und das ist bekanntlich im Grundgesetz geschützt. Brachiale Instrumente, wie sie etwa in Berlin durch einen allgemeinen »Mietendeckel« versucht werden, sind daher rechtlich kaum durchsetzbar, einmal ganz abgesehen davon, dass sie auch ziemlich dysfunktionale Nebenwirkungen auslösen.

Immerhin aber bietet das Baugesetzbuch mit dem Instrument der »sozialen Erhaltungssatzung« eine Möglichkeit, innerhalb des Geltungsbereiches der Satzung Sanierungsmaßnahmen genehmigungspflichtig zu machen und gewissermaßen so zu steuern, dass der Bevölkerungsmix und damit der Charakter des Quartiers erhalten bleibt. In der Ratssitzung vom Juni 2020 hat der Rat einer Vorlage zugestimmt, durch die die Verwaltung sich selbst in die Pflicht nimmt, entsprechende Satzungen auf den Weg zu bringen. Hierfür geeignete Quartiere gibt es in Düsseldorf ganz offensichtlich insbesondere in den Innenstadtbezirken. Es wäre zu wünschen, dass zeitnah und möglichst unbürokratisch – also ohne überbordenden Prüfungsaufwand – entsprechende Satzungen auf den Weg gebracht werden.

Ob dies aber tatsächlich gelingt, erscheint fraglich. Der Schutz des Eigentümers soll nämlich in der einschlägigen Vorschrift des Baugesetzbuches in erster Linie dadurch erreicht werden, dass hohe bürokratische Hürden aufgebaut werden, über die der klassische Verwaltungsbeamte erfahrungsgemäß nur ungern springt. Der Nachweis, dass »die Zusammensetzung der Wohnbevölkerung aus besonderen städtebaulichen Gründen erhalten werden« soll, dürfte jedenfalls in der Regel nur schwer zu führen sein.

Ein viel wirksameres Mittel gegen die Gentrifizierung bestünde einfach darin, Luxusmodernisierungen dadurch zu verhindern, dass die hierdurch veranlasste Mieterhöhung begrenzt wird. Hierfür fehlt dem Bundesgesetzgeber aber offenbar der politische Wille. Insofern bleibt nur die Hoffnung, dass der eine oder andere Eigentümer und Investor selbst spürt, dass die Attraktivität der Innenstadtbezirke ganz wesentlich auch mit ihrer soziologischen Vielfalt, mit ihrer »Buntheit« zu tun hat.

Hase und Igel

Das Thema Wohnungsbau gehört sicherlich nicht nur in Düsseldorf zu den »dickeren Brettern« der Kommunalpolitik. Gerade in großen Metropolen wird niemand bestreiten, dass der Preisanstieg bei Wohneigentum und Mieten nur durch erheblichen zusätzlichen Wohnungsbau eingedämmt werden kann. Die Rahmenbedingungen und Voraussetzungen dafür sind allerdings alles andere als günstig. Der Gesetz- und Verordnungsgeber macht es den kommunalen Bau- und Planungsämtern immer schwerer, in überschaubaren Zeiträumen zusätzlichen Wohnungsbau zu realisieren. Vielfach lädt die Rechtslage zu Klagen regelrecht ein, was die Entscheidungsfreude der Verwaltung erfahrungsgemäß nicht gerade beflügelt. Mit dem Übermaß an Verrechtlichung etwa bei den Voraussetzungen für gesunde Wohnverhältnisse kontrastiert die Untätigkeit des Gesetzgebers, wenn es darum geht, Missbräuche bei Luxussanierung und Zweckentfremdung von Wohnraum oder beim steueroptimierten Grundstücks-Monopoly zu verhindern.

Auch manche Form der Bürgerbeteiligung erweist sich als wenig hilfreich, um nicht zu sagen kontraproduktiv bei der Bekämpfung von Wohnungsnot und steigenden Mieten. Und vor dem Hintergrund massiver »Wutbürger«-Proteste wird in der Politik nicht selten schnell vergessen, was man sich eigentlich programmatisch vorgenommen hatte.

Eine meiner Lieblingsbeschäftigungen:
Richtfest eines Projektes für öffentlich geförderten Wohnungsbau

Gleichwohl half ein »beharrliches Bohren« – um im Bild der »dicken Bretter« von Max Weber zu bleiben –, um die Zielsetzung, die wir uns gesteckt hatten, nämlich dem Wohnungsmarkt nachhaltig etwa 3000 neue Wohnungen pro Jahr hinzuzufügen, zumindest im Wesentlichen zu erreichen. Zwar lief es erwartungsgemäß schleppend an, im Jahr 2019 allerdings konnte das Ziel mit insgesamt 4160 genehmigten Wohnungen sogar deutlich übertroffen werden. Bemerkenswert ist auch, dass in diesem Jahr erstmals seit über 20 Jahren mehr Sozialwohnungen genehmigt wurden, als aus der Bindung herausfielen. Und die Stärkung der städtischen Wohnungsbaugesellschaft leistet schon heute einen wichtigen Beitrag für die Bereitstellung dauerhaft bezahlbarer Wohnungen. Dass diese Wohnungspolitik Einfluss auf die Entwicklung der Mieten hat, liegt auf der Hand, auch wenn man den Effekt naturgemäß nicht exakt beziffern kann.

Allerdings steckt Düsseldorf hier in einem gewissen Dilemma. Treiber der anhaltenden Nachfrage nach Wohnungen in Düsseldorf ist die Attraktivität der Stadt. Und auch diese ist in den zurückliegenden Jahren deutlich gestiegen. Solange dies so bleibt – was uneingeschränkt zu wünschen ist! –, befinden wir uns bildlich gesprochen in einem Hase-und-Igel-Spiel und muss das Thema Wohnungsbau ganz oben auf der kommunalpolitischen Agenda bleiben!

Verkehrswende als Achterbahn

Abschied von der autogerechten Stadt

Wie kaum eine andere Stadt ist Düsseldorf vom Autoverkehr – oder wie es in der Sprache der Bürokratie heißt: vom motorisierten Individualverkehr (MIV) – geprägt.

Ganz wesentlich geht dies zurück auf Friedrich Tamms, der zunächst als Leiter des Stadtplanungsamtes, später als Beigeordneter für Stadtplanung maßgeblich für den Wiederaufbau Düsseldorfs nach dem Zweiten Weltkrieg verantwortlich war. Tamms war ein Schüler von Albert Speer und hatte schon unter den Nazis eine bemerkenswerte Karriere gemacht. Unzweifelhaft gehörte er zu denen, die das Ideal der »autogerechten Stadt« verfolgten.

Beste Beispiele hierfür sind der Tausendfüßler und die Berliner Allee, eine Hauptverkehrsachse, die in den 50er-Jahren auf den Trümmern ehemaliger Wohn- und Geschäftshäuser mitten durch die Stadt geschlagen wurde.

Tamms begründete in gewissem Sinne eine Tradition in Düsseldorf. Denn auch in der Folgezeit hatten die Autofahrer einflussreiche Fürsprecher in der Stadtspitze. Ein Beispiel war Oberbürgermeister Joachim Erwin, der gleich zu Beginn seiner Amtszeit einen von seiner Vorgängerin geschaffenen Fahrradweg auf der Luegallee, einer Hauptverkehrsstraße im linksrheinischen Stadtteil Oberkassel, wieder zupinselte, um freie Fahrt für freie (motorisierte) Bürger zu ermöglichen. Und wie der OB-Wahlkampf des Jahres 2020 zeigte, kann man offenbar auch heute noch Wahlen gewinnen, wenn man auf automobile Freiheit und grüne Welle setzt.

Die Verkehrspolitik, für die ich im Wahlkampf 2014 geworben hatte, war allerdings eine andere.

Die Möglichkeiten, neue Straßen, Brücken und Tunnels für den Autoverkehr zu schaffen, waren offenkundig an ihre physischen – aber auch finanziellen! – Grenzen gestoßen. Angesichts einer wachsenden Bevölkerung und einer nach wie vor steigenden Zahl von Einpendlern, die ganz überwiegend mit dem Auto anreisten, drohte über kurz oder lang der Verkehrsinfarkt. Sollte die Stadt weiter wachsen können, musste eine neue Verkehrspolitik her. Es galt, und darüber bestand im Grundsatz auch ein breiter Konsens innerhalb der Ampel-Kooperation, immer mehr Verkehre vom Auto auf Bus, Bahn und Fahrrad zu verlagern.

Wie das zu geschehen hatte, war in der Theorie eigentlich auch ganz einfach. Wenn mehr Menschen mit dem öffentlichen Personennahverkehr oder dem Fahrrad unterwegs sein sollten, dann musste dieses Angebot attraktiver gemacht werden. Und dafür musste es zunächst einmal ausgebaut und ausgeweitet werden.

Sarkophag und Monsterbrücke

Es lag also nahe, sich erst einmal um die Infrastruktur zu kümmern. Im Handumdrehen würde dies allerdings nicht gehen. Zum einen dauern entsprechende Planungen naturgemäß lange, und die Erfahrung zeigt auch, dass solche Vorhaben selten auf vorbehaltlose Zustimmung stoßen. Immerhin aber gab es zumindest zwei vergleichsweise »niedrig hängende Früchte«, die recht schnell abgeerntet werden konnten.

Der ISS Dome, eine Multifunktionshalle im Düsseldorfer Norden, die beispielsweise als Spielstätte der Düsseldorfer EG dient, sollte bereits zum Zeitpunkt seiner Fertigstellung im Jahre 2006 durch eine Straßenbahnlinie erschlossen sein. Aber die Angelegenheit zog sich hin, und bis 2014 hatte es keinerlei Fortschritte gegeben, angeblich wegen einer ungeklärten Grundstücksfrage.

Wie sich herausstellte, lag es aber wohl eher an der Schnittstelle zwischen den beiden Dezernaten, die für Verkehrs- und Grundstücksangelegenheiten verantwortlich waren. Wundersamerweise nämlich ließen sich alle Probleme in einer einzigen Sitzung, an der beide Dezernate und der vermeintlich so widerspenstige Grundstückseigentümer teilnahmen, einvernehmlich lösen, sodass der Linienverlängerung schon unmittelbar nach meiner Amtsübernahme nichts mehr im Wege stand. Seit Beginn des Jahres 2018 können nun nicht nur die Fans der DEG mit der Straßenbahn bis zum Dome fahren.

Glück hatten wir auch beim Halt des Rhein-Ruhr-Expresses (RRX) im südlichen Düsseldorfer Stadtteil Benrath. Dieser war ursprünglich in der Planung der Deutschen Bahn nicht vorgesehen. Das Verkehrsministerium ließ sich allerdings umstimmen. Eine maßgebliche Rolle spielten dabei die seinerzeit bereits beschlossene Verlagerung des Albrecht-Dürer-Berufskollegs sowie eine ganze Reihe von Wohnungsbauvorhaben im Düsseldorfer Süden, die eine dynamische Verkehrsentwicklung erwarten ließen.

Andernorts ging es mit den RRX-Planungen nicht so zügig voran. Dies gilt insbesondere für den Streckenabschnitt durch den Stadtteil Angermund im Düsseldorfer Norden, wo für den RRX zwei zusätzliche Gleise gebaut werden müssen. Hier hatte sich eine Bürgerinitiative gegründet, die diese Planungen zum Anlass nehmen wollte, die seit über 150 Jahren bestehenden durch den Ort führenden Gleise in einen Tunnel zu verlegen oder zumindest in eine Art Sarkophag »einzuhausen«.

Die Wünsche dieser Bürgerinitiative beschäftigten mehrfach den Rat, genossen ein hohes mediales Interesse und gipfelten schlussendlich in einem Gerichtsverfahren, in dem – gottlob erfolglos – die Feststellung beantragt wurde, dass es sich bei den bestehenden Gleisanlagen immer schon um einen Schwarzbau gehandelt habe.

So richtig Verständnis hatte ich für das Ansinnen der Bürgerinitiative ehrlich gesagt nie. Zum einen blieb in ihrer ganzen Argumentation völlig außen vor, dass die Angermunder insofern Glück haben, als durch den Neubau zweier Gleise zumindest ein Anspruch auf Lärmschutz entstanden ist, den es bislang überhaupt nicht gab. Damit sind sie gegenüber den etwa 30.000 Anliegern der Güterbahnstrecke Rath-Eller im Düsseldorfer Osten klar im Vorteil, die nach den gegenwärtigen Planungen in den nächsten Jahren ein signifikant höheres Verkehrsaufkommen erdulden müssen, dagegen aber nach der geltenden Rechtslage keinerlei Anspruch auf besseren Lärmschutz geltend machen können.

Die Mehrkosten eines Tunnels bzw. einer Einhausung dürften gegenüber der von der Bahn geplanten Lärmschutzvariante mit Sicherheit einen mittleren dreistelligen Millionen-Betrag ausmachen. Mit Blick auf den hierdurch erreichten allenfalls marginalen zusätzlichen Lärmschutz ist dies offenkundig völlig unverhältnismäßig, einmal ganz abgesehen davon, dass diese Baumaßnahme, die ja während des laufenden Betriebs der Bahn durchgeführt werden müsste, mehrere Jahre in Anspruch nehmen und damit den gesamten RRX-Zeitplan gefährden würde.

Der Widerstand der Bahn gegenüber einer Tunnel- oder Einhausungslösung war meines Erachtens schließlich auch insofern absolut nachvollziehbar, als hierdurch ein Präzedenzfall geschaffen worden wäre, der die ohnehin hohen Kosten für das RRX-Projekt wohl vollends hätte explodieren lassen. Denn wenn in Angermund ohne Rücksicht auf Kosten und Bauverzögerung ein Tunnel gebaut würde, warum dann eigentlich nicht auch im benachbarten Duisburger Stadtteil Rahm, wo die Gegebenheiten absolut vergleichbar sind?

Und dann bin ich mir nicht einmal sicher, ob den Angermundern tatsächlich ein Gefallen getan würde, wenn die Bahngleise eingehaust würden. Denn die Lebensqualität in diesem charmanten Stadtteil Düsseldorfs dürfte wohl ganz erheblich leiden, wenn man nur bedenkt, welche Erdmassen hierfür in Zehntausenden von Lkw-Ladungen bewegt werden müssten.

Auch andere wichtige Projekte für den Ausbau des öffentlichen Personennahverkehrs zogen und ziehen sich hin.

Der erste Bauabschnitt der neuen Stadtbahnlinie U 81 sollte eigentlich längst fertig sein. Diese Linie verbindet den Düsseldorfer Flughafen mit der Messe. Einigermaßen überrascht war ich, als mir im Zusammenhang mit diesem Projekt von Verkehrsdezernentin Cornelia Zuschke eine Vorlage präsentiert wurde, aus der sich ergab, dass für den Bau der Linie Entschädigungszahlungen an den Flughafen geleistet werden sollten, deren Höhe im Lichte der bereits unter ihrem Vorgänger geführten Verhandlungen mit bis zu 13 Millionen Euro veranschlagt wurde. Grund für die Entschädigung seien Parkplätze des Flughafens, die durch den Bau der Stadtbahnlinie vorübergehend oder dauerhaft wegfielen.

Abgesehen von der dieser Berechnung zugrunde liegenden ziemlich haarsträubenden Methodik stellte sich mir die Frage, weshalb der Flughafen eine Entschädigung bekommen sollte für ein Verkehrsprojekt, das doch gerade seiner Erschließung zu dienen bestimmt war. Naheliegender wäre es ja wohl, wenn der Flughafen sich an den entsprechenden Kosten beteiligen würde, zumal er selbst bei dem seinerzeit laufenden Verfahren über eine Erweiterung seiner Betriebsgenehmigung auf dieses Projekt verwies. Offenbar hatte hier die zuständige Verkehrsverwaltung jahrelang ziemlich »sorglos« verhandelt. Am Ende fand sich ein

Kompromiss, bei dem beide Seiten im Wesentlichen auf Zahlungsansprüche verzichteten.

Kernstück der neuen Stadtbahnverbindung ist eine Brücke, die ziemlich kühn über das sogenannte Nordkreuz geschwungen werden soll, wo eine vierspurige Bundesstraße und eine Autobahn am Flughafen aufeinandertreffen. Auch hier gab es Diskussionen, die Zeit, Geld – und Nerven! – gekostet haben. Nachdem die entsprechenden Planungen nämlich bereits so gut wie abgeschlossen waren, sah es kurz vor der Wahl auf einmal wieder so aus, als wollte mein Vorgänger angesichts anhaltender »Bürgerproteste« das Projekt wieder fallen lassen und stattdessen erneut eine Tunnellösung prüfen.

Damit war ich aber nicht einverstanden, zumal mir die Argumente der Brückengegner nie sonderlich stichhaltig erschienen. Die von der Brücke ausgehenden zusätzlichen Lärmemissionen dürften angesichts der bereits bestehenden Lärmkulisse aus Flughafen, Autobahn, Bundesstraße und Straßenbahnlinie kaum mehr sonderlich ins Gewicht fallen. Und auch wenn sich über Ästhetik naturgemäß trefflich streiten lässt, halte ich die Bezeichnung »Monsterbrücke« für das geplante eher filigran anmutende Bauwerk für völlig unangebracht.

Vor allem aber wurde in der Diskussion geflissentlich unterschlagen, dass ein Tunnelbauwerk, das schon aus grundstücksrechtlichen Gründen denselben Trassenverlauf wie die geplante Brücke hätte nehmen müssen, aufgrund der signifikant höheren Kosten mit an Sicherheit grenzender Wahrscheinlichkeit nicht mehr förderfähig gewesen wäre, sodass die Stadt jedenfalls auf den Mehrkosten sitzen geblieben wäre, die – insbesondere mit Blick auf die notorisch teuren Brandschutzauflagen – definitiv im mittleren zweistelligen Millionenbereich gelegen hätten.

Mittlerweile haben die Bauarbeiten für die Brücke begonnen. Insofern besteht zumindest die Hoffnung, dass die Verbindung bis zur Fußball-Europameisterschaft 2024 fertig ist.

Auch dem zweiten Bauabschnitt der U 81 droht möglicherweise Ungemach. Obwohl die Sinnhaftigkeit einer Rheinquerung und Weiterführung der Straßenbahnverbindung in Richtung Neuss, die bereits seit den 90er-Jahren des letzten Jahrhunderts geplant ist, wohl nur von einer sehr überschaubaren Minderheit bezweifelt wird, dürften sich die Gemüter erneut an der Frage Tunnel oder Brücke erregen. Nach der letzten öffentlichen Anhörung vom September 2020 ist zu vermuten, dass hierüber wohl noch sehr lange diskutiert werden und dadurch die dringend benötigte verkehrliche Entlastung auf unbestimmte Zeit verschoben wird. Vielleicht hilft insofern die Aussicht auf Olympische Spiele 2032 in der Region (sofern sie denn wirklich kommen). Damit hätte man zumindest einen harten zeitlichen Aufschlag, was die Fertigstellung dieses Projekts betrifft.

Haupt- und »Pop-up«-Radwege

Neben der Infrastruktur für den schienengebundenen öffentlichen Personennahverkehr spielt der Ausbau des Radwegenetzes eine entscheidende Rolle, wenn es darum geht, den Anteil des »MIV« am Gesamtverkehrsaufkommen – oder wie es in der Fachsprache heißt: am »Modal Split« – zu reduzieren.

Für das Fahrrad spricht eigentlich alles. Es ist ein effizientes Verkehrsmittel, da es wenig Platz in Anspruch nimmt, und die entsprechende Infrastruktur insofern vergleichsweise preiswert ist. Es ist umweltfreundlich, da es keine schädlichen Abgas- oder Lärmemissionen verursacht. Darüber hinaus ist Fahrradfahren gesund, macht Spaß und ist nicht selten auch die schnellste Art, sich innerhalb Düsseldorfs fortzubewegen. Und last but not least ist in Zeiten einer gefährlichen Pandemie das Infektionsrisiko für Fahrradfahrer gering. Jede Menge Gründe also, die Fahrradinfrastruktur auszubauen!

Von daher war es nur folgerichtig, dass wir bereits im Jahr 2014 eine Vorlage zum Ausbau des Hauptradwegenetzes präsentierten, die der damalige Verkehrsdezernent Stephan Keller ausgearbeitet hatte. Sie sah im Wesentlichen vor, dass an allen wichtigen Verkehrsachsen Düsseldorfs Radwege geschaffen werden sollten. Dabei wurde ein Überblick gegeben, wo dies bereits erfolgt sei, wo dies mit geringem oder höherem Aufwand bewerkstelligt werden könne und wo ganz neue bauliche Anlagen geschaffen werden müssten. Jetzt galt es, dieses Vorhaben organisatorisch, planerisch und durch konkrete Ausführungsbeschlüsse umzusetzen.

So vernünftig die Absicht war, so kompliziert wurde es im weiteren Verlauf. Tatsächlich lässt sich auch für Radwege der öffentliche Straßenraum nicht vergrößern, sodass Konflikte mit anderen Nutzern, insbesondere dem Autoverkehr, vorprogrammiert waren. Einigermaßen einfach ließ sich dies noch auf zwei innerstädtischen Straßenzügen lösen, wo nach Eröffnung der neuen U-Bahn »Wehrhahnlinie« die Straßenbahnschienen nicht mehr benötigt wurden und so Platz für einen – wenn auch nur provisorischen – Radweg war. Gleichwohl gab es auch hier lautstarken Protest. Insbesondere die CDU-Fraktion vertrat die Auffassung, die Hauptverkehrsachsen sollten uneingeschränkt dem Autoverkehr vorbehalten bleiben und Radwege lediglich in den Nebenstraßen angelegt werden.

Entsprechend schwierig und langwierig gestalteten sich die Diskussionen um jeden einzelnen geplanten Radweg, die noch zusätzlich dadurch erschwert wurden, dass sich auch die Bezirksvertretungen berufen fühlten, hierüber mitzuentscheiden.

Und angesichts der höchst unterschiedlichen Mehrheitsverhält-
nisse in den einzelnen Bezirken erstaunt es nicht, dass im Ergebnis kein Radhauptwegenetz entstanden ist, sondern eher ein Flickenteppich aus Radwegen unterschiedlicher Qualität, die
teilweise auch nur als Provisorium angelegt wurden.

Das unglücklichste Provisorium war dabei mit Sicherheit der
»Pop-up«-Radweg vom Joseph-Beuys-Ufer bis zur Rotterdamer
Straße, der im Kommunalwahlkampf 2020 die Gemüter erregte.
Nicht längst vorher einen leistungsfähigen Zweirichtungsrad-
weg entlang des Rheinufers geschaffen zu haben erwies sich
dabei als möglicherweise folgenschweres Versäumnis.

Wie dem auch sei, der Fortschritt gegenüber dem Zustand
2014 ist gleichwohl unverkennbar. Immerhin ist der Anteil des
Fahrrads am Modal Split in den Jahren zwischen 2013 und 2018
von 12 % auf 16 % gestiegen. Damit ist das Fahrrad das Verkehrsmittel mit der stärksten Wachstumsrate. Und verglichen mit
dem Jahr 2014, wo ich im Wahlkampf die meisten Strecken mit
dem Fahrrad zurücklegte, kommt man heute mit dem Rad nicht
nur schneller, sondern vor allem auch sicherer voran.

Dennoch lohnt es sich, darüber nachzudenken, wie man für
den Radverkehr in den zurückliegenden Jahren mehr hätte erreichen können. Vor allem muss es dabei vor dem Hintergrund
der in den letzten Jahren gemachten Erfahrungen um eine Ver-
fahrensvereinfachung gehen. Offensichtlich erweisen wir der
Verkehrswende einen Bärendienst, wenn wir jeden Radweg, ja
sogar jeden einzelnen Abschnitt und jede Kreuzung davon zum
Gegenstand von Beschlüssen im Verkehrsausschuss, in der Bezirksvertretung und im Rat machen. Sinnvoller erschiene es, das
gesamte Hauptradwegenetz in mehrere Grundsatzbeschlüsse zu
packen, auf deren Grundlage dann – im Rahmen des hierfür
bewilligten Budgets – die einzelnen Maßnahmen ohne weitere
Beschlüsse geplant und durchgeführt werden können.

Eine Rolle für die Bezirksvertretungen sehe ich dabei übrigens nicht. Denn beim Hauptradwegenetz geht es ja gerade um die Radwege, die die Bezirke miteinander verbinden, also offensichtlich um ein gesamtstädtisches Projekt, auf das die Bezirke keinen Einfluss nehmen können sollten. Umgekehrt sollten die Planung und Umsetzung der Radwege in den einzelnen Bezirken, also der »Bezirksradwege«, maßgeblich von den Bezirksvertretungen entschieden werden.

Gefangen im »System Rheinbahn«

Neben dem Ausbau der ÖPNV-Infrastruktur musste es auch darum gehen, die Nutzung von Bus und Bahn kundenfreundlicher und attraktiver zu machen. Mit der Forderung nach einem 5-Minuten-Takt auf den Hauptlinien des Düsseldorfer Verkehrsunternehmens Rheinbahn hatte ich insofern im Wahlkampf 2014 durchaus für Furore gesorgt. Jetzt galt es zu liefern.

Aus diesem Grunde war für mich von vornherein klar, dass ich – anders als mein Amtsvorgänger – das kommunale Aufsichtsratsmandat in der Rheinbahn selbst wahrnehmen und dort den Vorsitz übernehmen würde. Dazu fühlte ich mich umso mehr ermutigt, als in den Verhandlungen zur Bildung der Ampel-Kooperation nach meinem Eindruck ein breiter Konsens darüber bestand, dass die Rheinbahn nachhaltig gestärkt und ihr Angebot deutlich attraktiver gestaltet werden sollte.

In den Jahren vor 2014 ging es der Rheinbahn – durchaus im Einklang mit der Stadtspitze – in erster Linie um eine Verbesserung der Wirtschaftlichkeit. Und dabei konnte das Unternehmen beachtliche Erfolge vorweisen: Die Kosten, insbesondere die Personalkosten, wurden konsequent reduziert, und mithilfe der vom Verkehrsverbund Rhein Ruhr (VRR) jährlich angehobenen Tarife konnte eine Kostendeckungsquote von etwa 80 % erreicht werden, die der Rheinbahn einen Spitzenplatz unter den großen Verkehrsunternehmen in Deutschland einbrachte.

Die Kehrseite der Medaille waren ein veralteter Fahrzeugpark, eine nur notdürftig gewartete Infrastruktur und ein immer schlechterer Kundenservice. Die Durchschnittsgeschwindigkeit der Fahrzeuge ging bereits seit Jahren zurück, und die Fahrgastzahl wuchs deutlich schwächer als die signifikant steigenden Pendler- und Einwohnerzahlen.

Mit der Mehrheit des nach der Kommunalwahl neu gebildeten Aufsichtsrates war ich mir darüber einig, dass hier ein Strategiewechsel stattfinden müsse. Allein mit dem bisherigen Vorstand unter dem Vorsitz von Dirk Biesenbach war dies allerdings nicht zu machen. Daher sollte ein neues Vorstandsmitglied, das sich insbesondere um die neue strategische Ausrichtung des Unternehmens kümmern sollte, gesucht werden. Biesenbach war damit nicht glücklich, wollte der vom Aufsichtsrat gewünschten Entwicklung aber auch nicht im Wege stehen. So verständigten wir uns einvernehmlich darauf, dass sein ohnehin auslaufender Vertrag nicht verlängert werden sollte.

Mit der Suche nach einem Nachfolger wurde ein Personalberater beauftragt. Dieser hatte auch recht schnell eine Reihe von Vorschlägen parat, die er dem sogenannten Viererausschuss (nach offizieller Sprachregelung: dem Ausschuss für Vorstandsangelegenheiten) präsentierte, dem neben mir der stellvertretende Aufsichtsratsvorsitzende Andreas Hartnigk von der CDU-Ratsfraktion sowie der Betriebsratsvorsitzende und der ver.di-Gewerkschaftsvertreter im Aufsichtsrat angehörten.

Man verständigte sich nach einigen Sitzungen einmütig darauf, Michael Clausecker dem Aufsichtsrat als neuen Vorstandsvorsitzenden vorzuschlagen. Clausecker hatte seine Laufbahn bei der Treuhandanstalt begonnen und später im Bombardier-Konzern Karriere gemacht. Entgegen einem in der Folge – insbesondere vom Düsseldorfer CDU-Bundestagsabgeordneten Jarzombek – immer wieder gestreuten Gerücht verbanden mich mit Clausecker lediglich die gemeinsame schwäbische Herkunft und die Tatsache, dass ich ebenfalls einmal, wenn auch ein paar Jahre später, in der Treuhand-Nachfolgeorganisation gearbeitet hatte. Vor dem Gespräch im Viererausschuss hatte ich Clausecker nie gesehen und nie gesprochen, und seine Bestellung zum Vorstandsvorsitzenden war in erster Linie dem Umstand geschuldet, dass am Schluss des Auswahlverfahrens zwei Kandidaten verblieben waren, mit denen zwei weitere Mitglieder des Viererausschusses und ich grundsätzlich hätten leben können. Ein Mitglied allerdings bestand darauf, nur Clausecker vorzuschlagen.

Eine Sache störte mich schon bei diesem Auswahlverfahren, die sich dann fast wie ein roter Faden durch die gesamte Zeit meines Aufsichtsratsvorsitzes bei der Rheinbahn zog: dass nämlich nichts, was im Aufsichtsrat des Unternehmens besprochen wurde, tatsächlich – wie es sich gehört – vertraulich behandelt wurde. Bisweilen konnte man den Eindruck gewinnen, der *Düsseldorfer Express* sei per Standleitung zu den Sitzungen zugeschaltet, da er nicht selten quasi in Echtzeit online über die Diskussionen und Beschlussfassungen des Gremiums berichtete. Natürlich hatte ich durchaus meine Vermutung, wer dahinterstecken könnte. Aber wie will man das nachweisen?

Clausecker machte sich als neuer Vorstandsvorsitzender sofort mit viel Elan an die Arbeit. Sein erklärtes Ziel war es, ganz im Einklang mit der Zielsetzung der Ampel-Kooperation die Fahrgastzahlen bei der Rheinbahn deutlich zu erhöhen. Hierfür entwickelte er gemeinsam mit einem hierzu beauftragten Beratungsunternehmen ein ehrgeiziges Restrukturierungsprogramm mit der Bezeichnung »WINs« (»Wachstum, Innovation und Nachhaltigkeit schaffen«), das einen ganzen Strauß von Maßnahmen enthielt, durch die das Kerngeschäft der Rheinbahn gestärkt, erweitert und ganz neue Geschäftsfelder erschlossen werden sollten.

Neben Maßnahmen, durch die der Service, die Sauberkeit und Zuverlässigkeit der Rheinbahn verbessert werden sollten, wurden eine Taktverdichtung auf bestehenden Linien und die Schaffung neuer sogenannter Metro-Buslinien in Aussicht gestellt, und mit den geplanten neuen Geschäftsfeldern – Park & Ride, Bike & Ride, On-Demand-Services etc. – sollte die Rheinbahn als umfassender Mobilitätsanbieter in Düsseldorf etabliert werden.

Auf zahlreichen Folien wurde dem Aufsichtsrat präsentiert, welche Investitionen und zusätzlichen Kosten für die Umsetzung des Programms erforderlich sein würden und welche Fahrgastzuwächse den einzelnen Maßnahmen zugeordnet seien. Insgesamt sollte ein Zuwachs von jährlich etwa 26 Millionen Fahrgasttransporten innerhalb der nächsten fünf Jahre erreicht werden.

Im Hinblick auf die Methode, welcher Fahrgastzuwachs aus welcher Maßnahme resultieren sollte, war ich von Anfang an skeptisch. Insbesondere blieb weitgehend unberücksichtigt, dass zusätzliche Buslinien und Transportdienstleistungen mit hoher Wahrscheinlichkeit auch »Kannibalisierungseffekte« auslösen würden.

Das Hauptproblem aber war, dass Michael Clausecker den Plan ohne sein Unternehmen gemacht hatte. Nach einem jahrzehntelangen Sparkurs war das Unternehmen ausgelaugt und hatte schon alle Hände voll damit zu tun, sein Kerngeschäft einigermaßen ordentlich zu erledigen. Vor diesem Hintergrund neue Geschäftsmodelle implementieren zu wollen, in denen »agilere« Unternehmen längst einen erheblichen Wettbewerbsvorsprung erlangt hatten, war offenkundig ziemlich illusorisch. Daher überraschte es nicht, dass die in Aussicht gestellten Fahrgastzuwächse selbst in den Fällen ausblieben, wo tatsächlich erhebliche Ausgaben getätigt worden waren.

Kritische Rückfragen blieben natürlich nicht aus. Clauseckers Reaktion hierauf war – gelinde gesagt – unglücklich. Anstatt einzuräumen, dass der selbst erhobene Anspruch vielleicht einfach zu ehrgeizig gewesen war, änderte er die Berechnungsmethode der Fahrgastzahlen und handelte sich damit den Vorwurf der »Trickserei« ein, was die Zahl seine Unterstützer weiter schrumpfen ließ.

Sein Verhältnis zum Betriebsrat, namentlich zu dessen Vorsitzendem, hatte sich im Laufe der Zeit dramatisch verschlechtert. Eine Ursache dafür soll dem Vernehmen nach gewesen sein, dass er sich einer drastischen Gehaltserhöhung für den Betriebsratsvorsitzenden widersetzt hatte.

Nach und nach setzte eine regelrechte Kampagne ein, in der – zumeist über den *Düsseldorfer Express* – alle möglichen betriebsinternen Vorgänge skandalisiert wurden. Ziel war es offensichtlich, den Vorstandsvorsitzenden abzuschießen, auch wenn die tatsächlichen oder vermeintlichen »Skandale« hierzu wenig geeignet waren. Es wurde kolportiert, Clausecker behandle Mitarbeiter unhöflich. Ein Vorwurf wegen des fortgesetzten Diebstahls eines Mitarbeiters der Rheinbahn-Werkstatt dürfte wohl eher dem Werkstattleiter als dem Vorstandsvorsitzenden zu machen gewesen sein. Gleichwohl warf man Clausecker diesbezüglich »Organisationsverschulden« vor. Auch der peinliche Umstand, dass die neuen »HF6«-Stadtbahnfahrzeuge nicht durch die Duisburger Tunnel der gemeinsam mit Duisburg betriebenen Stadtbahnlinie U 79 passten, war Clausecker schon deshalb nicht anzulasten, weil diese Bahnen noch von seinem Vorgänger bestellt worden waren. Und für den zu Recht vielfach kritisierten hohen Krankenstand trug offensichtlich nicht nur der Vorstandsvorsitzende die Verantwortung. Was Clausecker allerdings tatsächlich angelastet werden konnte, war die Tatsache, dass er insofern nicht »performt« hatte, als er seine ehrgeizigen Fahrgastziele deutlich verfehlt und sich mit WINs offensichtlich

verzettelt hatte. Ob dies freilich für die Mehrheit der Aufsichtsratsmitglieder der Grund war, ihn im Oktober 2018 abzubestel-
len, darf bezweifelt werden. Manch einem ging es wohl auch
darum, mit dieser Entscheidung deutlich zu machen, dass von
nun an nur noch Vorstände berufen werden sollten, die den Arbeitnehmervertretern genehm waren.

Insofern propagierte der Betriebsratsvorsitzende und stellvertretende Aufsichtsratsvorsitzende nun eine »Rheinbahn-interne« Unternehmensführung, an deren Spitze der bisherige Ar-
beitsdirektor Klaus Klar stehen sollte; zweiter Vorstand mit dem
Ressort Technik sollte Michael Richarz werden, ein »alter Rhein-
bahner«, der nach Stationen in München und Nürnberg ein Jahr
vorher als Strategiechef wieder zum Unternehmen zurückge-
kehrt war. Dies aber ließ sich der Aufsichtsrat in seiner Mehrheit
dann doch nicht gefallen und stellte die Bestellung weiterer Vor-
standsmitglieder so lange zurück, bis auch für das kaufmännische Ressort, das realistischerweise weder Klar noch Richarz abdecken konnten, eine zufriedenstellende Lösung gefunden war.

Klaus Klar übernahm also zunächst allein die Vorstandsfunk-
tion und tat dies mit einem bemerkenswerten Einsatz, der ihn
bisweilen an die Grenzen seiner physischen Belastbarkeit
brachte. Klar und ich waren uns einig, dass es für die Rheinbahn
jetzt primär darauf ankommen müsse, sich auf das Kerngeschäft
zu konzentrieren. Infolgedessen stoppte Klaus Klar erst einmal
eine ganze Reihe von WINs-Maßnahmen und setzte eine Projektgruppe ein, in der jüngere »High Potentials« Vorschläge für
Verbesserungen in den Bereichen Zuverlässigkeit, Pünktlichkeit,
Sauberkeit, Fahrgastinformation, Kommunikation und Kundenorientierung ausarbeiten sollten.

Wie sinnvoll die Konzentration auf das Kerngeschäft war,
zeigte sich auch daran, dass sich in den Monaten nach Clauseckers Abgang nach und nach herausstellte, wie viel im Zuge der

von ihm verfolgten strategischen Neuaufstellung tatsächlich liegen geblieben war. Besonders offenkundig zeigte sich dies bei der beschlossenen Generalüberholung der sogenannten »NF6«-Straßenbahnen.

Im Jahr 2016 wurde entschieden, dass 44 dieser Fahrzeuge dergestalt generalüberholt werden sollten, dass ihre zulässige Laufzeit um zwei Hauptrevisionsperioden, also insgesamt um 16 Jahre, verlängert werden konnte. Abgeschlossen sein sollte das Gesamtprojekt Ende des Jahres 2018.

Im Frühjahr 2019 stellte sich heraus, dass bislang lediglich zwei Fahrzeuge generalüberholt waren und sich die Kosten für das Gesamtprojekt voraussichtlich verdoppeln würden. Eine daraufhin in Auftrag gegebene Untersuchung des Sachverhalts brachte zunächst die erstaunliche Tatsache zutage, dass im Anschluss an die Vergabeentscheidung des Aufsichtsrats ein Gutachten in Auftrag gegeben worden war, das untersuchen sollte, welche Maßnahmen tatsächlich erforderlich sein würden, um eine Betriebsverlängerung der in Aussicht gestellten Dauer zu erreichen – eine Frage also, die der Vergabeentscheidung des Aufsichtsrats ja eigentlich zugrunde lag.

Auf wessen Veranlassung dieses Gutachten in Auftrag gegeben worden war, ließ sich ebenso wenig klären wie die Fragen, wer innerhalb der Rheinbahn für diesen Vorgang verantwortlich war und insbesondere wann und in welchem Umfang welche Mitglieder des Vorstandes hierüber unterrichtet worden waren. So unbefriedigend das Ergebnis dieser Untersuchung war, so zeigte dieser Vorgang jedenfalls aus meiner Sicht umso mehr, wie dringlich die Neuaufstellung des Rheinbahnvorstands sein würde.

Allerdings stand ich mit dieser Einschätzung ziemlich allein. Im Viererausschuss hatte sich eine Mehrheit offensichtlich bereits festgelegt, dass eine Rheinbahn-interne Besetzung Klar und Richarz beschlossen werden solle. Nur widerwillig war man bereit, die von dem mit der Personalsuche beauftragten Headhunter vorgestellten Kandidaten überhaupt kennenzulernen. Der ehemalige Chef der Leipziger Stadtwerke-Holding, Norbert Menke, wurde, ohne dass dies begründet wurde, geradezu kategorisch abgelehnt, obwohl dieser das Anforderungsprofil hervorragend erfüllte und einen starken Eindruck hinterlassen hatte.

So blieb für die dritte Vorstandsposition Silvia Lier, eine Managerin, die ihre Karriere bei verschiedenen Töchtern der Deutschen Bahn gemacht hatte und neben einem beachtlichen kaufmännischen Hintergrund auch Expertise im Bereich Connected Mobility aufwies, was sie aus Sicht der Mehrheit des Aufsichtsrats zusätzlich qualifizierte.

Freilich war auch die Amtszeit von Frau Lier von kurzer Dauer. Nach etwas mehr als sechs Monaten war sie bereits wieder Geschichte. Vordergründig war Ursache dafür eine einigermaßen bizarre Dienstwagen-Affäre, die vom Rheinbahn-Betriebsrat im Verein mit der Düsseldorfer Boulevard-Presse nach allen Regeln der Kunst skandalisiert wurde, von der am Schluss aber nicht viel mehr übrig blieb als die Erkenntnis, dass es der Vorständin wohl an dem für eine Tätigkeit bei der Rheinbahn erforderlichen »Fingerspitzengefühl« gefehlt hatte.

Nach außen mochte so der Eindruck entstehen, das »System Rheinbahn« habe sie gewissermaßen als »Fremdkörper« abgestoßen, um endlich wieder unter sich zu sein. Tatsächlich aber war Frau Lier eher zum Verhängnis geworden, dass sie sich – durchaus in Einklang mit dem »System Rheinbahn« – gerade nicht auf die dringenden kaufmännischen Herausforderungen des Unternehmens konzentriert hatte, sondern den Schwerpunkt auf neue Geschäftsfelder im Bereich Connected Mobility legte, die in der aktuellen Situation der Rheinbahn weniger dringlich waren.

*Wo sind die Zeitfresser für den ÖPNV? Wie kommt die Straßenbahn
schneller voran? Teilnahme am Feldversuch*

Aus diesem Grunde war (und bin) ich sehr froh, als schließlich
mit Susanne Momberg eine kompetente und fokussierte Finanz-
vorständin gefunden werden konnte, die offenbar über genügend Durchsetzungsvermögen und Frustrationstoleranz verfügt,
um im System Rheinbahn zumindest bis heute durchzuhalten.
Tatsächlich sah es nun auch eine ganze Zeit lang danach aus, als
würde die Rheinbahn den Weg auf die Erfolgsspur finden. Zumindest die Fahrgastzahlen zeigten während der Wintermonate
2019/2020 zum ersten Mal sehr deutlich nach oben. So verzeich-
nete das Unternehmen im Jahr 2019 – insbesondere getrieben
durch das letzte Quartal – den höchsten Fahrgastzuwachs der
letzten Jahre, und diese Entwicklung verstärkte sich noch im ersten Quartal 2020, in dem der Fahrgastzuwachs gegenüber dem
Vorjahreszeitraum bei 8 % lag! Doch dann kam Corona mit den
bekannten Folgen.

Der lange Weg zum
kundenorientierten Verkehrsdienstleister

Ohne Zweifel ist die Rheinbahn der Schlüsselspieler der Verkehrswende in Düsseldorf. Nur wenn es gelingt, das Unternehmen zu einem wirklich attraktiven Verkehrsdienstleister zu machen, werden immer mehr Menschen, die heute noch mit dem Auto unterwegs sind, auf Bus und Bahn umsteigen.

Und attraktiv ist die Rheinbahn dann, wenn ihre Verkehrsdienstleistungen in puncto Zuverlässigkeit, Preiswürdigkeit und Schnelligkeit dem motorisierten Individualverkehr überlegen sind. Bis dahin ist es offensichtlich aber noch ein weiter Weg.

Eigentlich müsste es eine klare Arbeitsteilung zwischen dem Unternehmen und der Politik geben. In der Rheinbahn sitzen die Experten für den öffentlichen Personennahverkehr. Ihre Aufgabe ist es, der Politik Vorschläge zu unterbreiten, wie das eigene Unternehmen weiter wachsen kann, indem die von ihm erbrachten Verkehrsdienstleistungen noch umfassender, schneller, komfortabler etc. erbracht werden können. Und an der Politik liegt es dann, darüber zu entscheiden, welche dieser Vorschläge umgesetzt werden sollen und welche Bedeutung der Rheinbahn im Gesamtbereich der Mobilität zukommen soll.

Nach meinem Eindruck aber erhebt die Rheinbahn diesen Anspruch nicht. Obwohl ich in meinen Haushaltsreden wiederholt ausdrücklich dazu aufgefordert hatte, kann ich mich kaum an Vorschläge der Rheinbahn erinnern, wo Sonderspuren für Busse (meinethalben auch »Umweltspuren«) geschaffen, Straßenbahnen in ein eigenes Gleisbett verlegt oder Linksabbiegespuren für Autos abschraffiert werden sollten, um die Rheinbahn schneller fahren zu lassen und so attraktiver zu machen.

Selbst das Vorhaben, der Rheinbahn an beampelten Kreuzungen grundsätzlich Vorrang zu geben, wurde zu einem ziemlichen Rohrkrepierer. Was – jedenfalls an den meisten Kreuzungen – durch eine einfache Neuprogrammierung der Ampelschaltung hätte bewerkstelligt werden können, wurde im Zusammenwirken von Rheinbahn und Verkehrsverwaltung zu einem millionenschweren Investitionsprojekt aufgeblasen, bei dem nach sechs Jahren gerade einmal ein Drittel der Kreuzungen bearbeitet war. Der hohe finanzielle und zeitliche Aufwand hatte offenbar auch damit zu tun, dass die grüne Welle für Autofahrer so weit wie möglich erhalten bleiben sollte und in der Regel neue Ampelanlagen installiert wurden.

Auch Sparsamkeit und wirtschaftliches Denken gehören nicht gerade zu den Paradedisziplinen des Unternehmens. Manche(r) Verantwortliche scheint offenbar darauf zu vertrauen, dass der öffentliche Gesellschafter unendlich tiefe Taschen hat, was insofern auch nicht irrational ist, als sich die Stadt als Gesellschafter im Rahmen eines Beherrschungs- und Ergebnisabführungsvertrages unwiderruflich verpflichtet hat, sämtliche Verluste des Unternehmens zu tragen.

Besonders augenfällig wird dies bei großen Investitionen. So war ich doch einigermaßen überrascht, anlässlich der Vergabeentscheidung für die neuen »HFX«-Stadtbahnfahrzeuge vom Technik-Vorstand der Rheinbahn zu erfahren, dass die bestellten Fahrzeuge fast bis in jedes Detail von den Rheinbahn-Ingenieuren selbst entworfen worden seien und in dieser Form ausschließlich für die Rheinbahn produziert würden. Einheitliche Plattformen oder zumindest eine weitgehende Standardisierung gebe es beim Bau von Straßenbahnen nicht, sodass jedes Verkehrsunternehmen mit grundlegend anderen Fahrzeugen unterwegs sei.

Welche zusätzlichen Kosten ein derartiger Verzicht auf jegliche »Economies of Scale« hat, kann man sich vorstellen. Und einen wirklichen Grund dafür sehe ich nicht, da die Topografie der meisten deutschen Großstädte nicht grundsätzlich anders und die Gleisbreite identisch ist.

Vor allem aber braucht man sich bei derartigen »Spezialanfertigungen« nicht zu wundern, wenn die Auslieferung wesentlich mehr Zeit in Anspruch nimmt als geplant. Und auch diesbezüglich ist die Rheinbahn leidgeprüft, da nicht nur die Auslieferung der generalüberholten NF6-Fahrzeuge auf sich warten lässt, sondern ganz aktuell auch die der neuen Stadtbahnen vom Typ »HF6«, die dringend benötigt werden, um die in Aussicht gestellte Taktverdichtung etwa auf der Stadtbahnlinie U 79 zwischen Duisburg und Düsseldorf zustande zu bringen.

Beim Thema Kundenorientierung hat die Rheinbahn ebenfalls noch Luft nach oben. Ein Spaßvogel meinte einmal, die Rheinbahn sei ja eigentlich ein fast perfektes Verkehrsunternehmen, wenn bloß der »blöde Fahrgast« nicht wäre. Das ist natürlich überspitzt, aber tatsächlich dreht sich auch nach meiner Erfahrung die Rheinbahn lieber einmal um sich selbst und betreibt Nabelschau, als ihr Angebot aus Sicht des Kunden attraktiver zu machen.

Symptomatisch dafür ist vielleicht auch der werbliche Außenauftritt des Unternehmens. Ich erinnere mich an eine große Werbekampagne, in der sympathische Rheinbahn-Mitarbeiter mit ihren Hobbys vorgestellt wurden. Ich hatte mich damals gefragt, was wohl ein Rheinbahnkunde davon denkt, wenn er erfährt, mit wie viel Hingabe Rheinbahn-Mitarbeiter beispielsweise in die Muckibude gehen, Bridge spielen, Fortuna Düsseldorf bejubeln oder Indianertraditionen pflegen. Man konnte sich schwerlich des Eindrucks erwehren, dass es sich hier um ein wohl eher freizeitorientiertes Unternehmen handelt.

Auch die Kampagne, mit der neue Mitarbeiterinnen und Mitarbeiter geworben werden sollen, könnte sich als nicht ganz so hilfreich erweisen. Wenn das Hauptargument für eine Beschäftigung bei der Rheinbahn die Tatsache ist, dass Arbeitsplätze dort keine »Schleudersitze« seien, wird man, so befürchte ich, nicht unbedingt die Kolleginnen und Kollegen bekommen, die motiviert sind, selbst Treiber der dringend erforderlichen Mobilitätswende in Düsseldorf zu werden.

»Connected Mobility«: gute Fahrt auch ohne Auto

Um die Bedeutung des Autos im städtischen Verkehr zu verringern, muss nicht nur das Angebot von Bus, Bahn und Fahrrad verbessert werden – auch Bequemlichkeit, Komfort und Barrierefreiheit spielen dabei eine entscheidende Rolle.

Dies war das Motiv für die Gründung der Mobilitätsgesellschaft (»Connected Mobility Düsseldorf«), deren Aufgabe es in erster Linie sein soll, ein transparentes Angebot aller zugelassenen Verkehrsmittel zu schaffen, die denen zur Verfügung stehen, die aufs Auto verzichten wollen. Geschehen soll dies mittels einer App, die einerseits einen Überblick darüber gibt, wo welches Verkehrsmittel verfügbar ist, und darüber hinaus Angaben macht, für welche Wegstrecke welche Verkehrsmittel zur Verfügung stehen, wie lange es voraussichtlich dauert und welche Kosten hierfür entstehen.

Zugegeben, wahnsinnig originell ist dieses Konzept nicht. In Zeiten der Digitalisierung gibt es bereits eine ganze Reihe von Anbietern, die vergleichbare Apps entwickelt haben.

Gleichwohl löste der Vorschlag heftige Diskussionen aus. Ein Grund dafür lag darin, dass das Thema innovativer Mobilitätsangebote gleich von mehreren städtischen Beteiligungsunternehmen für sich in Anspruch genommen wurde. Natürlich von der Rheinbahn, die sich ja durch das WINs-Programm zum umfassenden Mobilitätsanbieter weiterentwickeln wollte. Aber auch die Stadtwerke Düsseldorf schickten sich an, ihren Geschäftszweck in den Bereich der Mobilität auszudehnen, und waren etwa mit dem E-Roller »Eddy« und dem On-Demand-Service »Clever Shuttle« bereits mit neuen Mobilitätsangeboten unterwegs. Und auch der Düsseldorfer Flughafen hatte sich das Thema Mobilität – übrigens noch vor Corona – auf die Strategie-Agenda gesetzt.

So begrüßenswert die Mobilitätsinitiativen dieser Unternehmen im Grundsatz waren, war ich dennoch überzeugt, dass die Hoheit über die Entwicklung und den späteren Betrieb dieser App exklusiv bei der Stadt liegen sollte. Der Grund dafür ist eine einfache ordnungspolitische Überlegung. Gegenstand der App soll ja gewissermaßen ein »Marktplatz« sein, auf dem sämtliche auf diesem Marktplatz zugelassenen Angebote transparent präsentiert werden. Der Marktplatz selbst ist dabei ein natürliches Monopol, da mehrere Marktplätze am selben Ort für dasselbe Angebot offensichtlich ineffizient wären. Die auf diesem Marktplatz angebotenen Verkehrsdienstleistungen stehen hingegen in Konkurrenz zueinander.

Um dem Mobilitätskunden wirklich einen umfassenden Überblick zu gewähren, ist es erforderlich, dass sämtliche (zugelassenen) Angebote diskriminierungsfrei dargestellt werden, was realistischerweise nur dann zu erwarten ist, wenn der Betreiber der App nicht selbst mit eigenen Angeboten auf diesem Marktplatz unterwegs ist. Welcher Konkurrent würde ihm schon relevante Daten zur Verfügung stellen, wenn er befürchten muss, dass sie zu Wettbewerbszwecken womöglich gegen ihn selbst missbraucht werden?

Hinzu kommt, dass diese Aufgabe auch deshalb von der öffentlichen Hand betrieben werden sollte, weil sie gerade nicht auf Gewinnerzielung angelegt ist. Ihr Zweck ist es vielmehr, Anreize zu schaffen, Alternativen zum Auto zu nutzen, und damit in gewissem Sinne ein »öffentliches Gut«.

Die Rheinbahn in Person von Frau Lier sah dies allerdings anders. Sie ließ sich auch nicht von dem Argument überzeugen, dass ein wirklich transparentes und diskriminierungsfreies Gesamtangebot auf der Rheinbahn-App schon deshalb nicht mit ihrem Gesellschaftszweck vereinbar sein könne, weil dieser vernünftigerweise nicht vorsieht, dass die Rheinbahn fremdnützig und möglicherweise sogar für Konkurrenten tätig wird.

Es half nichts: Letztlich wurde ein Ratsbeschluss gefasst, der die Arbeitsteilung zwischen Mobilitätsgesellschaft und der Rheinbahn in dieser Frage offenließ. Ein Grund dafür mag auch darin gelegen haben, dass die Rheinbahn bereits erfolgreich Fördermittel für die Entwicklung dieser App beim Bundesverkehrsministerium eingeworben hatte, die aus dem mit heißer Nadel gestrickten Topf zur Abfederung der Folgen des Dieselskandals zur Verfügung gestellt wurden.

Es bleibt abzuwarten, ob und wie diese App unter diesen Voraussetzungen entwickelt wird und ob sie in der Lage ist, tatsächlich diskriminierungsfrei, transparent und kundenfreundlich alle verfügbaren Mobilitätsangebote darzustellen.

Eine weitere Zielsetzung für die im Herbst 2019 vom Rat beschlossene Mobilitätsgesellschaft sind die Errichtung und der Betrieb sogenannter Mobilitätsstationen. Derartige Stationen sollen in erster Linie an klassischen Umsteigepunkten eingerichtet werden, also an den Orten, wo Mobilitätskunden etwa von der S-Bahn in die Straßenbahn oder auf Fahrzeuge der Sharing Economy – Leihfahrräder, E-Roller, E-Scooter und dergleichen – umsteigen.

Außer der Bequemlichkeit und Übersichtlichkeit für den Kunden dienen diese Mobilitätsstationen auch dem Zweck, Ordnung in den sich in den letzten Jahren recht anarchisch entwickelnden Markt der Sharing-Angebote zu bringen. Ein Grund für die vielfach beklagte Unordnung war die zunächst ungeklärte Rechtsfrage, ob diese Fahrzeuge einen erlaubnisfrei zulässigen »Gemeingebrauch« darstellen oder ob es sich hierbei um eine grundsätzlich genehmigungs- und gebührenpflichtige »Sondernutzung« handelt.

An sich müsste der Fall völlig klar sein. Wenn das Aufstellen einer Biertischgarnitur im öffentlichen Straßenraum eine Sondernutzung darstellt, dann muss das, sollte man meinen, erst recht gelten für Leihfahrräder, Motorroller und E-Scooter, die zu Tausenden und aus rein kommerziellen Gründen im öffentlichen Straßenraum abgestellt werden. Bedauerlicherweise aber neigte auch beispielsweise der Deutsche Städtetag als Vertretung der betroffenen Städte zunächst dazu, sich mit »Selbstverpflichtungen« der Anbieter zufriedenzugeben.

Diesen Weg ging Düsseldorf nicht mit. Vielmehr wurden hier die einschlägigen Sondernutzungssatzungen entsprechend überarbeitet und den Anbietern der Sharing-Fahrzeuge in Aussicht gestellt, dass ihnen konkrete Orte zugewiesen werden, an denen ihre Fahrzeuge abgestellt werden müssen. Und für den Fall, dass wild abgestellte Fahrzeuge nicht unverzüglich eingesammelt werden, wurde deren Einziehung angedroht. Glücklicherweise sind die Gerichte mittlerweile dieser Rechtsauffassung gefolgt.

Was sich nach »Law and Order« anhört, ist in Wahrheit ein Angebot zur Kooperation. Tatsächlich wird die Akzeptanz von Leih-Fahrrädern und E-Scootern erhöht, wenn sie geordnet abgestellt sind und nicht chaotisch in der ganzen Stadt herumliegen und den öffentlichen Raum verunstalten. Die entsprechenden

Mikro-Mobilitätsstationen, an denen diese Fahrzeuge vorzufinden sind, sollten natürlich in hinreichender Anzahl über die ganze Stadt verteilt sein und beispielsweise zur Grundausstattung aller größeren Wohnungsbauprojekte gehören.

Selbstverständlich muss ein Angebot, das Anreize schaffen soll, aufs Auto zu verzichten, auch bequem sein. Und das ist es dann, wenn es nicht nur transparent ist, sondern auch ohne großen Transaktionsaufwand und ohne größere Rechnerei genutzt werden kann.

Der Schlüssel hierfür ist ein einheitliches Zahlungssystem mit Bestabrechnungsgarantie. Konkret bedeutet dies, dass alle Angebote mit einer Karte genutzt werden können, also mit derselben Kreditkarte beispielsweise nacheinander ein Park-&-Ride-Parkplatz, die Nutzung der S-Bahn, der anschließende Umstieg auf die Straßenbahn und die letzte Meile mit dem E-Scooter abgerechnet werden kann.

Das System der Bestabrechnung sorgt dafür, dass man sich überhaupt keine Gedanken machen muss, wie oft man welches Verkehrsmittel benutzt und welche Rabatte für eine mehrmalige Nutzung angeboten werden. Man hat vielmehr von vornherein die Gewissheit, dass man am Monatsende den besten Tarif abgerechnet bekommt. Wer also nur viermal die Rheinbahn benutzt hat, bekommt den Preis einer Viererkarte in Rechnung gestellt, wer wesentlich öfter damit unterwegs war, den Preis des Monatsabos. In Zeiten der Digitalisierung ist so etwas ohne Weiteres möglich.

Vorteil dieses Systems ist zudem, dass man es einführen kann, ohne vorab den Weg einer Tarifreform zurückgelegt haben zu müssen, der innerhalb des bestehenden Systems der Verkehrsverbünde erfahrungsgemäß sehr steinig sein würde.

Parkraumbewirtschaftung
und effizientes Parken

Auch das Thema Parkraumbewirtschaftung spielt eine wichtige Rolle, wenn es darum geht, die Stadt vom Autoverkehr zu entlasten. Denn wer für einen Parkplatz für sein Auto bezahlen muss, wird sich zumindest überlegen, ob es nicht bessere Alternativen gibt.

Das bislang in Düsseldorf praktizierte System der Parkraumbewirtschaftung glich einem Flickenteppich, bei dem eine Systematik im Hinblick auf Anlass und Dauer des kostenpflichtigen Parkens kaum zu erkennen war. Vor allem aber litt das System darunter, dass der Anliegerparkausweis, den Anwohner der betroffenen Gebiete käuflich erwerben konnten, praktisch nichts wert war. Denn der Zeitraum, in dem Parken gebührenpflichtig ist, ist in der Regel bereits abgelaufen, wenn die Anwohner sich auf Parkplatzsuche begeben. Nicht nur meine Frau kann ein Lied davon singen, wenn nach Feierabend sämtliche Parkplätze in unserer Nachbarschaft belegt sind, oft von Autos der Besucher der umliegenden Gaststätten, die ab 18:00 Uhr unentgeltlich parken können.

Ein sinnvolles System der Parkraumbewirtschaftung musste also zeitlich deutlich ausgedehnt werden und sich darüber hinaus auf den gesamten Innenstadtbereich erstrecken, in dem Parkplätze notorisch knapp sind. Nur so werden die Anwohner wirksam privilegiert, was insofern gerechtfertigt ist, als diese auf einen Parkplatz in ihrer Nachbarschaft angewiesen sind und hierfür nicht nur durch den Erwerb eines Anliegerparkausweises, sondern in der Regel auch durch einschlägige Anliegerbeiträge bereits einen finanziellen Obolus entrichtet haben. Zum anderen wird so ein Anreiz geschaffen, dass diejenigen, denen mit Bus und Bahn eine Alternative zur Verfügung steht, auf die Anreise mit dem eigenen Auto verzichten.

So einfach und einleuchtend diese Überlegung war, so mühselig war deren Umsetzung. Dies hat – zugegebenermaßen – auch etwas mit der Rechtslage zu tun. Denn diese lässt die Erhebung von Parkgebühren im öffentlichen Straßenraum nur dann zu, wenn ein »Parkdruck« besteht. Und der, so ließ mich das städtische Amt für Verkehrsmanagement wissen, muss durch Gutachten erst einmal nachgewiesen werden.

Davon allerdings war ich nun nicht überzeugt. Wer in der Düsseldorfer Innenstadt unterwegs ist, macht sehr schnell die Erfahrung, dass praktisch überall die Parkplatzsuche so beschwerlich ist, dass ein Nachweis dieses Umstandes durch aufwendige Gutachten nun wirklich entbehrlich erscheint. Dasselbe gilt für die Stadtteilzentren von Kaiserswerth, Rath, Gerresheim, Eller und Benrath, die im Übrigen auch durchaus komfortabel mit öffentlichen Verkehrsmitteln erreichbar sind.

Ich räume ein, dass mich bei diesen Diskussionen bisweilen der Gedanke beschlich, der Geist von Friedrich Tamms spuke offenbar bis heute noch in den Köpfen des einen oder anderen Verkehrsplaners. Umso mehr, als ich doch einigermaßen überrascht war, dass offenbar mit wesentlich größerem Eifer an einer Vorlage gearbeitet wurde, die zunächst einmal die naturgemäß höchst unpopuläre Erhöhung der Parkgebühren vorsah – honi soit qui mal y pense.

Natürlich rührten sich auch wieder die Bezirksvertretungen, die selbstverständlich den Anspruch erhoben, bei der Ausweisung von parkraumbewirtschafteten Bereichen maßgeblich beteiligt zu werden. Nach langem Hin und Her stimmte der Rat schließlich einer Vorlage zu, die im Grundsatz eine deutliche Erweiterung sowohl in zeitlicher wie räumlicher Hinsicht der Parkraumbewirtschaftung in Düsseldorf vorsieht. Allerdings sollten

die jeweiligen Besonderheiten in den einzelnen Bezirken ausdrücklich berücksichtigt werden. Nun, immerhin ein Anfang ...

Mit dem Thema Parken soll sich auch die Mobilitätsgesellschaft beschäftigen. Und zwar geht es darum, die Parkplätze in
den in den letzten Jahren entstandenen Düsseldorfer Tiefgaragen wesentlich effizienter zu nutzen, als dies gegenwärtig der
Fall ist. Auf der Grundlage eines strengen – und häufig überzo-
genen – Stellplatzschlüssels (der erst im Jahre 2016 entschärft
wurde) wurden nämlich Tiefgaragen gebaut, die teilweise dauerhaft leer stehen und in der Regel allenfalls zu bestimmten Ta-
geszeiten ausgelastet sind. Besonders augenfällig ist dies in
Quartieren, in denen auf engem Raum gewohnt und gearbeitet
wird. Hier wurden für Bürogebäude Tiefgaragen geschaffen, die
allenfalls tagsüber genutzt werden, während die gemäß Stell-
platzschlüssel für Wohnungen nachzuweisenden Tiefgaragen-
plätze meistens nur nachts belegt sind.

Es liegt auf der Hand, dass hier ein erhebliches Optimierungs-
potenzial besteht. Voraussetzung ist, dass zunächst Transparenz
über die jeweils verfügbaren Parkkapazitäten geschaffen und
außerdem ein Geschäftsmodell entwickelt wird, das für den Be-
sitzer und den gelegentlichen Nutzer dieser Parkplätze gleichermaßen attraktiv ist.

Ganz trivial ist das nicht, da naturgemäß nicht exakt prognos-
tiziert werden kann, wie viele Parkplätze zu einem jeweiligen
Zeitpunkt frei und damit vermarktbar sind. Allerdings dürfte
sich dieses Problem durch Berücksichtigung bestimmter Redun-
danzen und wohl auch über eine entsprechende Tarifgestaltung
zufriedenstellend lösen lassen.

Die Vorteile einer effizienten Nutzung bislang nur unzureichend ausgelasteter Parkkapazitäten in Tiefgaragen sind evident.
Ohne das Parkproblem tatsächlich zu verschärfen, können wir
auf Parkplätze im öffentlichen Straßenraum in voraussichtlich

erheblichem Umfang verzichten. An ihrer Stelle kann dann beispielsweise die Außengastronomie erweitert werden oder können Radwege angelegt oder Straßenbäume gepflanzt werden!

Die Umweltspur

Wohl kaum eine verkehrspolitische Maßnahme war während meiner Amtszeit so umstritten wie die Einführung der Umweltspur. Deren Geschichte ist schnell erzählt. »Erfunden« wurde sie bei einer Besprechung im Frühjahr 2019 in Köln, zu der die nordrhein-westfälische Umweltministerin Ursula Heinen-Esser die Düsseldorfer Regierungspräsidentin Birgitta Radermacher und mich eingeladen hatte. Seinerzeit drohte eine Klage der Deutschen Umwelthilfe (DUH), die wegen zu hoher Stickoxidwerte insbesondere auf der innerstädtischen Corneliusstraße Dieselfahrverbote forderte. Der im Entwurf bereits vorliegende und mit der Stadt abgestimmte Luftreinhalteplan der Bezirksregierung reichte nach Überzeugung der Umweltministerin nicht aus, um mit Blick auf ein kurz zuvor ergangenes Urteil des Bundesverwaltungsgerichts gegen eine Klage der DUH bestehen zu können. Um also nicht sehenden Auges ins Messer zu laufen, müsse der Luftreinhalteplan um zumindest eine wirkungsvolle Maßnahme ergänzt werden.

Wir verständigen uns auf die sogenannte Umweltspur, durch die das Verkehrsaufkommen auf der Corneliusstraße so verringert werden sollte, dass zeitnah der zulässige Höchstwert eingehalten werden könne. Ausgestaltet wurde die Umweltspur wie eine intelligente Pförtnerampel, nämlich dergestalt, dass an einer neuralgischen Kreuzung vor der Corneliusstraße nur noch eine bestimmte Höchstzahl von Fahrzeugen während der Rushhour abgefertigt werden konnte, wobei bestimmte Verkehrsmittel – Busse, Elektrofahrzeuge, Fahrräder und ursprünglich auch

Das Dilemma der Umweltspur aus der Sicht von Jacques Tilly

Fahrgemeinschaften mit mindestens drei Teilnehmern – durch die Schaffung der Umweltspur privilegiert werden sollten.

Nach meiner – im Nachhinein gesehen vielleicht etwas naiven – Vorstellung schlugen wir so gleich zwei Fliegen mit einer Klappe. Zum einen konnten wir mit hinreichender Aussicht auf Erfolg Dieselfahrverbote verhindern. Dies war insofern wünschenswert, als im Falle eines Dieselfahrverbotes der Dieselfahrer – häufig Handwerker und Kleingewerbetreibende – die Zeche für die Betrügereien der Automobilkonzerne hätten zahlen müssen. Vor allem aber erschien dies auch politisch völlig alternativlos, als sich quer durch alle Parteien und Interessengruppen ein massiver Widerstand gegen drohende Dieselfahrverbote formiert hatte. Zum anderen passte die Umweltspur in das Konzept der Verkehrswende, da sie Anreize für die Nutzung effizienter und umweltfreundlicher Verkehrsmittel schuf. Hierfür, so dachte ich, gab es eigentlich einen breiten Konsens, zumal sich kurz zuvor noch die FDP der Urheberschaft für die Idee der Umweltspur gerühmt hatte.

Und im Prinzip ging dieses Kalkül auch auf. Die Stickoxidbelastung auf der Corneliusstraße ging – bereits vor Corona – deutlich zurück, und auch die beabsichtigten Anreize schienen zu wirken; die historisch beispiellosen Fahrgastzuwächse der Rheinbahn zwischen November 2019 und März 2020 deuteten jedenfalls eindeutig in diese Richtung.

Dummerweise hatte ich die Rechnung aber ohne den bevorstehenden Kommunalwahlkampf gemacht. Denn ab jetzt ging es nicht mehr um Ziel und Zweck der Verkehrswende, sondern um Populismus und Polemik. Und so wurde in der politischen Diskussion – nicht selten auch in der veröffentlichten Meinung – aus einer zwischen Stadt und Land abgestimmten Maßnahme zur Verhinderung von Dieselfahrverboten auf einmal eine verrückte Idee des Oberbürgermeisters, die nur dem Zweck dienen sollte, Pendler zu schikanieren und Autofahrer zu drangsalieren. Und die Empörung war ausgerechnet bei denen am größten, die noch wenige Monate vorher hatten verkünden lassen, zur Verhinderung dieser Fahrverbote sei jedes Mittel recht.

Anspruch und Wirklichkeit

Was ist die Bilanz der Verkehrspolitik der letzten sechs Jahre in Düsseldorf? Die autogerechte Stadt ist Geschichte – das ist gut so! Der Anteil des Fahrrads am Modal Split ist während meiner Amtszeit deutlich gestiegen. Und auch die Rheinbahn hätte, wäre Corona nicht dazwischengekommen, ein deutlich gestiegenes Fahrgastaufkommen vorgewiesen.

Mit Blick auf das, was wir uns – ich als Chef der Verwaltung und die Ampel-Kooperation als Ratsmehrheit – in der Verkehrspolitik vorgenommen hatten, ist die Kluft zwischen Anspruch und Wirklichkeit allerdings beachtlich.

Die Politik ist dafür allenfalls zum Teil verantwortlich. Natürlich hätte ich mir gewünscht und es wäre dem Erfolg der Verkehrswende zuträglich gewesen, wenn sich die Politik – etwa bei der Entwicklung des Hauptradwegenetzes – auf Leitentscheidungen beschränkt und sich nicht im Verwaltungskleinklein verzettelt hätte. Vielerorts wäre dann vielleicht ein »großer

Wurf« herausgekommen, wo heute noch eher provisorisches Stückwerk anzutreffen ist.

Es war aber vielfach die Verwaltung selbst – und dafür ist der Oberbürgermeister verantwortlich –, die nicht als Treiber der Verkehrswende aufgetreten ist. Die höchst zögerliche Umsetzung der Parkraumbewirtschaftung, die ebenso schleppende wie kostspielige und erkennbar lediglich halbherzig umgesetzte Vorrangschaltung für den ÖPNV an beampelten Kreuzungen und die wenig ansprechende Gestaltung des einen oder anderen Radwegs (namentlich des Pop-up-Radwegs!) nährten bisweilen den Verdacht, die Verkehrsverwaltung führe ein Eigenleben, das eher vom Geist Friedrich Tamms' als von den Ideen der Verkehrswende beseelt ist. Hier war es mein Versäumnis, nicht schneller und beherzter organisatorische Veränderungen vorzunehmen. Die Entscheidung, für die Verkehrswende ein eigenes Dezernat zu schaffen, kam mit Blick auf den heraufziehenden Wahlkampf definitiv zu spät.

Auch mit Blick auf die Rheinbahn liegen die Versäumnisse ebenfalls in erster Linie bei der Verwaltung, insbesondere beim Beteiligungsmanagement der Stadt. Hier hätte vor dem Hintergrund der Direktvergabe der ÖPNV-Verkehrsleistungen die Chance bestanden, durch die Umwandlung des Unternehmens in eine GmbH die Kontrollmöglichkeiten der Stadt zu erhöhen. Stattdessen wurde das Rheinbahn-Monopol für die nächsten 25 Jahre durch den Abschluss eines Beherrschungs- und Ergebnisabführungsvertrags abgesichert, der ziemlich genau das Gegenteil bewirkte: Nunmehr ist die Stadt – nolens volens – verpflichtet, jeden Verlust der Rheinbahn auszugleichen, ohne dass sie faktisch über größere Möglichkeiten verfügt, auf das operative Geschäft einzuwirken. Eine verpasste Chance.

Natürlich hilft auch der Gesetzgeber nicht. Besonders bedauerlich, ja geradezu grotesk war etwa die Entscheidung des Bundesverkehrsministers, der mit Billigung des Bundesrates verfügt hat, dass Fahrgemeinschaften auf Umweltspuren nicht länger zugelassen werden dürften, da diese ansonsten zu »verstopfen« drohten. Wer den Verkehrsfluss auf der Düsseldorfer Umweltspur beobachtet hat, kann über so viel Weltfremdheit nur den Kopf schütteln.

Auch wenn Anspruch und Wirklichkeit heute noch auseinanderklaffen, gibt es zum eingeschlagenen Weg der Verkehrswende nach meiner Überzeugung keine Alternative. Dabei geht es um weit mehr als ein »grünes« Projekt, bei dem Abgase reduziert, die Luftqualität verbessert und Lärmemissionen verringert werden sollen.

Der Verkehrsbereich ist der wichtigste Bereich, in dem Kommunen einen Beitrag zum Klimaschutz leisten können. Und nicht weniger wichtig ist der Gesichtspunkt der Effizienz. Autos brauchen vergleichsweise viel Platz und sind in der Regel nur von einer Person besetzt. Busse und Bahnen – jedenfalls, wenn das Angebot mit Blick auf Preis und Leistung hinreichend attraktiv ist – und das Fahrrad sowieso sind hingegen Verkehrsmittel, die wenig Platz beanspruchen. Und eine Stadt wie Düsseldorf, in der Flächen ein notorisch knappes Gut sind, wird sich nur dann weiterentwickeln können, wenn die Verkehrspolitik so gestaltet ist, dass sich die Menschen bequem und umweltfreundlich fortbewegen können, ohne dass der öffentliche Raum hierdurch über Gebühr in Anspruch genommen wird.

Vor allem aber geht es um Lebensqualität. Eine Stadt, die nicht vollgestellt ist von rollendem oder parkendem »Blech«, ist lebenswerter, attraktiver und menschengerechter als die »autogerechte Stadt«, die die Verkehrsplaner der 50er- und 60er-Jahre entwickeln wollten.

Investitionen in
Bildung und Bäder

Jetzt sind die Stadtteile dran!

In den Jahren vor 2014 waren städtische Investitionen in erster Linie in große Verkehrsprojekte in der Innenstadt geflossen. Die neue U-Bahn »Wehrhahn-Linie« quer durch die Innenstadt, der Köbogentunnel, durch den der Tausendfüßler unter die Erde gelegt wurde, und die vierspurige Toulouser Allee entlang der Bahnlinie auf dem Gelände eines ehemaligen innerstädtischen Güterbahnhofs nahmen in den Haushaltsjahren 2011 bis 2014 bis zu zwei Drittel der gesamten städtischen Investitionen in Anspruch.

Hier galt es umzusteuern. Im Wahlkampf war ich angetreten mit der Forderung: »Jetzt sind die Stadtteile dran!« Was dahintersteckte, war klar. Nicht mehr – wie es in der etwas polemisch zugespitzten Wahlkampfrhetorik hieß – »Prestigebauten« in der Innenstadt, sondern Einrichtungen der Daseinsvorsorge in den Stadtteilen sollten Schwerpunkt des städtischen Investitionshaushalts sein. Konkret ging es um neue Jugendfreizeiteinrichtungen, Kindertagesstätten, öffentliche Bäder und vor allem Schulen.

Durch den Aus- und Neubau von Schulen ließ sich der Kurswechsel, der mit meiner Wahl eingeleitet werden sollte, besonders deutlich machen. Dass Schulen wichtig sind, dass Bildung Voraussetzung wirtschaftlichen Erfolgs und gesellschaftlichen Wohlstands ist, darüber sind sich eigentlich alle einig. Konkrete Folgen hat diese Erkenntnis allerdings in der Regel nicht. Vielmehr dürfte in kaum einem Bereich die Diskrepanz zwischen Anspruch und Wirklichkeit so groß sein wie bei den Schulen.

In Düsseldorf wollten wir hier einen Unterschied machen!

Düsseldorf macht Schule

Wie groß der Handlungsbedarf war, wurde mir bei meinem ersten Schulbesuch als Oberbürgermeister anlässlich der Einweihung der neuen Mensa eines Gymnasiums im Düsseldorfer Stadtteil Pempelfort bewusst. Meine Redenschreiber hatten mir eine Ansprache vorbereitet, nach deren Lektüre ich eigentlich die Erwartung hatte, Adressat dankbarer Ehrerbietung der Schulgemeinschaft zu werden.

Da hatte ich mich aber gründlich geirrt. Die Vorsitzende der Schulpflegschaft benannte stattdessen in einer regelrechten Philippika sämtliche Versäumnisse und nicht gehaltene Versprechungen, die sich die Verwaltung in den letzten Jahren hatte zuschulden kommen lassen. Offenbar war es so, dass Zeit- und Maßnahmenpläne regelmäßig verfehlt wurden und die Durchführung von Sanierungsmaßnahmen mehr mit guten Kontakten zum einen oder anderen Ratsmitglied zu tun hatte als mit ihrer tatsächlichen Dringlichkeit.

Wie ich im Anschluss an diese denkwürdige Veranstaltung feststellte, vermeldete das Schulverwaltungsamt schon seit Jahren steigende Schülerzahlen und einen damit einhergehenden Bedarf an zusätzlichen Fach- und Klassenräumen in allen Schularten. Im Ergebnis führte dies allerdings in den seltensten Fällen zu Baumaßnahmen, sondern allenfalls dazu, dass die Schülerzahlen pro Klasse kontinuierlich anstiegen und auf immer mehr Schulhöfen Container aufgestellt wurden, die als provisorische Schulräume dienten. Und selbst die Sanierungsmaßnahmen für die teilweise recht maroden Bestandsschulen gingen nur sehr schleppend voran. Offensichtlich war es beim Schulbau nicht fünf vor zwölf, sondern bereits fünf nach zwölf!

Mit dem Bläserkreis des Gymnasiums an der Koblenzer Straße
bei der Eröffnung der neuen Sporthalle

Wie aber konnte es gelingen, in kürzester Zeit im erforderlichen Umfang Schulen zu erweitern und neue Schulen zu bauen?

Klar war, dass dies in der bestehenden Ämterorganisation nicht zu bewerkstelligen war. Denn so, wie es bisher lief, hatte das Schulverwaltungsamt bereits mit der sorgfältigen Ermittlung der Schülerzahlen seine Pflicht und Schuldigkeit getan und gab die daraus resultierenden Bedarfe an das Amt für Gebäudemanagement weiter. Dort allerdings fühlt sich niemand so richtig dafür verantwortlich, dass die Düsseldorfer Kinder in angemessenen Räumlichkeiten beschult werden. Nach dem Selbstverständnis dieses Amtes drohte Ungemach eher dann, wenn die Verkehrssicherheit eines Gebäudes gefährdet oder Brandschutzauflagen nicht erfüllt waren.

Wir übertrugen also dem Schulverwaltungsamt auch die Verantwortung für den Schulbau. Im Rückblick gesehen war wohl tatsächlich die Aufhebung der Schnittstelle zwischen dem Schulverwaltungsamt und dem Amt für Gebäudemanagement der entscheidende Schritt, um die Misere beim Schulbau zu beenden. Die Verantwortung für die Ermittlung des Bedarfs und für dessen Erfüllung musste in einer Hand liegen!

Auch das verwaltungsinterne Verfahren galt es, nachhaltig zu beschleunigen. Als mir Schuldezernent Burkhard Hintzsche erläuterte, dass nach den einschlägigen Regelungen der »Geschäftsanweisung Bau« zwischen der grundsätzlichen Ermittlung des Bedarfs, der anschließenden Herbeiführung eines Bedarfsbeschlusses und dem das Baugeschehen erst auslösenden Ausführungs- und Finanzierungsbeschluss üblicherweise ein Zeitraum von mindestens drei bis vier Jahren läge, kamen wir schnell überein, dass dies jedenfalls für den dringend erforderlichen Schulbau nicht gelten dürfe. Ein Grundsatzbeschluss über die erforderlichen Baumaßnahmen – die sogenannten SOM-Pakete (Schulorganisatorische Maßnahmen) – und darauf basierende Ausführungs- und Finanzierungsbeschlüsse mussten reichen. Der Umstand, dass hierdurch der Planungszeitraum etwa halbiert werden konnte, brach auch den anfänglichen Widerstand der Kämmerin, in deren Dezernat das Amt für Gebäudemanagement seit 2016 ressortierte.

Um auch das Baugeschehen selbst zu beschleunigen, gründeten wir die IPM (Immobilien Projekt Management Düsseldorf GmbH). Als sogenannte Inhouse-Gesellschaft war sie in der Lage, die eine oder andere bürokratische Klippe zu umschiffen und das Projektmanagement insbesondere für große Schulerweiterungs- und -neubaumaßnahmen zu übernehmen. Die Leistungsbilanz, die die IPM während meiner Amtszeit ablieferte, kann sich sehen lassen: Insgesamt etwa 30 Schulprojekte wurden von ihr abgewickelt, praktisch alle im Zeit- und Kostenplan.

So gelang es, ein in Deutschland wohl beispielloses Schulbauprogramm zu realisieren. Schulen jeden Typs wurden saniert, erweitert oder neu errichtet. Im Düsseldorfer Süden entstand im Stadtteil Garath eine Gesamtschule, und in Benrath wird eine neue Hauptschule gebaut; im nördlichen Stadtteil Stockum wurde im Beisein des gesamten Managements von Fortuna Düsseldorf die neue Toni-Turek-Realschule eingeweiht, und in Oberbilk, einem »Multikulti«-Viertel der Innenstadt, entsteht ein Gymnasium, dem der berühmte in Düsseldorf aufgewachsene Filmemacher Wim Wenders den Namen gab. Dies sind nur ein paar Beispiele eines Programms, das insgesamt über 150 Einzelmaßnahmen enthält und mit einem Investitionsvolumen von annähernd 1,5 Milliarden Euro ausgestattet ist.

Dabei ging es von Anfang an um mehr als Glas, Stahl, Stein und Beton. Die Schulbauleitlinien, die von der Schulverwaltung entwickelt wurden und insbesondere bei den Neubauten Anwendung finden, sorgen für eine Lernumgebung, die deutlich macht, dass moderne Pädagogik eben mehr ist als Frontalunterricht vor Schiefertafeln.

Und mit dem Medienentwicklungsplan hat auch die Digitalisierung Einzug in Düsseldorfer Schulen gehalten. Dass wir damit auch besser als andernorts auf die Corona-Krise vorbereitet waren, war ein naturgemäß unbeabsichtigter, aber durchaus erfreulicher Nebeneffekt!

Ein Berufskolleg in Rekordzeit

Das bemerkenswerteste Schulbauvorhaben aber war wohl der Neubau des Albrecht-Dürer-Berufskollegs. Diese Schule befand sich in einem historischen Gebäude mitten in der Stadt und genügte schon seit vielen Jahren nicht mehr den Anforderungen an ein modernes Berufskolleg. Die Diskussion um einen Neubau währte zu Beginn meiner Amtszeit schon über zehn Jahre, war aber immer wieder fruchtlos verlaufen.

Verschiedene Standorte – zuletzt stellte Dirk Elbers auf der Immobilienmesse »Expo Real« im Jahre 2013 einen Neubau an der Völklinger Straße im Stadtteil Bilk in Aussicht – wurden diskutiert, um anschließend wieder verworfen zu werden. Die Angelegenheit drohte zu einer unendlichen Geschichte zu werden.

Bereits während des Wahlkampfs war mir das Gelände des ehemaligen Krupp-Kaltwalzwerkes an der Telleringstraße in Benrath als ein Grundstück aufgefallen, das auf jeden Fall entwickelt werden sollte und natürlich auch für den Neubau der Albrecht-Dürer-Schule infrage kommen würde. Ganz ohne Hindernisse ging das nicht. Der Widerstand der Bezirksvertretung im Stadtbezirk 3, wo das Berufskolleg bislang angesiedelt war, ließ sich relativ leicht brechen mit dem Argument, dass zum damaligen Zeitpunkt neun von zehn Düsseldorfer Berufskollegs bereits in diesem Stadtbezirk angesiedelt waren und gegen eine etwas fairere Verteilung wohl nichts einzuwenden sei. Auch das mir im Wahlkampf von Umweltschützern präsentierte Argument, in den 20 Jahren, in denen das ehemalige Walzwerkgrundstück brachgelegen hatte und abgeriegelt gewesen war, hätte sich dort ein Biotop entwickelt, in dem sich seltene Arten vermehrten, wurde im weiteren Verlauf der Diskussion nicht übermäßig strapaziert.

Schwieriger aus dem Weg zu räumen war der Einwand angeblich ungeklärter Altlasten, die sich zu einem unkalkulierbaren Kostenrisiko entwickeln könnten. Im Rückblick gesehen war dies eine bewusst oder unbewusst geworfene »Nebelkerze«, denn die Altlasten waren tatsächlich ordentlich kartiert, und die Kosten für ihre Beseitigung hielten sich in sehr erträglichen Grenzen.

Wie bei fast allen Bauprojekten wurde das Verkehrsargument ins Feld geführt, um die aus Sicht einiger Nachbarn offenbar unliebsame Nachbarschaft eines Berufskollegs zu verhindern. Was, wenn die rund 5000 Schülerinnen und Schüler mit dem Auto kommen und alles zuparken? Auch diese Sorge erwies sich als völlig grundlos, da über 90 % der Mitglieder der Schulgemeinschaft von der sehr guten Anbindung an den ÖPNV Gebrauch machen.

Um das Projekt zu realisieren, musste allerdings zunächst das Grundstück erworben werden. Hier hatten wir Glück. Unsere Planungen fielen nämlich in einen Zeitraum, in dem der Vorstand des ThyssenKrupp-Konzerns entschieden hatte, sich von allen nicht betriebsnotwendigen Grundstücken zu trennen. Und darunter fiel auch das Benrather Grundstück, das wir so sehr schnell und zu einem vernünftigen Preis erwerben konnten.

Erwerber war die städtische Grundstücksentwicklungsgesellschaft IDR, die bereits einen sehr ansprechenden Entwurf der Düsseldorfer Architekten RKW vorgelegt und sich damit für die Realisierung dieses Projektes empfohlen hatte. Und von da an ging alles Schlag auf Schlag.

Insgesamt dauerte es nach dem Grundstückserwerb nicht einmal drei Jahre, bis das Albrecht-Dürer-Berufskolleg feierlich eröffnet werden konnte – eine absolute Rekordzeit, wenn man bedenkt, wie viel Zeit üblicherweise Bebauungspläne und Baugenehmigungen für derartige Vorhaben benötigen.

»Die Bäder sind abgebadet«

Privat wohnen wir direkt neben der »Münstertherme«, einem sehr schönen Volksbad aus der Zeit der Jahrhundertwende mitten in der Stadt. Dort waren wir häufig zu Gast, insbesondere als unsere Kinder schwimmen lernten. Und da wir aufgrund der räumlichen Nähe oft schon umgezogen und im Bademantel kamen, hießen wir dort eine Zeit lang »Familie Bademantel«.

Die Bädergesellschaft Düsseldorf war mir also durchaus ein Begriff. Freilich hatte ich keine Vorstellung vom Zustand ihrer anderen Bäder.

Davon konnte ich mir aber noch während des Wahlkampfs bei einem Gespräch mit dem Geschäftsführer der Bädergesellschaft, Roland Kettler, einen Eindruck verschaffen. Ich war einigermaßen erstaunt, als dieser mir seine schon damals sehr detailliert entwickelten Pläne für den Neubau der praktisch gesamten Düsseldorfer Bäderlandschaft präsentierte. Damals hörte ich zum ersten Mal seinen von mir später immer wieder gern zitierten Satz: »Die Düsseldorfer Bäder sind abgebadet.«

Schon lange dränge er darauf, die Bäder grundlegend zu sanieren bzw. neu zu bauen, sei damit aber – mit Ausnahme des Baus eines 50-m-Beckens im Rheinbad – bei der Stadtführung regelmäßig auf taube Ohren gestoßen.

Um mir selbst ein Bild zu verschaffen, vereinbarten wir einen Ortstermin, für den er das »Allwetterbad« vorschlug. Das Allwetterbad im Stadtteil Flingern war damals schon lange kein Allwetterbad mehr, nachdem die Zeltkonstruktion für das Hallenbad bereits in den 90er-Jahren den Geist aufgegeben hatte. Beim Gang durch die Katakomben, also die technischen Einrichtungen unterhalb des Beckens, wurde auch einem Laien wie mir schnell klar, dass das meiste hier allenfalls noch fürs Museum

In den »Katakomben« des Allwetterbades mit
Geschäftsführer Roland Kettler

taugte und tatsächlich dringender Handlungsbedarf bestand. Und als kurz nach meinem Amtsantritt das Hallenbad in Oberkassel wegen drohender Einsturzgefahr (!) geschlossen werden musste, war wohl vollends offenkundig, dass das Bäderthema mit hoher Dringlichkeit auf die Agenda zu nehmen war.

Vernünftigerweise konnte es nicht nur darum gehen, das Oberkasseler Bad wieder zu reparieren, sondern einen Plan für die Düsseldorfer Bäderlandschaft insgesamt vorzulegen. Auf der Grundlage des mir schon während des Wahlkampfes vorgestellten Konzepts schlug Kettler den Neubau der Kombibäder in Flingern (Allwetterbad) und Benrath sowie der Hallenbäder in Oberkassel und Unterrath vor und präsentierte auch bereits detaillierte Zeitpläne, wann welche Bäder geschlossen, neu gebaut und eröffnet werden sollten. Ursprünglich vorgesehen war, dass alle Baumaßnahmen im Jahre 2021 abgeschlossen sein sollten.

Weit über 100 Millionen Euro waren für den Neubau der vier Bäder veranschlagt. Dies ist auch für eine vergleichsweise reiche Stadt wie Düsseldorf kein Pappenstiel. Deshalb legte ich von Anfang an großen Wert darauf, dass das Konzept auch wirtschaftlich optimiert würde. Zwei Möglichkeiten boten sich hierfür an, und beide wurden genutzt.

Zum einen wurde überprüft, ob der Standort des jeweiligen Bades beibehalten werden sollte. Beim Hallenbad im Linksrheinischen stellten wir sehr schnell fest, dass das Grundstück im Stadtteil Oberkassel, wo sich das alte Hallenbad in einer sehr begehrten Wohnlage befand, im Falle seiner Veräußerung einen hohen Ertrag generieren würde. Als neuer Standort wurde das Grundstück neben einer Vereinssportanlage im benachbarten Stadtteil Heerdt ausgewählt. Dieser war aufgrund seiner Lage unmittelbar am Ausgang des Rheinalleetunnels für Wohnungsbau völlig ungeeignet, gleichzeitig aber – mit Rheinblick! – ein sehr attraktiver Ort für das neue Hallenbad. Im Ergebnis führte diese Standortverlagerung dazu, dass der Neubau, der neben einem Hallenbad auch noch Räumlichkeiten für die Bezirksvertretung, einen Gymnastikraum und eine physiotherapeutische Praxis vorsieht, zu einem ganz erheblichen Teil aus dem Verkaufserlös des alten Grundstücks finanziert werden konnte.

Ähnliches dürfte für das ehemalige Unterrather Hallenbad gelten. Der neue Standort am nördlichen Rand des Großmarktgeländes ermöglicht es, den bisherigen Standort völlig neu zu beplanen, wobei ich mir gut vorstellen kann, dass hier ein attraktives neues Stadtteilzentrum mit Wohnungen, Gastronomie und Einzelhandel entsteht.

Auch der Neubau des Kombibades in Benrath kann zumindest teilweise mit Erlösen aus Grundstücksverkäufen refinanziert werden. Denn tatsächlich ist das bisherige Grundstück etwas überdimensioniert, sodass dort, wo bis vor Kurzem noch das Hallenbad aus den 50er-Jahren stand, Wohnungen in einer sehr begehrten Lage gebaut werden können.

Schließlich war das vorgelegte Konzept auch insofern wirtschaftlich, als zwar das gesamte Angebot, das eine moderne Bäderlandschaft bieten sollte, abgebildet wurde, aber eben nicht an jedem Standort! Nicht jedes Bad ist gleichermaßen Spaßbad, Sportbad, Seniorenbad und Gesundheitsbad. Nicht überall gibt es – durchaus zum Leidwesen des einen oder anderen Kunden – beispielsweise eine Sauna. Aber in einer Stadt der kurzen Wege, wie Düsseldorf es ist, dürfte dies verschmerzbar sein.

Natürlich lief bei der Umsetzung nicht alles rund. Der ehrgeizige Zeitplan konnte – fast möchte ich sagen: erwartungsgemäß – nicht eingehalten werden. Dies hatte insbesondere mit den Standortentscheidungen zu tun, wobei vor allem der neue Standort des ehemaligen Unterrather Bades schon deswegen heftig umstritten war, weil er zwar ganz in der Nähe des alten, misslicherweise aber auf der Gemarkung eines anderen Stadtteils (Derendorf), ja sogar Stadtbezirks (1 statt 6) gelegen ist. Beim örtlichen Ratsherrn und der Bezirksvertretung stieß dies natürlich auf wenig Gegenliebe.

Auch die geplanten Kosten konnten nicht gehalten werden. Dies war zumeist nachvollziehbar, etwa dann, wenn auf einmal ein nicht kartierter Bunker den Erdaushub deutlich verteuerte. Etwas weniger Verständnis hatte ich für eine Kostensteigerung, die mir so erklärt wurde, dass man sich eines Planers aus dem Freistaat Bayern bedient hätte, der offenbar nicht wusste, dass die Brandschutzregelungen in Düsseldorf strenger sind als in seiner süddeutschen Heimat.

Ebenfalls nicht ganz rund lief die Benennung des neuen Bades im Linksrheinischen. Der vom Geschäftsführer der Düsseldorf

Marketing, Frank Schrader, vorgeschlagene Name »The Flow«, den ich mit viel Tamtam anlässlich des Richtfestes präsentierte, löste einen veritablen Shitstorm aus. So viel Anglizismus war den Oberkasselern dann offenbar doch zu viel. Im Anschluss gab es einen Benennungswettbewerb, der glücklicherweise nicht dazu führte, dem – nicht ganz ernst gemeinten – Alternativvorschlag von Frank Schrader zu folgen; der wollte nach dem »Flow«-Fiasko das Bad ganz bodenständig als »Städtische Badeanstalt Düsseldorf-Heerdt« bezeichnen.

Geld und politischer Wille

Mit dem Schul- und Bäderbauprogramm hat Düsseldorf in den letzten sechs Jahren sicherlich Maßstäbe gesetzt. Weit über die Hälfte des – ohnehin großzügig ausgestatteten – Investitionsbudgets der Landeshauptstadt floss in Einrichtungen, die in erster Linie Kindern und Jugendlichen zugutekommen: Kitas, Schulen, Sporthallen, Jugendfreizeitstätten und Bäder. Ermöglicht hat dies die auskömmliche Haushaltslage der Stadt, vor allem aber der politische Wille, diese finanziellen Mittel in derartige Einrichtungen der Daseinsvorsorge zu stecken.

Vielerorts, namentlich in Kommunen, die dem Diktat eines Haushaltssicherungskonzepts unterliegen, werden Bäder geschlossen. Die Folgen sind schon heute spürbar. Nach einschlägigen Untersuchungen können immer weniger Kinder, gerade aus sozial schwächeren Familien, schwimmen.

Ähnlich sieht es bei den Schulen aus. Auch ihr Zustand reflektiert nicht selten die finanziellen Möglichkeiten der Schulträger-Kommune. Allein mit Fördermaßnahmen wie dem kurz vor der Landtagswahl 2017 von der Landesregierung initiierten Programm »Gute Schule« wird man diesem Dilemma nachhaltig nicht beikommen können. Abhilfe schaffen hier auf Dauer nur eine Entschuldung und eine generell bessere finanzielle Ausstattung der Städte.

Geld allein aber macht noch nicht den Unterschied; genauso entscheidend ist der politische Wille! Und da reicht es eben nicht, die Bedeutung von Bildung lediglich in Sonntagsreden zu beschwören. Vielmehr müssen den vollmundigen Worten auch konkrete Taten folgen. Dass dies häufig nicht passiert, mag eine Ursache darin haben, dass Schulen eben in der Regel unspektakuläre Zweckbauten sind, mit denen man sich – anders als mit einer Oper, einer Arena oder einer Konzerthalle – keine Denkmäler setzen kann. Und vielleicht liegt es auch daran, dass Wahlen – auch nach einer Herabsetzung des Wahlalters auf 16 – schon mit Blick auf die demografische Entwicklung immer weniger von den Jungen entschieden werden.

Wie nachhaltig der Erfolg des Düsseldorfer Schulbauprogramms sein wird, hängt nicht allein von Faktoren ab, die die Stadt selbst beeinflussen kann. Nach der in der föderalen Ordnung vorgesehenen Arbeitsteilung sind die Kommunen Schulträger, das heißt, ihnen obliegen der Bau und die Unterhaltung der Schulgebäude. Der eigentliche Schulbetrieb fällt in die Verantwortung des Landes.

Und auch hier ist der Handlungsbedarf erheblich. Insbesondere gilt es, den Beruf der Lehrerinnen und Lehrer attraktiver zu gestalten. Es ist aus meiner Sicht besorgniserregend, dass es immer schwieriger wird, Schulleiterinnen und Schulleiter zu gewinnen, und auch bei den Lehrerinnen und Lehrern werden sich erhebliche Engpässe auftun, wenn die Generation der Babyboomer in den Ruhestand geht.

Wie attraktiv der Lehrberuf ist, hängt natürlich von den Arbeitsbedingungen und insbesondere der Vergütung ab. Aber auch das gesellschaftliche Ansehen, das »Sozialprestige«, spielt eine nicht zu vernachlässigende Rolle. Daran werden wir alle gemeinsam arbeiten müssen, wenn wir verhindern wollen, dass wir demnächst in Düsseldorf zwar hervorragend ausgestattete Schulen haben, aber nicht genügend adäquat ausgebildetes und motiviertes Personal, das unsere Kinder dort unterrichten kann.

Ein innovativer Wirtschaftsstandort

Strukturwandel in der DNA

Ich habe einmal bemerkt, der wirtschaftliche Erfolg Düsseldorfs liege ganz wesentlich darin begründet, dass der Strukturwandel immer gelungen sei, ohne dass dieses Thema in der Stadt je diskutiert wurde.

Wenn man so will, liegt es gewissermaßen in der DNA der Stadt, eigentlich immer auf der Höhe der industriellen Entwicklung und des technischen Fortschritts zu sein. Insofern ist die Geschichte des Wirtschaftsstandorts Düsseldorf tatsächlich eine eindrucksvolle Erfolgsstory. An allen Epochen der industriellen Entwicklung war Düsseldorf irgendwie beteiligt, hat aus allem das Beste behalten und war stets offen für das Neue.

In der Zeit der industriellen Revolution war Düsseldorf Standort der Schwerindustrie: Stahl- und Röhrenwerke prägten die Entwicklung, und im Süden der Stadt entwickelte sich die Firma Henkel von einem Waschmittelproduzenten zu einem heute weltweit agierenden Chemiekonzern.

Zu Beginn des 20. Jahrhunderts wurde Düsseldorf als »Schreibtisch des Ruhrgebiets« Sitz bedeutender Unternehmen und Verbände der Montanindustrie. Gleichzeitig entwickelte sich die Stadt zu einem Banken- und Versicherungsplatz von nationaler Bedeutung. Nach dem Zweiten Weltkrieg kam ein »Cluster« der Informations- und Kommunikationstechnologie hinzu, und die Stadt erwarb sich den Ruf der Mode- und Werbehauptstadt der Republik.

Die Wirtschaftsstruktur Düsseldorfs ist geprägt von einer Vielfalt, die für eine Stadt dieser Größenordnung wohl ziemlich beispiellos ist und ihr nicht nur hohe Gewerbesteuereinnahmen beschert, sondern auch eine gewisse Robustheit mit Blick auf Konjunkturverläufe und Wirtschaftskrisen.

Nach wie vor gibt es – mit Ausnahme Kölns – in keiner Stadt Nordrhein-Westfalens so viele Jobs im produzierenden Gewerbe wie in Düsseldorf: Allein in der »Sprinter«-Produktion des Mercedes-Werkes an der Rather Straße arbeiten etwa 6000 Menschen! Mit der NRW Bank, HSBC Trinkaus & Burkhardt, der Apo-Bank, der IKB und der Stadtsparkasse Düsseldorf, um nur einige Banken mit Sitz in Düsseldorf zu nennen, und mit den Versicherungen ARAG, ERGO und Provinzial ist die nordrhein-westfälische Landeshauptstadt nach Frankfurt auf Platz 2 der deutschen Finanzplätze.

Keine Stadt der Republik ist so erfolgreich wie Düsseldorf, wenn es darum geht, ausländische Direktinvestitionen zu akquirieren. Vor allem Unternehmen aus Fernost, aus Japan und China, fühlen sich ganz offensichtlich bei uns wohl und willkommen.

Diese Erfolgsgeschichte galt es fortzuschreiben, als ich 2014 mein Amt antrat. Dabei ging es mir vor allem um drei Punkte.

Erstens sollte die krisensichere Vielfalt der Düsseldorfer Wirtschaftsstruktur erhalten bleiben, also der Bestand gepflegt und ausgebaut werden.

Zweitens kam es mir darauf an, den Wirtschaftsstandort Düsseldorf international noch bekannter zu machen, um weitere Investitionen gerade aus den sich dynamisch entwickelnden großen asiatischen Ländern nach Düsseldorf zu locken.

Und drittens galt es, dafür zu sorgen, dass Düsseldorf angesichts der Dynamik der digitalen Transformation auch an der Spitze dieser Entwicklung bleibt.

Unternehmen halten und akquirieren

Dass diese Strategie im Ergebnis erfolgreich war, lässt sich daran ablesen, dass die Zahl der sozialversicherungspflichtigen Arbeitsplätze in den zurückliegenden sechs Jahren um etwa 30.000 gestiegen ist. Dies ist natürlich in erster Linie das Verdienst der Düsseldorfer Unternehmen, die diese Arbeitsplätze geschaffen haben. Aber Politik und Verwaltung können insofern einen Beitrag zu dieser Entwicklung leisten, als sie die richtigen Rahmenbedingungen setzen und dort, wo es erforderlich ist, als kundenorientierter Dienstleister gegenüber der Wirtschaft agieren.

Ein paar Beispiele seien genannt.

Schon seit vielen Jahren stellt sich für das Unternehmen Konecranes – manchen noch bekannt als Mannesmann Demag Kranbau – das Problem, dass der Produktionsbetrieb im Düsseldorfer Süden durch eine Bahngleis-Trasse der Deutschen Bahn vom »Reisholzer Hafen« getrennt ist, von wo aus die dort produzierten Kräne und Hafenanlagen verschifft werden. Logistisch bedeutet dies, dass die Produkte nur in den schmalen von der Bahn gewährten Zeitfenstern, in denen die Gleise überquert werden durften, ausgeliefert werden können. Aus diesem Grunde standen das Unternehmen und die Stadt seit vielen Jahren in Verhandlungen über eine Vertiefung einer Bahnunterführung, die allerdings aufgrund unterschiedlicher Interpretationen der Rechtslage immer wieder ergebnislos verlaufen waren. Nun drängte die Zeit, da mit dem Bau des RRX eine Gleisüberquerung bald gar nicht mehr möglich sein würde. Nach zwei Verhandlungsrunden gelang es, eine Einigung zu finden, die eine faire Kostenteilung vorsah und einstimmig vom Rat genehmigt wurde. Damit dürfte der Standort nachhaltig gesichert sein.

Im Einsatz für den Erhalt des Karstadt-Warenhauses auf der Schadowstraße

Beispiel Nummer zwei: Als bekannt wurde, dass das *Handels-blatt* seinen Standort an der Kasernenstraße in der Düsseldorfer Innenstadt aufgeben würde und in diesem Zusammenhang erwog, nach Frankfurt oder Berlin umzuziehen, lud ich den Verleger persönlich ins Rathaus ein, um zu erörtern, wie dieses bedeutendste Blatt der deutschen Wirtschaftspresse und der Wirtschaftsstandort Düsseldorf zum beiderseitigen Vorteil noch enger zusammenwirken könnten. Vielleicht half auch die gemeinsame schwäbische Landsmannschaft – jedenfalls blieb das *Handelsblatt* in Düsseldorf und bezog im Jahr 2019 seine neue Firmenzentrale an der Toulouser Allee.

Nicht immer war ich so erfolgreich. Gerne hätte ich beispielsweise den Sitz der SMS-Gruppe in Düsseldorf gehalten. Hier machte allerdings die Stadt Mönchengladbach offenbar ein Angebot, das von uns beim besten Willen nicht zu toppen war.

Ein Schwerpunkt der zahlreichen Auslandsreisen während meiner Amtszeit war selbstverständlich auch die Werbung für den Wirtschaftsstandort Düsseldorf. Gemessen an der Anzahl ausländischer Unternehmen, die sich in den letzten Jahren in Düsseldorf angesiedelt haben, scheint dies auch recht erfolgreich gewesen zu sein.

Nur zwei Beispiele möchte ich nennen: Das japanische Unternehmen Asahi Kasei, das vor allem im Bereich »Automotive« tätig ist, kam erst im Jahre 2016 nach Düsseldorf und wird bereits demnächst im Düsseldorfer Hafen ein neues Betriebsgebäude beziehen, das nicht nur Vertriebs- und »Overhead«-Funktionen, sondern auch ein Forschungs- und Entwicklungszentrum mit zahlreichen hoch qualifizierten Arbeitsplätzen beherbergen wird.

Und das indische Software-Unternehmen Infosys, das ich auf einer Reise nach Montreal kennengelernt hatte, hat mittlerweile eine Dependance in Düsseldorf und ist schon heute ein Treiber der digitalen Transformation in der Stadt.

Nicht so erfolgreich war ich – ebenfalls in Montreal – leider mit dem »Cirque de Soleil«. Eine Dauerspielstätte dieser Einrichtung in Düsseldorf hätte gewiss Strahlkraft weit über die Grenzen unserer Region hinaus entfaltet und dem örtlichen Gastronomie-

und Hotelgeschäft sehr gutgetan. Nach dem Gespräch mit dem Unternehmensgründer Daniel Lamarre war ich auch durchaus hoffnungsvoll, diesen »Fisch an Land ziehen« zu können. Leider kam es anders. Ein Eigentümerwechsel führte dazu, dass die Pläne für eine neue Dauerspielstätte geändert wurden, und für die abgespeckte Version bekam schließlich Berlin den Zuschlag.

Start-ups

Wenn Düsseldorf bei der wirtschaftlichen und technologischen Entwicklung auf der Höhe der Zeit oder – besser noch – dieser voraus bleiben wollte, dann kam es natürlich auch darauf an, die Stadt für Unternehmensgründer mit digitalen Geschäftsmodellen attraktiver zu machen.

Diese Überlegung war es, die der Start-up-Initiative zugrunde lag, die wir 2015 einläuteten. Bis dahin hatte sich Düsseldorf auf diesem Gebiet noch keinen Namen gemacht, und die Angebote an Co-Working Spaces waren so begrenzt, dass man kaum von einem der Entwicklung einer Gründerkultur zuträglichen »Ökosystem« sprechen konnte.

Was also musste getan werden? Gemeinsam mit einer Unternehmensberatung entwickelte die Wirtschaftsförderung eine Strategie, die im Wesentlichen drei Ziele verfolgte: Es galt, talentierte potenzielle Gründer insbesondere an den Hochschulen – nicht nur in Düsseldorf, sondern in der gesamten Region – anzusprechen und für das Thema zu interessieren. Zweitens wollten wir uns darum kümmern, »hippe« Orte zu entwickeln, wo sich ein Start-up-Ökosystem entwickeln konnte. Besonders geeignet erschien uns hierfür der Medienhafen, wo der »Startplatz« bereits diesbezüglich eine Pionierfunktion ausübte. Und schließlich mussten die Spieler zusammengebracht werden, die etwas zum Gelingen einer Start-up-Kultur beitragen konnten, seien es Banken und »Business Angels«, Anbieter von einschlägigen Beratungsdienstleistungen oder »Big Corporates«, die gerne mit agilen digitalen Start-ups zusammenarbeiten und sich von diesen inspirieren lassen wollten.

Gewissermaßen Kulminationspunkt dieser Bemühungen ist die seit 2016 jährlich stattfindende Start-up-Woche, die selbst im Corona-Jahr 2020 – wenn auch in notgedrungen angepasster Form – durchgeführt wurde. Bis dahin war die Start-up-Woche eine von Jahr zu Jahr wachsende Veranstaltung, sowohl was die Anzahl der Veranstaltungen als auch der Teilnehmer anging. Bei den zahlreichen Besuchen, die ich der Start-up-Woche immer wieder abstattete, bemerkte ich einmal scherzend, der Andrang sei wohl deshalb so groß, weil im Anschluss an die Veranstaltung Freibier in Aussicht gestellt worden sei. Ich wurde belehrt, dass dem nicht so sei und die Teilnehmer sogar ein Eintrittsentgelt zu entrichten hatten. Interessant und lehrreich waren die Veranstaltungen jedes Mal, insbesondere wenn innovative Geschäftsideen vor einer strengen Jury und kritischen potenziellen Investoren »gepitcht« wurden.

Ebenfalls ein ausgesprochen erfolgreiches Format mit eindrucksvollen Wachstumsraten ist der Digital Demo Day, der gemeinsam von der Wirtschaftsförderung und dem Digital Innovation Hub Düsseldorf/Rheinland – einer mit Landesmitteln geförderten Private Public Partnership zwischen der Stadt und hier ansässigen Technologieunternehmen – veranstaltet wird. Jahr für Jahr musste sich diese Veranstaltung, die gleichermaßen Messe und Kongress ist, größere Veranstaltungsräume suchen, in denen man einen Eindruck davon gewinnen konnte, was digitale Technik, Virtual Reality und Artificial Intelligence alles möglich machen.

Mit Einrichtungen wie der Start-up-Initiative und dem Digi-Hub ist Düsseldorf auf dem Weg, die Herausforderungen und

Chancen, die die digitale Transformation mit sich bringt, zu adressieren und für die Stadt nutzbar zu machen. Die andere große Herausforderung, vor der Wirtschaft und Gesellschaft – natürlich nicht nur in Düsseldorf – stehen, ist der Klimawandel.

Klimaneutralität jenseits von Rhetorik und Symbolpolitik

Das Thema Klimaschutz war zu Beginn meiner Amtszeit eher etwas für Spezialisten im Umweltausschuss. Zwar hatte sich die Stadt bereits unter Joachim Erwin ein Klimaziel gesetzt. Als handlungsleitend für die öffentliche Verwaltung hatte sich dies allerdings nicht erwiesen.

Dies änderte sich mit dem Ratsbeschluss vom 4. Juli 2019, bei dem unter dem Eindruck zunehmender »Fridays for Future«-Demonstrationen und entsprechender Beschlussfassungen im Düsseldorfer Jugendrat der »Klimanotstand« ausgerufen und das Ziel der Klimaneutralität vom Jahr 2050 auf das Jahr 2035 vorverlegt wurde.

Das neue Zieldatum machte insofern einen Riesenunterschied, als die meisten derjenigen, die den Beschluss fassten, damit rechnen mussten, auch in 15 Jahren noch in politischer Verantwortung zu stehen, womit weitere 15 Jahre später wohl kaum zu rechnen wäre. Und eine Reduzierung des auf Düsseldorf bezogenen CO_2-Ausstoßes um 3 Millionen Tonnen pro Jahr – dies ist die Zielmarke für die Erreichung der Klimaneutralität – war offensichtlich ein so ehrgeiziges Ziel, dass sofort gehandelt werden musste.

Tatsächlich machte sich die Verwaltung auch sofort ans Werk. Auf Veranlassung von Umweltdezernentin Helga Stulgies waren alle Ämter gefordert, ihre Vorschläge für eine Reduzierung von Treibhausgasen in Düsseldorf vorzulegen.

Heraus kam bei dieser Umfrage ein buntes Potpourri, bei dem – so nach dem Motto »Viel hilft viel« – alles aufgeschrieben wurde, was irgendwie einen Bezug zum Klimaschutz haben könnte: Von der Umstellung der Reiserichtlinie bis zu einer Vervielfachung der Fördermittel für die Wärmedämmung, von der Umstellung der Strombeschaffung auf Ökostrom bis zur flächendeckenden LED-Straßenbeleuchtung, von Beratungsleistungen aller Art bis zur kulturellen Bildung unter dem besonderen Gesichtspunkt des Klimaschutzes, etc., etc.

Hinter jeder der vorgeschlagenen Maßnahmen wurde vermerkt, welches zusätzliche Personal und welcher zusätzliche Aufwand zu ihrer Umsetzung erforderlich sein würde und wie die hierdurch bewirkte Verminderung des CO_2-Ausstoßes zu beziffern wäre.

Ganz glücklich war ich mit dieser Vorlage nicht. Denn der ermittelten CO_2-Reduzierung lag erkennbar keine einheitliche Systematik zugrunde. Vor allem aber störte mich, dass durch diese Vorlage der Eindruck erweckt wurde, das Klimaziel ließe sich in erster Linie mit Geld (und zusätzlichem Personal) erreichen.

Dass allein erhöhte Ausgaben aber das Problem nicht lösen, zeigt ja ganz anschaulich die Situation in Deutschland, wo beispielsweise das Erneuerbare-Energien-Gesetz dramatische Kosten verursacht und dennoch die Klimaziele kläglich verfehlt werden. Aus diesem Grunde sollte es nach meiner Überzeugung das Ziel der städtischen Klimapolitik sein, nicht in planlosen Aktionismus und teure Symbolpolitik zu verfallen, sondern einen methodisch sauberen und mit überprüfbaren Maßnahmen unterlegten Plan zur Erreichung der Klimaneutralität bis zum Jahre 2035 zu entwickeln.

Mit dieser Überlegung berief ich gemeinsam mit der Umweltdezernentin einen Klimabeirat, der alle relevanten Aspekte abdecken sollte. Mitglieder dieses Klimabeirates sind Udo Brockmeier, bis zum Jahresende 2020 Vorstandsvorsitzender der Stadt205werke Düsseldorf AG, der ehemalige Grünen-Fraktionsvorsitzende im nordrhein-westfälischen Landtag Reiner Priggen, der heute dem Landesverband Erneuerbare Energien NRW vorsteht, Sabrina Herrmann, die das Siemens-Geschäft in Nordrhein-Westfalen leitet, Sophia Becker, eine Mobilitätswissenschaftlerin an der TU Berlin, die ich einmal bei einer Fernsehdiskussion zur »Umweltspur« kennengelernt hatte, sowie der Architekt Andreas Kipar, der bereits als Mitglied der Jury für das Projekt »Blau-grüner-Ring« (siehe Seite 234) für die Stadt tätig war und Experte für den Bereich des klimafreundlichen Bauens ist.

Wir verständigten uns darauf, gemeinsam konkrete Maßnahmen zu erarbeiten, die in ihrer Summe bezogen auf Düsseldorf bis zum Jahre 2035 eine Reduzierung des CO_2-Ausstoßes um 3 Millionen Tonnen gegenüber dem Jahr 2020 bewirken sollten. Dabei lag es auf der Hand, dass die Handlungsmöglichkeiten der Kommune ganz maßgeblich vom staatlicherseits gesetzten ordnungspolitischen Rahmen, namentlich vom festgelegten CO_2-Preis, abhängig sein würden. Denn mit Blick auf die Wirtschaftlichkeit bestimmter Maßnahmen macht es offenkundig einen Riesenunterschied, ob dieser Preis bei 10, 50 oder 100 Euro pro Tonne liegt. Gleichwohl sollte das kein Vorwand sein, als Kommune beim Klimaschutz die Hände in den Schoß zu legen!

Manche Maßnahmen, so ergab die Analyse, rechnen sich schon heute von selbst, da die Erträge höher als die Kosten sind. Ein Beispiel etwa ist die Wärmedämmung aus Sicht eines Hauseigentümers und Vermieters, jedenfalls unter der Voraussetzung, dass der energetische Sanierungsaufwand entsprechend der gesetzlichen Regelung mit 8 % pro Jahr auf den Mieter umgelegt wird. Allerdings stellt sich in diesem Fall die politische Frage, ob und inwieweit eine solche Maßnahme gleichwohl gefördert werden sollte mit der Zielsetzung, dass die Mieterhöhung lediglich so hoch ausfällt, dass sie ungefähr der Einsparung von Energiekosten einschließlich der auf sie entfallenden CO_2-Abgaben entspricht, also auch aus Sicht des Mieters kostenneutral ist.

Für die Reihenfolge der kommunalen Klimaschutzmaßnahmen, die sogenannte Merit Order, sollte in erster Linie das Effizienzkriterium entscheidend sein. Zunächst sollen die Maßnahmen ergriffen werden, die sich rechnen oder allenfalls geringe Kosten verursachen. Dabei ist zu berücksichtigen, dass für den Erfolg der einzelnen Maßnahmen auch eine entsprechende Beratung und unbürokratische Gestaltung des Verfahrens über die Gewährung gegebenenfalls erforderlicher Fördermittel maßgeblich sein dürften.

In den insgesamt fünf Sitzungen, in denen sich der Klimabeirat während meiner Amtszeit traf, wurden konkrete Maßnahmenpläne für die Bereiche Wärme, Strom und Verkehr entwickelt, die nach den zugrunde liegenden Annahmen geeignet sind, bei konsequenter Umsetzung innerhalb der nächsten 15 Jahre das Ziel der Klimaneutralität zu erreichen.

Welcher Maßnahmenmix konkret ausgewählt werden soll, bleibt dabei selbstverständlich eine politische Entscheidung. Auf der Grundlage eines – im Konzept ebenfalls vorgesehenen – strengen Monitorings der zum jeweiligen Zeitpunkt tatsächlich erreichten Reduzierungseffekte hat die Politik dann auch die Möglichkeit, durch weitere Maßnahmen nachzusteuern. Sollte sich also etwa herausstellen, dass trotz einer deutlichen Verdichtung des Fernwärmenetzes die Anschlussquoten hinter der Planung zurückbleiben, könnte etwa die Einführung eines Anschluss- und Benutzungszwangs erwogen werden. Und sollte beim Modal Split der Anteil von Fahrzeugen mit Verbrennungsmotoren in der Stadt durch Maßnahmen im Zuge der »Mobilitätswende« nicht schnell genug zurückgehen, müsste gegebenenfalls entschieden werden, dem Beispiel anderer Städte zu folgen und eine CO_2-abhängige City-Maut einzuführen.

Eines hat die Arbeit im Klimabeirat deutlich gezeigt: Der Erfolg von Klimaschutz und Energiewende ist nicht in erster Linie eine Frage des Geldes. Vielmehr ist es eine Frage des politischen Willens und manchmal auch des politischen Mutes. Erfolgreich werden wir nur dann sein, wenn wir uns von der einen oder anderen lieb gewonnenen Gewohnheit trennen und neue Wege gehen.

Insbesondere das Beispiel Verkehr wird – da bin ich mir ganz sicher – zeigen, dass dies keineswegs immer mit Verzicht und Entsagung zu tun haben muss, sondern ganz wesentlich auch eine Steigerung der Lebensqualität bedeuten kann.

Erfolg ist kein Ruhekissen

Ein – gerade mit Blick auf das Thema Klimaneutralität – ganz besonderer Akquisitionserfolg war der EUREF-Campus, der sich am Ahrensplatz neben dem Flughafen-Fernbahnhof niederlassen wird. Damit kommt ein ebenso bedeutendes wie erfolgreiches Unternehmen nach Düsseldorf, denn Ankermieter dieses auch architektonisch sehr ansprechenden Campus ist die Firma Schneider Electric, die am neuen Düsseldorfer Standort einen Teil ihrer Deutschland-Aktivitäten bündeln wird. Darüber hinaus aber wird sich auf diesem Campus auch eine ganze Reihe von kleineren Unternehmen und Start-ups ansiedeln, die sich schwerpunktmäßig mit den Themen Klimaschutz und Mobilitätswende befassen und so einen Beitrag leisten können, dass die Stadt ihre diesbezüglich gesetzten ehrgeizigen Ziele erreichen kann.

Ursprünglich sollte dieser Campus in Essen auf dem Gelände des Weltkulturerbes Zeche Zollverein entstehen. Nach offenbar länger andauernden Querelen um Denkmalschutz etc. an diesem Standort rief mich im Sommer 2019 der ehemalige Chef der Deutschen Energieagentur dena, Stephan Kohler, an und fragte, ob dieses Vorhaben sehr kurzfristig auch in Düsseldorf realisiert werden könnte. Von da an ging alles Schlag auf Schlag. Die Wirtschaftsförderung präsentierte eine Reihe von möglichen Grundstücken, von denen sich sehr schnell das Grundstück am Flughafen als das geeignetste herauskristallisierte. Nach nicht ganz einfachen Verhandlungen über den Kaufpreis fand sich schließlich eine Verständigung anlässlich meines Besuchs auf dem Berliner EUREF-Campus. Gleichzeitig wurden von den zuständigen Ämtern die planungs- und baurechtlichen Voraussetzungen geschaffen, sodass mit einem zügigen Baubeginn und einer Fertigstellung noch im Jahre 2022 gerechnet werden kann. Der Investor, EUREF-Gründer Reinhard Müller, jedenfalls ist voll des Lobes über den Wirtschaftsstandort Düsseldorf, wohl auch deshalb, weil er andernorts andere Erfahrungen gemacht hat.

Gleichwohl war die Begeisterung in Düsseldorf über diesen Akquisitionserfolg nicht einhellig. Manch einer meinte gar, wir sollten zukünftig zurückhaltender bei der Akquisition von Unternehmen sein, da mehr Arbeitsplätze auch mehr Verkehr bedeuten würden und hierdurch naturgemäß auch der Druck auf den Wohnungsmarkt weiter verstärkt würde, dem man dann wieder nur mit »Bauen, Bauen, Bauen« abhelfen könne.

Vor dem Hintergrund der bisherigen Entwicklung unserer Stadt ist diese Argumentation erstaunlich und meines Erachtens auch höchst gefährlich. Wie ich zu Beginn dieses Kapitels erwähnt habe, hatte es bislang den Eindruck, als lägen der gelingende Strukturwandel und der daraus resultierende wirtschaftliche Erfolg von Düsseldorf gewissermaßen in der DNA der Stadt. Der wirtschaftliche Erfolg sorgt für Wohlstand, und eine gute Stadtpolitik verwandelt diesen Wohlstand in Lebensqualität, indem sie in »weiche« Standortfaktoren – also in Schulen und Bildung, in Kultureinrichtungen und Freizeitangebote etc. – investiert, die ihrerseits wiederum Treiber des wirtschaftlichen Erfolgs sind.

Aus diesem Grunde dürfen der wirtschaftliche Erfolg und der daraus resultierende Wohlstand niemals ein Ruhekissen werden, auf dem sich Düsseldorf ausruhen kann. Vielmehr sollten wir darin den Humus sehen, auf dem immer wieder Neues wachsen kann! Nur wenn diese Stadt ihren Appetit auf Innovation und Fortschritt behält, wird die Erfolgsgeschichte Düsseldorfs fortgeschrieben werden können.

Der Stadtkonzern

Privatisierung mit Variationen

Zum Wirtschaftsstandort Düsseldorf gehören auch die städtischen Beteiligungen, die man in ihrer Gänze durchaus als diversifizierten Stadtkonzern bezeichnen kann.

Die Stadt ist an Unternehmen beteiligt, die im internationalen Wettbewerb stehen, wie die Messe und der Flughafen, an Unternehmen der klassischen Daseinsvorsorge, etwa die Stadtwerke oder die Rheinbahn, an Unternehmen der Wohnungswirtschaft und Grundstücksentwicklung sowie an Kultureinrichtungen, die als Gesellschaften des Privatrechts betrieben werden. Stadtmarketing und Tourismus sind ebenfalls als GmbH organisiert, nicht hingegen – anders als in anderen Städten – die Wirtschaftsförderung. Ebenfalls dem städtischen Beteiligungsportfolio zurechnen würde ich die Stadtsparkasse, auch wenn sie als Anstalt des öffentlichen Rechts geführt wird und nach ihrem Selbstverständnis keine kommunale Beteiligung sein will.

Die meisten städtischen Beteiligungsunternehmen waren einmal ganz normale städtische Ämter. So gab es früher ein Messeamt, ein Fremdenverkehrsamt, ein Stadtreinigungsamt, und Kultureinrichtungen wurden vom Kulturamt gemanagt, sofern sie nicht aufgrund ihrer Größe eigene Ämter waren.

Die Gründe, weshalb öffentliche Aufgaben in Form privatrechtlicher Gesellschaften erfüllt werden, sind vielfältig. Ein in der Regel sehr maßgeblicher Gesichtspunkt dürfte sein, dass in einer GmbH größere Freiheitsgrade etwa mit Blick auf Gewinnung und Vergütung von Personal bestehen. Dies hat im Ergebnis dazu geführt, dass heute praktisch jeder Geschäftsführer oder Vorstand eines städtischen Beteiligungsunternehmens mehr verdient als der Chef der Verwaltung.

Hinzu kommt, dass manche bürokratische »Fessel« umgangen werden kann. Dies führt bisweilen zu etwas merkwürdigen Ergebnissen. Denn natürlich haben diese »Fesseln« durchaus ihren Grund. In der Regel wurden sie – nicht selten aufgrund schlechter Erfahrungen in der Vergangenheit – eingeführt, um Transparenz, Rechtmäßigkeit und Kontrollierbarkeit des Verwaltungshandelns sicherzustellen. Freilich ist man dabei – getreu dem Motto: Das Gegenteil von gut ist gut gemeint – bisweilen über das Ziel hinausgeschossen. Deshalb muss man manchmal gegensteuern. Die in Düsseldorf zu Recht viel gelobte »Inhouse«-Gesellschaft IPM beispielsweise kann nur deshalb so schnell und unbürokratisch Schulen und Kindergärten bauen und erweitern, weil für sie die strengen Vorgaben der »Geschäftsanweisung Bau« eben nicht gelten.

Ein weiterer Grund für die Umwandlung von Ämtern in Gesellschaften des Privatrechts dürfte darin liegen, dass im klassischen Ämtersystem allenfalls begrenzte Anreize für wirtschaftliches Handeln bestehen. Dies war aus meiner Sicht der maßgebliche Grund, weshalb der Betrieb des Düsseldorfer Konzerthauses Tonhalle im Jahr 2018 in eine gemeinnützige GmbH überführt wurde. Solange alle Kosten quasi automatisch von der Stadt übernommen werden und umgekehrt alle Konzerterträge an die Kämmerei abgeliefert werden müssen, besteht in der Tat kaum ein Anreiz, Kostenpositionen zu überprüfen und Erträge zu maximieren.

Wohl nicht selten spielt bei der Schaffung kommunaler Kapitalgesellschaften auch die Überlegung eine Rolle, dass dadurch die Möglichkeit eröffnet wird, Geschäftsanteile an Dritte zu veräußern, also (vormals) kommunale Aufgaben nicht nur in pri-

vatrechtlicher Form zu erbringen, sondern auch eigentums-
rechtlich ganz oder teilweise zu privatisieren.

Düsseldorf darf sich hier einer gewissen Vorreiterrolle rüh-
men. Insbesondere während der Amtszeit von Oberbürgermeister Joachim Erwin wurden beispielsweise die vormals kommunalen Krankenhäuser und die Stadtwerke einschließlich der
Müllentsorgung privatisiert. Die Sinnhaftigkeit dieser Privatisierung ist ein beliebtes politisches Streitthema, wobei nicht selten
eher pauschal und ideologisch argumentiert wird. Von den Be-
fürwortern wird gern das Argument ins Feld geführt, die öffentliche Hand verstünde halt nichts von kaufmännischem Denken
und sei deshalb ein schlechter Unternehmer. Umgekehrt stra-
pazieren die Gegner der »Privat-vor-Staat-Ideologie« gerne den
Begriff der Daseinsvorsorge, die »einfach in die öffentliche Hand
gehöre«.

Krankenhäuser, Stadtwerke, Müllabfuhr

Mit Blick auf die Erfahrungen, die ich in dieser Frage während
meiner Amtszeit machen konnte, rate ich zur Differenzierung.

Wenig sinnvoll und eher ideologiegetrieben ist der Einsatz
gegen eine Veräußerung (weiterer) kommunaler Unterneh-
mensanteile jedenfalls dann, wenn die Kommune bereits vorher
ihre Mitwirkungsrechte eingebüßt hat. So verhielt es sich bei der
Veräußerung der noch bei der Stadt verbliebenen 49-prozenti-
gen Beteiligung an den ehemals städtischen Kliniken in den
Stadtteilen Benrath und Gerresheim. Tatsächlich hatte die Stadt
bereits mit der Veräußerung der ersten Tranche von 51 % praktisch sämtliche Mitwirkungsrechte und insbesondere eine Beteiligung am wirtschaftlichen Ergebnis eingebüßt. Die Minder-
heitsbeteiligung sollte es der Stadt lediglich ermöglichen, als

Miteigentümer kontrollieren zu können, ob der Investor tatsächlich die im Privatisierungsvertrag vorgesehenen umfangreichen Investitionspflichten erfüllt. Sobald dies sichergestellt war, stand der Stadt eine Put-Option zu, deren Wert aus naheliegenden Gründen bereits vorab festgelegt war und quasi die zweite Kaufpreistranche darstellte. Hätte die Stadt die Option nicht ausgeübt, wäre sie auf einem wirtschaftlich wertlosen und ohne nennenswerte Mitwirkungsrechte ausgestatteten Unternehmensanteil sitzen geblieben, ohne den vollen Kaufpreis kassieren zu können. Vor diesem Hintergrund fehlte mir das Verständnis für eine Diskussion, in der so getan wurde, als könne man die bereits vor über zehn Jahren vollzogene Privatisierung der Klinikbetriebe wieder rückgängig machen. Die nach langer Diskussion schließlich gefundene Lösung, die eine bei der Stadt für bestimmte Fälle weiter bestehende Sperrminorität bei gleichzeitiger – maßvoller – Reduzierung des Optionspreises vorsah, dürfte wohl eher dem Wunsch nach einer für alle Seiten gesichtswahrenden Lösung geschuldet gewesen sein als der Erhaltung eines – schon vorher nicht mehr bestehenden – nennenswerten kommunalen Einflusses.

Ob die Veräußerung einer Mehrheitsbeteiligung an den Düsseldorfer Stadtwerken an die Energie Baden-Württemberg AG (EnBW) eine intelligente Entscheidung war, lässt sich meines Erachtens bis heute nicht abschließend beurteilen. Mit Sicherheit haben sich die Befürchtungen der Gegner, die seinerzeit sogar eine (erfolgreiche, letztlich aber wirkungslose) Bürgerbefragung zu diesem Thema durchgesetzt hatten, nicht bewahrheitet. Tatsächlich haben die Stadtwerke Düsseldorf jedenfalls bislang auch unter der Ägide des neuen Mehrheitsgesellschafters ihre Unabhängigkeit bewahrt und etwa mit dem neuen Kraftwerksblock Fortuna – immerhin eine Investition in der Größenordnung von 500 Millionen Euro – in puncto umweltfreundlicher

Strom- und Wärmeproduktion Maßstäbe gesetzt. Und das Düsseldorfer Stadtsäckel konnte sich über einen sehr hohen – und in dieser Höhe heute mit Sicherheit nicht mehr erzielbaren – Erlös bei der Veräußerung freuen.

Allerdings besteht für die Stadt nun nicht mehr die Möglichkeit, Gewinne der Stadtwerke mit Verlusten der Rheinbahn steueroptimierend zu verrechnen, da ein derartiger steuerlicher Querverbund Mehrheitsbeteiligungen an den beteiligten Unternehmen voraussetzt. Umgekehrt aber sind die jährlichen Renditen, die die Stadt jetzt einstreicht, in der Regel höher als die Beträge, die von den Stadtwerken überwiesen wurden, als sie noch im 100-prozentigen Eigentum der Kommune waren. Insofern spricht vielleicht doch auch einiges dafür, dass ein privater Miteigentümer hilfreich sein kann, wenn es darum geht, legitime Eigentümerinteressen wahrzunehmen.

Ein Fehler dürfte jedoch die weitgehende Privatisierung der Straßenreinigung und Hausmüllentsorgung gewesen sein. Die Düsseldorfer Müllabfuhr AWISTA war zunächst als Tochtergesellschaft der Stadtwerke Teil der Privatisierung an die EnBW AG. Anschließend wurden 49 % der AWISTA-Geschäftsanteile an die Firma Remondis veräußert, die der privaten Rethmann-Gruppe gehört. Somit liegen heute gerade noch knapp 13 % der Geschäftsanteile bei der Stadt. Gleichzeitig aber besteht zwischen der Stadt und der AWISTA ein Vertrag, der die gesamte Straßenreinigung und Hausmüllentsorgung exklusiv der AWISTA überträgt. Auf der Grundlage der Entgelte für die mit der AWISTA vereinbarten Leistungen errechnet die Stadt die von den Bürgerinnen und Bürgern erhobenen öffentlich-rechtlichen Müll- und Straßenreinigungsgebühren.

Das Problem dieser Art der Aufgabenerledigung besteht offenkundig darin, dass die Verantwortung für die Stadtsauberkeit nicht bei dem liegt, der damit beauftragt ist. Für den Gebührenzahler ist selbstverständlich die Stadt dafür verantwortlich, denn sie vereinnahmt die Gebühren. Tatsächlich aber kann die Stadt selbst gar nicht tätig werden, da sie diese Aufgabe exklusiv an ein Privatunternehmen, die AWISTA, übertragen hat. Und die erfüllt einen Vertrag, in dem einzelne Tätigkeiten sehr detailliert beschrieben sind. Für den eigentlich angestrebten Erfolg, nämlich eine nachhaltig saubere Stadt, schafft dieser Vertrag aber noch nicht einmal Anreize.

Vielmehr ist es eher sogar umgekehrt, wie zuletzt die Diskussion um die sogenannten Mülldetektive gezeigt hat. Mülldetektive haben die Aufgabe, die Personen zu ermitteln, die illegal Müll ablagern, wie es in Düsseldorf häufig insbesondere an den Altpapiercontainer-Standorten geschieht. Wer erwischt wird, in flagranti oder durch Hinweise am Tatort, dem drohen empfindliche Geldbußen. Zweck der Übung ist es natürlich, Müllsünder abzuschrecken. Wäre die AWISTA tatsächlich für die Stadtsauberkeit verantwortlich, würde sie diese Mülldetektive im eigenen Interesse einstellen und einsetzen. Tatsächlich aber hat die AWISTA ein Interesse an einem möglichst großen Auftragsvolumen, das naturgemäß in dem Maße wächst, wie die Mülldisziplin der Bevölkerung zurückgeht. Insofern blieb der Stadt letztlich gar nichts anderes übrig, als die Mülldetektive auf die eigene Payroll zu nehmen.

Vor diesem Hintergrund spricht nach meiner Überzeugung viel dafür, die Müllentsorgung wieder in kommunale Hand zu nehmen. Eine Chance bietet sich mit Ablauf der zwischen Stadt und AWISTA geschlossenen Verträge Ende 2023, zumal diese aus vergaberechtlichen Gründen wohl ohnehin nicht verlängert werden können. Ganz einfach dürfte dies nicht werden. Immerhin wird mit Müll viel Geld verdient, und vor diesem Hintergrund dürften sich schon eine ganze Reihe von Rechtsanwälten darauf freuen, den Weg der Rekommunalisierung der Abfallwirtschaft – so er denn von der neuen Stadtführung beabsichtigt ist – für die Kommune so steinig wie möglich zu machen.

Aufsichtsräte,
»Principal and Agents«

Wenn öffentliche Aufgaben in der Form einer Kapitalgesellschaft des Privatrechts wahrgenommen werden, ändert sich natürlich auch die »Governance«.

An die Stelle des Oberbürgermeisters oder Dezernenten, die die Verantwortung für das laufende Geschäft der Verwaltung tragen, tritt der Vorstand oder die Geschäftsführung der Gesellschaft. Und für strategische Leitentscheidungen sowie die Aufsichts- und Überwachungstätigkeit ist nicht der Stadtrat, sondern der Aufsichtsrat bzw. die Gesellschafterversammlung oder Hauptversammlung zuständig.

Aufsichtsratsmitglieder in städtischen Beteiligungsgesellschaften werden vom Rat benannt, wobei die Wahl üblicherweise auf Mitglieder dieses Gremiums fällt, insbesondere dann, wenn für die Aufsichtsratstätigkeit eine Vergütung bezahlt wird. Als Aufsichtsratsmitglieder sind sie nach den einschlägigen Regelungen dem Unternehmenswohl verpflichtet und vertreten in diesem Gremium die Anteilseignerseite.

Dabei kommt ihnen – so mein Verständnis – insofern die Rolle eines Treuhänders zu, als die städtischen Beteiligungen ja nicht ihr eigenes Eigentum sind, sondern ihnen von den eigentlichen Eigentümern, das sind die Bürgerinnen und Bürger dieser Stadt, treuhänderisch zur sorgfältigen Wahrung ihrer Interessen anvertraut worden sind. Insofern ist die Ausübung eines Aufsichtsratsmandates nicht die Fortsetzung der politischen Auseinandersetzung im Stadtrat, sondern hat nach anderen Gesichtspunkten zu erfolgen, und zwar umso mehr, je wirtschaftlich bedeutender und wettbewerbsexponierter der Geschäftszweck der städtischen Beteiligung ist.

In den Aufsichtsräten der einen oder anderen Kultureinrichtung oder auch der städtischen Wohnungsbau- oder Grundstücksentwicklungsgesellschaft mag es mitunter legitim sein, wenn in den Beratungen auch politische Erwägungen eine Rolle spielen. Problematisch wird dies allerdings in den Aufsichtsräten etwa von Flughafen oder Messe, insbesondere dann, wenn damit Ziele verfolgt werden, die mit dem eigentlichen Geschäftszweck und dem daraus resultierenden Unternehmensinteresse nicht mehr viel zu tun haben.

Die Erfahrung allerdings zeigt, dass nicht jedes vom Rat benannte Aufsichtsratsmitglied tatsächlich in der Lage ist, diese Differenzierung in pflichtgemäßer Form vorzunehmen. Ich erinnere mich beispielsweise an eine Aufsichtsratssitzung, in der es um die – bei städtischen Beteiligungen nicht seltene! – Frage ging, ob angesichts eines gegenüber dem Wirtschaftsplan erheblich höheren Jahresgewinns zumindest ein Bruchteil dieses überplanmäßigen Gewinns zusätzlich zu der im Wirtschaftsplan vorgesehenen Dividende an den Gesellschafter ausgeschüttet werden sollte. Da mir – aus leidgeprüfter Erfahrung – die Brisanz dieses Themas bewusst war, fragte ich vorab die Geschäftsführung und die anwesenden Wirtschaftsprüfer, ob aus ihrer Sicht irgendein von der Gesellschaft geplantes oder auch nur ins Auge gefasstes Projekt beeinträchtigt sein könnte, wenn die Ausschüttung im vorgeschlagenen Umfang erhöht würde. Alle verneinten diese Frage. Ein Aufsichtsratsmitglied (aus der Oppositionsfraktion im Rathaus) meldete sich daraufhin zu Wort und teilte mit, man sehe dies zwar genauso, werde aber dennoch aus politischen Gründen gegen die erhöhte Ausschüttung stimmen.

Ich hatte dafür kein Verständnis. Dass Anteilseigner freiwillig und ohne Not auf eine bedenkenlos mögliche Ausschüttung verzichten, dürfte in der »richtigen« Wirtschaft wohl kaum vorkommen. Und der Umstand, dass ein Treuhänder seinem Treugeber vorsätzlich einen Vorteil vereitelt, kann durchaus als pflichtwidrig bezeichnet werden.

Gewinner und Nutznießer einer Politisierung der Aufsichtsräte ist in der Regel das Management der Unternehmen, also Vorstände und Geschäftsführer. Denn es liegt auf der Hand, dass Aufsichtsräte, die politische Erwägungen – manchmal ist es auch schlicht mangelnde Kompetenz oder Opportunismus – vor legitime Eigentümerinteressen stellen, die Symmetrie zwischen Management und Aufsicht verschieben und damit die Machtbalance zugunsten der Vorstände und zulasten des Eigentümers verändern.

Auf Neudeutsch spricht man hier von einem »Principal-Agent«-Problem. Das Principal-Agent-Problem ist in gewisser Weise die Business-School-Variante der von Georg F. W. Hegel entwickelten »Herr-und-Knecht-Dialektik«. So wie der Herr seine Identität von der Anerkennung des Knechts ableitet, von dessen Arbeit und Kompetenz er letztlich abhängig ist, ist der Eigentümer eines Unternehmens nur insoweit »Herr im Haus«, wie die Unternehmensführung dies anerkennt, was naturgemäß eher dann der Fall ist, wenn der Eigentümer Geschäftsführung und Vorstand »Paroli bieten« kann und die Überlegenheit des »Agents« in puncto Kompetenz und Erfahrung dem »Principal« nicht letztlich jegliche Kontrolle und Steuerung »seines« Unternehmens unmöglich macht.

Ähnlich und doch ganz verschieden: Flughafen und Messe

Ganz gut veranschaulichen lässt sich dieses Problem anhand eines Vergleichs von Messe und Flughafen.

Gesellschafter der Messe sind ausschließlich öffentliche Akteure; die Stadt (einschließlich ihrer 100%-Tochter IDR) ist Mehrheitsgesellschafterin, das Land ist mit einem Anteil von 20 % beteiligt, und die beiden Kammern, Handwerkskammer und IHK, halten eine Beteiligung, die aber so gering ist, dass sie jedenfalls wirtschaftlich keine Rolle spielt. Am Flughafen hingegen besteht eine private Beteiligung in Höhe von 50 %, die von einer irischen Flughafengesellschaft und (mittelbar) einem großen kanadischen Pensionsfonds gehalten wird.

Das Geschäft beider Unternehmen ist insofern vergleichbar, als es in gewisser Weise wettbewerbsexponiert ist, regelmäßig hohe Investitionen erforderlich macht und in begrenztem Umfang vom Konjunkturverlauf abhängig ist, wobei, wie die jüngste Vergangenheit schmerzlich zeigt, Ereignisse wie globale Pandemien eine dramatische Auswirkung entfalten können.

Trotz dieser Parallelen lassen sich die beiden Unternehmen in puncto Governance, Kapitalausstattung und Bilanzierungs- und Ausschüttungspraxis überhaupt nicht vergleichen. Das Geschäft des Flughafens wird in regelmäßigen Managementgesprächen zwischen Geschäftsführung und Gesellschaftern eng abgestimmt, wobei die mit erheblichem Aufwand betriebene Beteiligungsführung der privaten Gesellschafter bisweilen auch dazu neigt, Mikromanagement zu betreiben, also Dinge zu regeln, die man getrost der Geschäftsführung überlassen könnte. Bei der Messe hingegen gilt eine Art Vertrauensprinzip, was zur Folge hat, dass das Management die Geschäfte fast so führen kann, als ginge es um sein eigenes Familienunternehmen.

Die naturgemäß Dividende-getriebenen privaten Gesellschafter des Flughafens haben sich – noch in den Zeiten von Joachim Erwin – von der Stadt vertraglich zusichern lassen, dass grundsätzlich der gesamte Jahresüberschuss an die Gesellschafter ausgeschüttet werden muss, jedenfalls so lange, wie sich die Gesellschaft auf dem Kapitalmarkt finanzieren kann. Dies hatte die Konsequenz, dass die Eigenkapitalquote des Flughafens bereits vor der Corona-Krise die niedrigste aller städtischen Beteiligungsunternehmen war. Und darüber hinaus schuf diese Regelung in Verbindung mit einer entsprechenden »Incentivierung« der Geschäftsführung natürlich einen erheblichen Anreiz, ergebnismaximierend zu bilanzieren, was zur Folge hatte, dass praktisch alles aktiviert wurde, was nicht zwingend als Aufwand ausgewiesen werden musste.

Ganz anders bei der Messe. Die nach der Krise des Unternehmens Anfang der 2000er-Jahre einmal formulierte Ziel-Eigenkapitalquote von 45 % ist längst deutlich überschritten, und selbst die Corona-Krise vermag daran nicht zu kratzen. Die gesamte Investitionstätigkeit – immerhin ein erklecklicher dreistelliger Millionenbetrag – wurde in den zurückliegenden Jahren allein aus dem Cashflow des Unternehmens finanziert. Und die Bilanzierungspraxis kann man getrost als äußerst konservativ bezeichnen: Im Zweifel werden Ausgaben in den Aufwand gebucht und, wo immer möglich, Rückstellungen gebildet.

Dennoch gab es regelmäßig Diskussionen über die Verwendung des im Jahresabschluss ausgewiesenen Gewinns, der in all den Jahren, in denen ich Aufsichtsratsvorsitzender war, immer deutlich höher ausgefallen war als geplant. Mit sachgerechter Aufsichtsratsarbeit hatten diese Diskussionen nicht immer etwas zu tun. Ein vom Rat entsandtes Aufsichtsratsmitglied meinte in diesem Zusammenhang beispielsweise einmal allen Ernstes, die Messe tue so viel für Düsseldorf, dass es schon deshalb nicht in Ordnung sei, auch noch eine Ausschüttung zu erwarten.

Glücklicherweise gelang es mir in der Regel im Vorfeld der Sitzung, mit dem Vorsitzenden der Geschäftsführung Werner Dornscheidt eine Verständigung herbeizuführen, die eine Ausschüttung in Höhe von etwa der Hälfte des ausgewiesenen Jahresüberschusses vorsah und dann als Beschlussvorlage dem Aufsichtsrat vorgelegt wurde. Dass diese Vorlage dann ausgerechnet von Anteilseignervertretern abgelehnt wurde mit dem Hinweis, die vorgeschlagene Ausschüttung sei zu hoch, machte mich dann doch einigermaßen sprachlos. Mir war jedenfalls nicht bekannt, dass die Finanzlage des Landes Nordrhein-Westfalen so rosig war, dass man offenbar ohne Not und freiwillig auf diese Erträge verzichten konnte.

Im Nachhinein gesehen war es ein Glück und ganz wesentlich der Umsicht von Werner Dornscheidt zu verdanken, dass die Messe die in erster Linie politisch motivierte Schwäche ihres Aufsichtsrates in der Regel nicht zulasten ihres Gesellschafters ausnutzte.

Bei der Stadtsparkasse war dies anders.

Der Sparkassenvorstand bestimmt (nicht nur) die Richtlinien der Geschäftspolitik

Dass die Tätigkeit eines Sparkassenverwaltungsrates eigenen Regeln unterliegt, spürte ich schon sehr bald, nachdem ich Ende 2014 den Vorsitz im Verwaltungsrat der Düsseldorfer Stadtsparkasse übernommen hatte. Zwar gelang es mir – anders als offenbar noch meinem Vorgänger –, mir insofern Respekt zu verschaffen, als mir die Sitzungsunterlagen zur Vorbereitung ins Rathaus geschickt werden mussten und der (damalige) Vorstandsvorsitzende, Arndt Hallmann, schließlich einsah, dass ich mich in bankfachlichen Dingen nicht allein von ihm beraten lassen wollte.

In einer anderen Beziehung allerdings ging es mir nicht besser als Dirk Elbers und Joachim Erwin. Auch sie mussten, soweit ich unterrichtet bin und die Angelegenheit selbst nachverfolgen konnte, die Erfahrung machen, dass der Verwaltungsrat der Stadtsparkasse Düsseldorf eine wunderbare Plattform für die jeweilige Opposition im Rat ist, um gemeinsam mit den Arbeitnehmervertretern den Oberbürgermeister vorzuführen. So stimmte der Verwaltungsrat – noch vor meiner Amtszeit – in der Sitzung über den Jahresabschluss 2012 mit einer Mehrheit der Arbeitnehmervertreter sowie der Vertreter der damaligen Ratsopposition aus SPD und Grünen für die Thesaurierung des – schon damals höchst spärlich ausgewiesenen – Jahresüberschusses von etwa 500.000 Euro, was dann allerdings im Rat postwendend zugunsten einer Ausschüttung wieder kassiert wurde. Angesichts dieser Politisierung der Trägervertreter im Verwaltungsrat ist es wenig erstaunlich, dass dieses Gremium kaum in der Lage ist, seinen gesetzlichen Auftrag zu erfüllen. Dieser geht – nach dem Wortlaut des Sparkassengesetzes – über die Aufgaben eines Aufsichtsrates insofern weit hinaus, als nicht nur die Aktivitäten des Vorstands überwacht werden, sondern auch die »Richtlinien der Geschäftspolitik bestimmt« werden sollen. Davon allerdings kann in der Sparkassenwirklichkeit keine Rede sein.

Tatsächlich wird noch nicht einmal der Wirtschaftsplan vom Verwaltungsrat beschlossen. Vielmehr wird dieser Plan vom Aufsichtsgremium lediglich zur Kenntnis genommen und kann vom Vorstand jederzeit angepasst werden. Dass unter solchen Umständen eine ordnungsgemäße Aufsichtstätigkeit kaum ausgeübt werden kann, liegt auf der Hand. Denn der vom Aufsichtsgremium beschlossene Wirtschaftsplan ist ja gewissermaßen der Maßstab für die Überwachung der Geschäftsleitung. Wenn dieser aber zum »Moving Target« wird, liegt es in der Hand der Geschäftsführung, dafür zu sorgen, dass es erst gar nicht zu einer Abweichung des Ist vom Soll kommen kann. Nach Auffassung der Juristen des Sparkassenverbandes ist dies völlig regelkonform.

Insofern wundert es auch nicht, dass Verwaltungsratssitzungen – jedenfalls nach meiner Erfahrung – weniger mit Aufsichts- und Überwachungstätigkeit zu tun haben als vielmehr mit einer Lehrstunde, in der Politikern von Sparkassenvorständen das Bankgeschäft erklärt wird.

Und selbstverständlich haben die Vorstände immer eine Erklärung parat, weshalb die Kapitallücke nie kleiner wird, obwohl seit Jahren exorbitante Beträge den Kapitalreserven zugefügt worden sind. Und ebenso gibt es auch immer eine Erklärung dafür, weshalb im Zuge eines Restrukturierungsprogramms fast 25 % der Sparkassenjobs – in der Beratersprache »Vollzeitäquivalente« oder »VZÄ« genannt – abgebaut werden müssen, nachdem gerade einmal gut ein Jahr vorher noch beteuert wurde, mit dem Abbau von etwas mehr als 100 VZÄ sei die Sparkasse in puncto Personalkosten über den Berg.

Geradezu der Musterfall für einen Principal-Agent-Konflikt ist der Umgang der Stadtsparkasse mit ihren Gewinnen. In den sechs Jahren, in denen ich dem Verwaltungsrat der Stadtsparkasse zunächst als Vorsitzender, im letzten Jahr noch als Beanstandungsbeamter angehörte, erzielte das Institut Jahr für Jahr wesentlich höhere Gewinne, als es die Jahresplanung vorsah. Ursache war weniger ein florierendes Kundengeschäft, sondern in erster Linie der Umstand, dass die Sparkasse beim sogenannten Bewertungsergebnis jeweils hohe Abschreibungen (»Wertberichtigungen«) geplant hatte, die sich dann tatsächlich nie realisierten. Insofern lag das überplanmäßige Ergebnis regelmäßig im mittleren zweistelligen Millionenbereich, sodass der Sparkassenvorstand auf den jährlichen Bilanz-Pressekonferenzen für die Geschäftsjahre 2014–2019 immer ein stolzes Ergebnis von zwischen 60 und 140 Millionen Euro vor Steuern präsentieren konnte.

Für die Sparkassenvorstände bedeuteten diese Ergebnisse, dass sie sich über eine üppige variable Vergütung freuen konnten. Für den Träger, also die Kommune, war das anders. Denn bei der Sparkasse handelt es sich nicht um ein normales Unternehmen, bei dem über den Gewinn der Aufsichtsrat bzw. die Haupt- oder Gesellschafterversammlung entscheiden. Vielmehr ist die Sparkasse ein Kreditinstitut, und Kreditinstitute haben nach den Regelungen des Handelsgesetzbuches die Möglichkeit, Teile ihres Ergebnisses in bestimmte »Vorsorgereserven« zu buchen, sofern dies – so heißt es im Gesetz – »nach vernünftiger kaufmännischer Beurteilung wegen der besonderen Risiken des Geschäftszweigs der Kreditinstitute notwendig ist«.

Unter ihrem Vorstandsvorsitzenden Arndt Hallmann, der im Jahr 2012 an die Spitze des Instituts berufen worden war, hatte die Stadtsparkasse Düsseldorf begonnen, diese Möglichkeit dermaßen exzessiv zu nutzen, dass praktisch kein Jahresüberschuss mehr übrig blieb, über den der Verwaltungsrat hätte entscheiden können. Der Höhepunkt war im Geschäftsjahr 2014 erreicht, als ein ausgewiesenes Vorsteuerergebnis in Höhe von 135 Millionen auf einen Jahresüberschuss von gerade noch einmal 3,3 Millionen Euro zusammenschmolz. Mit einer Mehrheit von Arbeitnehmer- und Ratsoppositionsvertretern stellte der Verwaltungsrat dennoch den Jahresabschluss fest.

Das ging mir dann doch zu weit, und ich machte von der im Sparkassengesetz geschaffenen Möglichkeit Gebrauch, den aus meiner Sicht rechtswidrigen Beschluss zu beanstanden.

Sparkassen- und Trägerinteressen

Damit begann der Sparkassenstreit, mit dem Düsseldorf bundesweit für Aufsehen sorgte und nach Auffassung mancher Juristen sogar Sparkassenrechtsgeschichte schrieb.

Im Verfahren vor der Sparkassenaufsicht im nordrhein-westfälischen Finanzministerium mandatierten wir mit Rechtsanwalt Benedikt Wolfers einen ausgewiesenen Fachmann in diesem Rechtsgebiet. Dass er vor über 30 Jahren gemeinsam mit mir in Freiburg studiert hatte, war in diesem Zusammenhang Zufall, was aber nicht verhindern konnte, dass der eine oder andere versuchte, auch diesen Sachverhalt zu skandalisieren.

Wolfers machte geltend, dass die Notwendigkeit der Bildung von Vorsorgereserven gemäß §§ 340f und 340g HGB sich an nachvollziehbaren – gewissermaßen objektiven – Kriterien messen lassen müsse, wobei auch zu berücksichtigen sei, dass die Abwägung zwischen dem Ausschüttungsinteresse des Trägers und dem Sicherungsinteresse der Sparkasse nicht vom Sparkassenvorstand vorweggenommen werden könne, sondern in erster Linie dem Verwaltungsrat und der Trägerversammlung obliege. Demgegenüber vertrat die ebenfalls von einer namhaften Kanzlei vertretene Gegenseite die Auffassung, der Vorstand könne im Zusammenhang mit der Aufstellung des Jahresabschlusses Vorsorgereserven nach seinem freien – lediglich durch das Willkürverbot begrenzten – Ermessen bilden, sodass es allein seine Entscheidung sei, was er diesbezüglich für notwendig erachte.

Die Sparkassenaufsicht wand sich lange und entschied im Juni 2016 schließlich, dass der Verwaltungsratsbeschluss tatsächlich rechtswidrig gewesen sei, da die Sparkasse bei der Aufstellung des Jahresabschlusses die Trägerinteressen nicht beachtet habe.

Allerdings machte die Entscheidung der Sparkassenaufsicht bedauerlicherweise keine Vorgaben, welche Maßstäbe an die Bildung der streitgegenständlichen Vorsorgereserven tatsächlich zu legen wären. Insbesondere gab die Entscheidung auch keinen Hinweis darauf, ob derartige Reserven nur dann gebildet werden dürfen, wenn andernfalls ein Einschreiten der Finanzaufsicht BaFin oder der Bundesbank zu gewärtigen sei. Ein solcher Hinweis wäre insofern naheliegend gewesen, als diese Einrichtungen ja gerade dem Zwecke dienen, einzuschreiten, wenn die besonderen Risiken der Kreditinstitute dies erforderlich machen. Mit Blick auf die Kapitalausstattung der Stadtsparkasse Düsseldorf, die bereits seit Jahren einen vorderen Platz unter den rheinischen Sparkassen einnahm, bestand hierfür natürlich keinerlei Veranlassung, umso weniger, als auch das Geschäftsportfolio des Instituts bereits vor Jahren vom damaligen Risikovorstand van Gemmeren weitgehend von nennenswerten Risiken befreit worden war. Insofern bedeutete die Entscheidung der Sparkassenaufsicht zwar vordergründig ein Obsiegen, die gewünschte Klarheit im Hinblick auf die gemeinsame Verantwortung von Vorstand und Verwaltungsrat bei der Verwendung und Zuordnung des Jahresergebnisses brachte sie aber nicht.

Gleichwohl drohte der Vorstand – zunächst noch unter dem Vorsitz von Arndt Hallmann –, gegen die Entscheidung der Sparkassenaufsicht Klage beim Verwaltungsgericht zu erheben. Diese Drohung verfehlte ihre Wirkung nicht, denn der Druck im Verwaltungsrat wuchs, nunmehr endlich eine Vereinbarung abzuschließen, auf deren Grundlage der Streit – das jedenfalls war die Hoffnung – dauerhaft begraben werden könne.

Und so kam es schließlich im Frühjahr 2017 zu einer Vereinbarung, die im Wesentlichen vorsah, dass zukünftig bei der Aufstellung des Jahresabschlusses den Trägerinteressen dadurch Rechnung getragen werden solle, dass der ausgewiesene Überschuss grundsätzlich 5 % des Plangewinns zuzüglich 50 % des gegebenenfalls erzielten überplanmäßigen Gewinns betragen solle.

Diese Vereinbarung, deren Abschluss bereits in die Amtszeit von Hallmann-Nachfolgerin Karin Brigitte Göbel fiel, ist in vielerlei Hinsicht bemerkenswert. Und im Nachhinein gesehen war es wohl ein Fehler, sie zu unterzeichnen. Denn zum einen lässt sie die Frage, wer die Abwägung zwischen den Interessen des Trägers und den Sicherungsinteressen des Instituts zu treffen hat, letztlich offen, ermöglicht aber dem Sparkassenvorstand – und so ist es auch geschehen – durchaus die Interpretation, dass er bei der Aufstellung des Jahresabschlusses völlig frei ist, solange er anerkennt, dass er auch Trägerinteressen zu berücksichtigen habe, selbst wenn er diese tatsächlich gar nicht »bedient«.

Vor allem aber störte mich an dieser Vereinbarung von Anfang an, dass es in ihr um einen Sachverhalt geht, der an sich gar nicht Gegenstand einer privatautonomen Vereinbarung sein kann, sondern sich allein nach Recht und Gesetz zu richten hat. Denn Jahresabschluss und Jahresüberschuss der Stadtsparkasse können schlechterdings nicht von der Vorstandsvorsitzenden und dem Verwaltungsratsvorsitzenden des Instituts »ausbaldowert« werden, sondern sind das Ergebnis der Anwendung der einschlägigen Bilanzierungsregelungen, die dann von einem im Falle der Sparkassen leider nicht unabhängigen Wirtschaftsprüfer, sondern einem »Verbandsprüfer« des einschlägigen Sparkassen- und Giroverbands überprüft und gegebenenfalls testiert werden.

Lediglich im Hinblick auf die Verwendung des Jahresüberschusses können Vereinbarungen getroffen werden. Freilich würde ich auch hiervon abraten, da es nicht im Interesse des Verwaltungsrats sein kann, sich vorab bei der Ausübung einer seiner wichtigsten Zuständigkeiten, nämlich bei der Entscheidung über die Verwendung des Jahresüberschusses, festzulegen.

Der Sparkassenstreit und kein Ende

Wie berechtigt meine Befürchtung war, die Stadtsparkasse würde sich durch die seinerzeit getroffene Vereinbarung keinerlei Beschränkungen auferlegen, zeigte die Diskussion um den Jahresabschluss 2019.

Auch in diesem Geschäftsjahr erwirtschaftete die Stadtsparkasse einen erklecklichen Gewinn in einer Größenordnung von etwa 60 Millionen Euro. Nach der Formel der 2017 getroffenen Vereinbarung hätte zumindest ein Jahresüberschuss in Höhe von circa 14 Millionen Euro ausgewiesen werden müssen, der dann – je nach Entscheidung von Verwaltungsrat und Trägerversammlung – hätte ausgeschüttet werden können. Tatsächlich aber wollte der Vorstand der Stadtsparkasse dem Vernehmen nach bereits Anfang März 2020 lediglich einen Überschuss in Höhe von 10,4 Millionen Euro ausweisen.

Aber es kam noch schlimmer. Vor dem Hintergrund des Lockdowns im Zuge der Corona-Pandemie sollte wenige Wochen später – entgegen der Ankündigung der Vorstandsvorsitzenden bei der Bilanzpressekonferenz – gar kein Jahresüberschuss mehr ausgewiesen, sondern das gesamte Ergebnis den Vorsorgereserven zugeführt werden. Nach weiteren Gesprächen mit der Stadt entschied der Vorstand schließlich, dass der Jahresabschluss einen Überschuss von 3,5 Millionen Euro ausweisen werde. Mit diesem Ergebnis wurde der Jahresabschluss vom Verwaltungsrat festgestellt.

Ob dieser Jahresabschluss rechtmäßig ist, darf füglich bezweifelt werden. Einmal davon abgesehen, dass die im Jahresabschluss ausgewiesene Vorsorgereservenbildung angesichts der ausgesprochen auskömmlichen Kapitalausstattung des Instituts wohl kaum als »notwendig« angesehen werden kann, dürfte jedenfalls deren nachträgliche Erhöhung unter nahezu vollständigem Verzehr des verbleibenden Jahresüberschusses schon deshalb rechtswidrig sein, weil er offensichtlich ausschließlich vor dem Hintergrund der Corona-Pandemie vorgenommen wurde. Diese aber ist nach dem fachlichen Hinweis des Deutschen Instituts der Wirtschaftsprüfer (DIW), den sich die Stadtsparkasse in ihrem Bericht zum Jahresabschluss 2019 auch noch ausdrücklich zu eigen gemacht hatte, kein »werterhellendes«, sondern »wertbegründendes« Ereignis und darf deshalb bei der Aufstellung des Jahresabschlusses 2019 nicht berücksichtigt werden.

Dass dies ganz offensichtlich auch die Auffassung der Bundesbank und des Rheinischen Sparkassenverbandes ist, mag man daraus ersehen, dass diese nachdrücklich darauf gedrängt haben, Ausschüttungsbeschlüsse über das Jahresergebnis 2019 erst dann zu treffen, wenn die weiteren Auswirkungen der Pandemie konkreter abgeschätzt werden können.

Ich selbst hatte den Verwaltungsratsvorsitzenden vor diesem Hintergrund gebeten, den Vorstand der Stadtsparkasse zu ersuchen, den Jahresabschluss noch einmal aufzumachen und – im Geist der 2017 getroffenen Vereinbarung – einen Jahresüberschuss von 14 Millionen Euro auszuweisen.

Dies ist nicht geschehen.

Gleichwohl wird dieser – erneut mit großer Wahrscheinlichkeit rechtswidrige – Jahresabschluss wohl folgenlos bleiben. Mein Nachfolger sieht offenbar keine Veranlassung einer Beanstandung, die Trägerversammlung, also der im September neu gewählte Rat, hat ihn zwischenzeitlich genehmigt, und der »Appetit« der Sparkassenaufsicht dürfte begrenzt sein, von sich aus hier einzuschreiten.

Die »Entmündigung« des
Verwaltungsrates und Rates

Die Dramatik des »Principal-Agent-Problems« bei der Stadtspar-kasse mag die folgende Tabelle unterstreichen. Nach dem Sparkas-sengesetz Nordrhein-Westfalen macht der Verwaltungsrat einen Vorschlag über die Verwendung des Jahresergebnisses an den Rat, der dann die Entscheidung über die Ausschüttung unter Berücksich-tigung der künftigen wirtschaftlichen Leistungsfähigkeit der Spar-kasse sowie im Hinblick auf die Erfüllung des öffentlichen Auftrags der Sparkasse zu treffen hat. Diese Aufgabe aber hat bei der Stadt-sparkasse bereits größtenteils der Vorstand mit Unterstützung der Verbandsprüfer des Rheinischen Sparkassen Giroverbandes durch die Bildung von Vorsorgereserven gemäß §§ 340f, 340g erledigt. Tat-sächlich durften Verwaltungsrat und Rat lediglich im Jahr 2015 – offensichtlich unter dem Eindruck des aus Sicht der Stadtsparkasse verlorenen »Sparkassenstreits« – über einen Anteil von mehr als 20 % des (Nachsteuer-)Ergebnisses entscheiden. Im Geschäftsjahr 2014 durften sie lediglich über einen Anteil von 3,2 % des Ergebnisses entscheiden; und für das Geschäftsjahr 2019 wurde ihnen die Ent-scheidung im Hinblick auf 94 % des Ergebnisses vom Vorstand »ab-genommen«.

Einen Sonderfall stellt das Geschäftsjahr 2017 dar. Seinerzeit kün-digte die Vorstandsvorsitzende Karin Brigitte Göbel in der Bilanz-pressekonferenz ein »Betriebsergebnis vor Bewertung« in Höhe von 102,5 Millionen Euro an, wobei sie darauf hinwies, dass dieses auch durch das Bewertungsergebnis »nicht belastet werden« würde. Im Nachhinein wurde dieses Ergebnis durch Bildung einer Restruktu-rierungsrückstellung auf unter 50 Millionen Euro gedrückt.

Entscheiden durfte der Rat lediglich über einen Betrag von 13,6 Millionen Euro, da vom ausgewiesenen Jahresüberschuss von

16,1 Millionen Euro ein Anteil von etwa 2,5 Millionen Euro »ausschüttungsgesperrt« war.

2014	2015	2016	2017	2018	2019
Ergebnis v. St. lt. Bilanzpressekonferenz (in Mio. €)					
140	117,8	84	102,5	71	62,5
Ergebnis v. St. lt. Jahresabschluss (in Mio. €)					
135,1	121,8	80,6	49,4	71,5	(62,5)
Steuern lt. Jahresabschluss (in Mio. €)					
31,1	29,9	0,9	12,6	9,9	3,8
Überschuss lt. Jahresabschluss (in Mio. €)					
3,3	21,7	15,3	16,1	11,3	3,5
Ergebnis n. St. lt. Jahresabschluss (in Mio. €)					
104	91,9	79,7	36,9 (89,9)	61,6	58,7
Anteil Jahresüberschuss am Ergebnis n. St. (in %)					
3,2	23,6	19,2	43,6 (17,9)	18,3	6

»Good Governance« in öffentlichen Beteiligungen

Die Tätigkeit in den Aufsichtsgremien der städtischen Beteiligungen war der sicherlich zeitaufwendigste, anstrengendste und häufig auch frustrierendste Teil meiner Arbeit als Oberbürgermeister der Landeshauptstadt Düsseldorf.

Ich räume ein, dass ich häufig darüber geklagt habe, was für ein »lausiger Kapitalist« die öffentliche Hand sei. Ein Grund, weshalb das so ist, liegt wohl auch in der Art und Weise, wie die städtischen Beteiligungen generell, insbesondere aber in Düsseldorf geführt werden. Hier von einem Organisationsverschulden zu sprechen ist aus meiner Sicht nicht unangemessen.

Der Wert des städtischen Beteiligungsvermögens ist erheblich. Ausweislich der Geschäftsberichte für das Geschäftsjahr 2019 liegt die Bilanzsumme der Stadtsparkasse bei 12,7 Milliarden Euro, und auch die Bilanzsummen der Stadtwerke, des Flughafens, der Rheinbahn und der Messe liegen jeweils in der Größenordnung eines zehnstelligen Eurobetrags.

Vor diesem Hintergrund liegt es auf der Hand, dass der Stadt eine besondere Sorgfaltspflicht bei der Führung dieser Beteiligungen obliegt, zumal sie diese ja – wie erwähnt – gewissermaßen treuhänderisch für die Bürgerinnen und Bürger Düsseldorfs hält. Insofern erscheint es geboten, die städtische Beteiligungsführung professionell aufzustellen und insbesondere mit Leitungspersonal auszustatten, das in der Lage ist, den durchaus selbstbewussten Vorständen und Geschäftsführern der Beteiligungsunternehmen oder privaten Mitgesellschaftern wie beim Flughafen oder bei den Stadtwerken auf Augenhöhe zu begegnen.

Dies ist allerdings nicht der Fall. Tatsächlich werden die städtischen Beteiligungen im Dezernat der Kämmerin in einer Abteilung des Kämmereiamtes (Amt 20) geführt. Der Kämmereiamtsleiter ist darüber hinaus – ehrenamtlich – Geschäftsführer der Holding der Landeshauptstadt Düsseldorf, unter der die städtischen Beteiligungen an den Stadtwerken, am Flughafen, an der Rheinbahn und an den Bäderbetrieben aufgehängt sind. Aufgabe der Beteiligungsführung ist es im Wesentlichen, den vom Rat entsandten Aufsichtsratmitgliedern die Sitzungsunterlagen, die von den Vorständen und Geschäftsführungen versandt werden, zu erläutern und Abstimmungsempfehlungen zu geben. Eine – wie auch immer geartete – strategische Beteiligungsführung, die sich an städtischen Zielsetzungen orientieren würde, kann schon deshalb nicht geleistet werden, weil derartige Zielsetzungen nicht formuliert werden und dies von den Mitarbeiterinnen und Mitarbeitern der Beteiligungsführung mit Blick auf Qualifikation, Vergütung und »Standing« realistischerweise auch nicht erwartet werden könnte. Auch ein Controlling im Sinne einer systematischen Beschlusskontrolle und eines kontinuierlichen Abgleichs von Ist und Soll findet allenfalls rudimentär statt. Abgesehen von den Förmlichkeiten des städtischen Corporate Government Kodex gibt es auch keine einheitlichen Grundsätze innerhalb der städtischen Beteiligungsführung; namentlich von einheitlichen Bilanzierungsgrundsätzen kann nicht die Rede sein, wie das Beispiel von Messe und Flughafen ja sehr anschaulich zeigt.

Selbstverständlich hatte ich mit Blick auf die Praxis der städtischen Beteiligungsführung schon frühzeitig ein erhebliches Störgefühl. Von einer Neuaufstellung sah ich allerdings zunächst ab. Zum einen, weil mir wohlmeinende Berater empfahlen, mir das nicht auch noch »ans Bein zu binden«; ich könne ja auch über meine zahlreichen Aufsichtsratsmandate Einfluss auf die Unternehmen ausüben. Außerdem hatte ich die Hoffnung, die neue Kämmerin Dorothée Schneider, die ihr Amt Ende 2015 aufgenommen hatte, werde sich mit Nachdruck um diese Angelegenheit kümmern.

Diese Hoffnung erfüllte sich nicht. Insofern sah ich mich schließlich – auch vor dem Hintergrund ziemlich absurder »Ausschüttungsdebatten« in der veröffentlichten Meinung – im Frühjahr 2019 veranlasst, die Reißleine zu ziehen.

Mein Plan war, die Beteiligungsführung in einer Stabstelle direkt im Amt des Oberbürgermeisters anzusiedeln. Selbst wollte ich eine Reihe von Aufsichtsratsmandaten niederlegen. So sollte die Stadt in der Flughafengesellschaft und bei den Stadtwerken zukünftig von Kämmerin Dorothée Schneider vertreten werden, und Planungsdezernentin Cornelia Zuschke sollte mein Mandat bei der Grundstücksentwicklungsgesellschaft IDR übernehmen. Bei der Stadtsparkasse wollte ich den Aufsichtsratsvorsitz an den SPD-Fraktionsvorsitzenden Markus Raub abgeben, der mir im Gegenzug die Zustimmung der SPD-Fraktion in Aussicht stellte, dass das hierdurch frei werdende – aufgrund seiner erklecklichen Vergütung natürlich hochbegehrte – Verwaltungsratsmandat nicht mehr von einem Fraktionsmitglied, sondern von einem »Fachmann« ausgeübt werden sollte. Ausgesucht hierfür hatte ich Professor Justus Haucap, den Direktor des Düsseldorf Instituts for Competitive Economics.

Leiter der Stabstelle Beteiligungsführung und gleichzeitig Geschäftsführer der Holding der Landeshauptstadt sollte Norbert Menke werden, den ich aus dem Besetzungsprozess um die Nachfolge von Michael Clausecker im Vorstandsvorsitz der Rheinbahn kannte. Aufgrund seiner beruflichen Vergangenheit in zahlreichen Unternehmen der Daseinsvorsorge und insbesondere als Chef der Leipziger Stadtwerke Holding war er für diese Position nach meiner Überzeugung in jeder Hinsicht hervorragend qualifiziert. Seine – gemessen an früheren Vergütungen sehr maßvollen – Gehaltsvorstellungen ließen sich durch die Kombination eines üblichen Amtsleitergehaltes und eines im Quervergleich recht niedrigen Geschäftsführergehaltes erfüllen.

Der Plan scheiterte. Zwar wurde Markus Raub Vorsitzender und Justus Haucap Mitglied des Sparkassen-Verwaltungsrates. Norbert Menke aber warf nach wenigen Tagen das Handtuch vor dem

Hintergrund eines »politischen Trommelfeuers«, das man als ignorant bezeichnen muss und als schäbig bezeichnen kann.

Noch vergleichsweise harmlos äußerte sich der CDU-Fraktionsvorsitzende Gutt, der die Einrichtung eines »unnötig hoch vergüteten Postens« beklagte. Der Fraktionsvorsitzende der Grünen, Norbert Czerwinski, warf mir vor, für einen »Manager, den ich bei der Rheinbahn nicht durchsetzen konnte«, nun eine neue hoch bezahlte Position schaffen zu wollen. Und fügte hinzu: »Wir brauchen keine Neuordnung der städtischen Beteiligungen. Wir brauchen einen OB, der seinen Job macht.« Das lag etwa auf dem Niveau der Einlassung der Linken, die mir vorwarf, die städtischen Töchter »wie einen marktwirtschaftlichen Konzern führen« zu wollen.

Die – ebenfalls grüne – Aufsichtsratsvorsitzende der städtischen Holding wollte »ihr« Gremium beschließen lassen, die Geschäftsführung der Holding weiterhin im Umfang der bisherigen Ressourcen zu organisieren und lediglich Geschäftsführungen zu bestellen, die diese Aufgaben nebenamtlich ausüben. Dazu kam es zwar nicht. Allerdings fasste der Rat im August 2019 mit den Stimmen von CDU, Grünen, FDP und Linken einen entsprechenden Beschluss, verbunden mit der Aufforderung an den Oberbürgermeister, die Beteiligungsführung in der bisherigen Organisationsform bei der Kämmerin zu belassen.

Das Scheitern der Neuaufstellung der städtischen Beteiligungsführung war sicherlich nicht geeignet, den Respekt vor und das Ansehen der Politik in der Öffentlichkeit zu befördern. Weder der CDU-, noch der grüne Fraktionsvorsitzende hatten Norbert Menke je gesehen, geschweige denn gesprochen, und meinten dennoch, an ihm ihr »Mütchen kühlen« zu müssen; und mit dem Ratsbeschluss wurde ein Zustand zementiert, der nach meiner Überzeugung durchaus als fortwährendes Organisationsverschulden bezeichnet werden kann.

Das Scheitern der Neuaufstellung der Beteiligungsführung führte mir – nicht zum ersten Mal, aber besonders eindrücklich – vor Augen, dass Politik und Wirtschaft offenbar doch zwei recht unterschiedliche Welten sind. Was in der Wirtschaft Erfolg hat, lässt sich keineswegs ohne Weiteres auf die Politik übertragen und umgekehrt.

»Klare Kante« und ein gewisser analytischer Rigorismus werden in der Wirtschaft als Führungsstärke geschätzt. Vergleichbare Eigenschaften sorgen in der Politik eher für Streit, und das kommt in der Regel gar nicht gut an.

Deshalb neigen Politiker nach meiner Erfahrung zu einer gewissen Konfliktscheue. In den Aufsichtsräten der städtischen Beteiligungen führt dies nicht selten zu einer erheblichen Aufwertung der Rolle der Arbeitnehmervertreter, die bisweilen hilfreich sein kann, beispielsweise bei der Rheinbahn aber die Probleme eher verschärft hat.

Keinerlei Verständnis habe ich für die häufig zu beobachtende Zurückhaltung der vom Rat entsandten Aufsichtsratsmitglieder, wenn es um das Thema Ausschüttung geht. Selbstverständlich muss sich die Frage der Ausschüttung immer am Wohl, sprich an der Ausschüttungsfähigkeit des Unternehmens orientieren. Wenn diese aber gegeben ist, gibt es keinen Grund, weshalb die öffentliche Hand nicht selbstbewusst ihren Dividendenanspruch erheben sollte. Immerhin sichert die Stadt mit ihrem »Triple-A-Rating« die Finanzierung des Unternehmens und springt im Notfall als Kapitalgeber ein, wie sich gerade in der Corona-Krise etwa beim Flughafen gezeigt hat. Und nicht vergessen werden sollte, dass eine Ausschüttung an den Gesellschafter Stadt eben nicht privat vereinnahmt wird, sondern dem städtischen Haushalt zufließt und so per definitionem Zwecken des Gemeinwohls zugutekommt!

Schließlich muss auch konstatiert werden, dass die Anforderungen für eine gute politische Arbeit im Rat nicht unbedingt dem Anforderungsprofil für eine kompetente Aufsichtsratsarbeit entsprechen. Manchen vom Rat entsandten Mitgliedern von Aufsichtsräten fehlt es einfach an der Erfahrung und Kompetenz, um diese Aufgaben sachgerecht wahrzunehmen. Insofern dürfte es eher die Regel als die Ausnahme sein, dass zwischen Management und Aufsicht eine erhebliche Asymmetrie in dem Sinne besteht, dass Vorstände und Geschäftsführer ein vergleichsweise leichtes Spiel haben, ihr Unternehmen mehr oder weniger nach ihren eigenen Vorstellungen zu führen und bei möglichen Konflikten ihren Willen durchzusetzen.

Ich habe immer wieder darüber nachgedacht, wie diesem Missstand abgeholfen werden kann. Ein Weg könnte darin bestehen, dass sich die Parteien im Rat darauf verständigen, zumindest einen Teil der Mandate nicht aus den eigenen Reihen, sondern mit kompetenten Dritten zu besetzen. Einfach dürfte das freilich nicht sein. Insofern sehe ich die vielleicht beste Lösung darin, auf jegliche Vergütung für Aufsichtsratsmandate in öffentlichen Beteiligungen zu verzichten. Dies erscheint zwar unangemessen mit Blick auf die Verantwortung und mögliche Haftungsrisiken der Mandatsträger, namentlich des Aufsichtsratsvorsitzenden. Tatsächlich aber liegt hierin wohl der erfolgversprechendste Weg, um Begehrlichkeiten zu bremsen, diese Mandate quasi als »Political Spoils«, also als Belohnung für treue Parteiarbeit, zu betrachten.

Und ich bin ziemlich sicher, dass sich auch und vielleicht sogar gerade bei einem Verzicht auf eine Vergütung kompetente Persönlichkeiten finden lassen, die in der Lage sind, Geschäftsleitungen in öffentlichen Beteiligungen sachkundig zu überwachen.

Drei Krisen: Ela, Dügida und Corona

Los ging es mit einer Naturkatastrophe

»Offiziell« begann meine Amtszeit am 2. September 2014. Gleichwohl blieb mir in den zweieinhalb Monaten seit meiner Wahl am 15. Juni nicht sonderlich viel Zeit, mich auf meinen neuen Job als Oberbürgermeister vorzubereiten.

Dies lag vor allem an einer Naturkatastrophe, die die Stadt gerade mal sechs Tage vor der Stichwahl heimgesucht hatte. Der Orkan Ela war in der Nacht des Pfingstmontags über die Stadt hinweggezogen und hatte schwerste Verwüstungen hinterlassen. Besonders schwer betroffen waren die historischen Parkanlagen des Hofgartens, aber auch die städtischen Friedhofsanlagen und der Wildpark Grafenberg waren so stark verwüstet, dass sie vorübergehend geschlossen werden mussten.

Eigentlich hätte ich wegen Ela die Wahl gar nicht gewinnen können. Ich erinnere mich noch genau, dass wir am Abend des Orkans eine Gruppe »bürgerlicher« Unterstützer meiner Kandidatur zu uns eingeladen hatten, um zu besprechen, wie wir für die Stichwahl noch weitere Stimmen aus dem Stammwählerpotenzial der FDP und unzufriedene CDU-Wähler mobilisieren könnten. Die Diskussion hierüber war so lebhaft, dass wir gar nicht richtig mitbekamen, was sich draußen abspielte. Erst als ein Nachbar an der Tür klingelte und uns darauf aufmerksam machte, dass auf das Schiebedach unseres Autos ein Dachziegel geflogen und daher das Fahrzeug mit Wasser vollgelaufen sei, bekamen wir eine Vorstellung vom Ausmaß der Katastrophe. Nicht wenige der Anwesenden meinten, für Dirk Elbers sei dieser Orkan buchstäblich ein »Geschenk des Himmels«.

»Der macht morgen den Schröder, erklärt den Wahlkampf für beendet, setzt sich in ein Feuerwehrauto und kümmert sich nur noch darum, die Stadt aufzuräumen. Und du kannst den Katastrophentouristen spielen«, meinte einer.

Allerdings wusste mein Konkurrent auch diese Chance nicht zu nutzen. Vielmehr zog er unbeirrt seinen Terminkalender durch und hielt lediglich eine kleine Ansprache an die Feuerwehr, die dem Vernehmen nach nicht geeignet war, das ohnehin belastete Verhältnis zu verbessern. Da kam es besser an, dass ich mich bei der DLRG im linksrheinischen Stadtteil Lörick, auf deren Gebäude ein Baum gestürzt war, über das Ausmaß der Schäden unterrichten ließ und außerdem unseren Nachbarn in der Feuerwache 3 einen Besuch abstattete. Dort war eine Art Einsatzzentrale für Feuerwehr, Rettungsdienst und THW eingerichtet worden, die in dem Moment, als ich vorbeikam, gerade einige Paletten mit Getränken und Lebensmitteln erhielt, die ein Düsseldorfer Handelsunternehmen gestiftet hatte.

Diese großzügige Geste war symptomatisch für die Art, wie die Düsseldorfer Stadtgesellschaft mit dieser Katastrophe umgehen würde. Denn so schwer die Verwüstungen waren, zeigte diese Katastrophe doch gleich zu Beginn meiner Amtszeit, was Düsseldorf in ganz besonderer Weise kennzeichnet: ein vorbildlicher Bürgersinn, insbesondere dann, wenn es darauf ankommt.

Einen meiner ersten Termine als designierter Oberbürgermeister hatte ich mit der Bürgerstiftung Düsseldorf, die sich selbstverständlich ebenfalls in den Dienst der Sache gestellt hatte und Projekte und Initiativen entwickelte, um mit tätiger Hilfe und Geld einen Beitrag für die Wiederherstellung der städtischen Grünanlagen zu leisten.

Der Heimatverein »Düsseldorfer Jonges« startete gemeinsam mit den Düsseldorfer Versicherungsunternehmen ERGO und ARAG sowie der Fritz-Henkel-Stiftung die Initiative »Blickwin-

Auch Manni Breuckmann engagierte sich für »Neue Bäume für Düsseldorf«

kel Ela«, bei der in kurzer Zeit mehrere Hunderttausend Euro zusammenkamen, die insbesondere dem Malkastenpark und dem Hofgarten zugutekamen.

Eine meiner ersten Amtshandlungen war die Einberufung einer »Taskforce Ela«, die allerdings anfangs ziemlich geheim tagen musste, da das Gartenamt offiziell noch gar keinen Kontakt mit dem zwar bereits gewählten, aber immer noch lediglich designierten neuen Oberbürgermeister aufnehmen durfte. Nun, diese Geburtswehen waren rasch vorbei, und schon bald war die Projektgruppe »Neue Bäume für Düsseldorf« ins Leben gerufen, die vom Beratungsunternehmen McKinsey – pro bono! – unterstützt wurde und beispielsweise eine Kampagne organisierte, in deren Dienst sich prominente (Campino) und weniger prominente (der Köbes eines Brauhauses) Düsseldorferinnen und Düsseldorfer stellten, um Unterstützung und vor allem Geld für neue Bäume zu mobilisieren.

Insgesamt kamen so Spenden von über 3 Millionen Euro zusammen. Großspender waren – wie ich heute sagen würde – die »üblichen Verdächtigen«. Ich hatte in diesem Zusammenhang das Glück, den Düsseldorfer Ehrenbürger Udo van Meeteren und den späteren Träger des Großen Ehrenrings Patrick Schwarz-Schütte kennenzulernen, auf deren großzügige Hilfe ich in den folgenden Jahren auch bei anderen Projekten zählen konnte.

Aber genauso willkommen waren viele kleine Spenden. Ich erinnere mich etwa an eine Schulklasse, die ihr gesamtes Taschengeld eines Monats zusammenlegte, um es dem Oberbürgermeister für »Neue Bäume für Düsseldorf« zu übergeben. So kam immerhin ein Betrag von über 100 Euro zusammen.

Und geradezu berühmt wurden die Erfinder der »Sturmbrettchen«. Sie machten aus der Not eine Tugend und verarbeiteten die umgestürzten Bäume im Hofgarten zu kleinen Frühstücksbrettchen, auf denen die Spezies und die geografischen Koordinaten des dem Orkan zum Opfer gefallenen Baumes, aus dem sie gefertigt wurden, vermerkt waren. Die Sturmbrettchen wurden zu einem der beliebtesten Weihnachtsgeschenke des Jahres 2014 in Düsseldorf.

Worum ging es den Spendern und Aktivisten? Ich denke, sicher nicht in erster Linie darum, den Haushalt der Stadt zu entlasten. Bei einem Gesamtvolumen von fast 3 Milliarden Euro ging es ja nur um etwa ein Promille. Viel entscheidender war nach meinem Eindruck, dass die vielen Spenderinnen und Spender zum Ausdruck bringen wollten, dass die städtischen Grünanlagen aus ihrer Sicht eben nicht nur Objekt pflichtgemäßen Verwaltungshandelns sind, sondern Gegenstand einer hohen Identifikation mit der Stadt, ja vielen Menschen ganz einfach ein Herzensanliegen! Ich habe dies bei den gerade zu Beginn meiner

Amtszeit sehr häufigen Terminen gespürt, bei denen ich gemeinsam mit Spenderinnen und Spendern Bäume gepflanzt und gegossen habe.

Natürlich reichte der Betrag von 3 Millionen Euro auch nicht aus, um die städtischen Grünanlagen wiederherzustellen. Dies konnte schon deshalb nicht gelingen, weil das Gartenamt die orkanbedingten Verwüstungen zum Anlass nahm, die Parkanlagen nicht einfach so wiederherzustellen, wie sie vor dem Orkan waren, sondern die gesamten »Parkpflegewerke« vollständig zu überarbeiten. So führte der Orkan dazu, dass nicht nur die historische Gasbeleuchtung im Hofgarten vollständig erneuert wurde, sondern auch beispielsweise sturmresistente und klimawandelkompatible Bäume gepflanzt wurden.

Der Amtsschimmel wiehert

Die Beseitigung der Orkanfolgen bescherte mir auch eine erste Begegnung mit einem kräftig wiehernden Amtsschimmel. Anlass waren die zahlreichen Bäume, die auf Deichen und Hochufern gestanden hatten und Ela zum Opfer gefallen waren. Einige von ihnen waren schnell wieder gepflanzt, beispielsweise entlang der Rotterdamer Straße, wo sich die Messe Düsseldorf als Baumspender hervorgetan hatte. Hier schritt die Bezirksregierung ein, die den Standpunkt vertrat, dass auf Deichen Bäume grundsätzlich nichts zu suchen hätten, sodass die von Ela verursachten Verwüstungen insofern gerade recht kamen, als nunmehr der bis dahin geltende Bestandsschutz aufgehoben war.

Der Grund, weshalb auf Deichen keine Bäume wachsen dürfen, wurde mir mit dem Hinweis darauf erklärt, dass im Falle des Zusammentreffens einer Jahrhundertflut mit einem Jahrhundertsturm die Bäume vom Sturm entwurzelt würden, dann ins (Jahrhundert-)Hochwasser stürzen könnten, um anschließend den durch das Hochwasser bereits aufgeweichten Deich zu rammen und letztlich zu zerstören. Und dann kämen womöglich Haftungsfragen auf die öffentliche Hand zu, wenn sich jemand im Hinterland nicht rechtzeitig in Sicherheit bringen konnte. Schon damals musste ich feststellen, dass eine Argumentation, wie wahrscheinlich denn eine derartige Verkettung unglücklicher Umstände wäre, bei der spezialisierten Fachverwaltung in der Regel nicht verfängt. Immerhin aber stehen die seinerzeit von der Messe gepflanzten Bäume bis heute.

Das großartige bürgerschaftliche Engagement für die Wiederherstellung der von Ela zerstörten städtischen Parkanlagen veranlasste mich auch dazu, die Stabstelle »Bürgerschaftliches Engagement, Veranstaltungen und Brauchtum« direkt im Büro des Oberbürgermeisters zu schaffen.

Eine der ersten Maßnahmen der neuen Stabstelle war die Einführung der sogenannten Ehrenamtskarte, wie ich es im Wahlkampf versprochen hatte. Eine Ehrenamtskarte bekommen Bürgerinnen und Bürger, die regelmäßig ehrenamtlich tätig sind. Mit der Karte verbunden sind bestimmte Privilegien – etwa freier oder vergünstigter Eintritt zu städtischen Museen und Einrichtungen oder Sonderpreise bei teilnehmenden Einzelhändlern –, die man in allen nordrhein-westfälischen Kommunen in Anspruch nehmen kann, die selbst Ehrenamtskarten vergeben. Soweit ich unterrichtet bin, war diese Reziprozität ein Hauptgrund, weshalb die Ehrenamtskarte nicht schon früher in Düsseldorf eingeführt wurde. Offenbar wurde befürchtet, Ortsfremde würden von nun an die städtischen Museen ohne Entrichtung des Eintrittsgeldes überfluten.

Darüber konnte ich nur den Kopf schütteln. Denn die entgangenen Erträge halten sich schon deshalb in einem höchst erträglichen Rahmen, weil die meisten Ehrenamtler, die ich kennengelernt habe, gerade nicht auf eine Gegenleistung spekulieren, sondern sich einfach gerne und mit hoher intrinsischer Motivation für ihre Mitmenschen einsetzen. Die Ehrenamtskarte ist für sie insofern kein »Wertpapier«, sondern allenfalls ein Ausweis, an dem man Gleichgesinnte erkennen kann.

Die »Hegemonie der Anständigkeit«

Nach dem Jahrhundertsturm Ela war die »Flüchtlingskrise« die nächste Herausforderung, die Düsseldorf unvorbereitet traf.

Anders als bei einer Naturkatastrophe, die nicht voraussehbar ist, wäre es mit Blick auf die bereits im Jahr 2014 deutlich steigenden Flüchtlingszahlen allerdings durchaus möglich gewesen, rechtzeitig Vorkehrungen zu treffen, um auf einen weiteren Anstieg vorbereitet zu sein. Das war aber nicht geschehen. Die Stadt hatte sich bislang offenbar kaum Gedanken gemacht, wo Flüchtlinge untergebracht werden könnten, und ausreichende Haushaltsmittel waren im Etat auch nicht vorgesehen. Insofern bedurfte es auch hier des schnellen, effektiven und notfalls auch unkonventionellen Handelns.

Zwei Entscheidungen erwiesen sich dabei als ausgesprochen hilfreich.

Zunächst war dies die Einrichtung des »Runden Tisches Flüchtlinge und Asyl«, der allerdings nicht an einem runden Tisch, sondern im Plenarsaal des Rathauses tagte. Geschaffen wurde er in dem Bewusstsein, dass die Verwaltung auf sich allein gestellt sehr schnell überfordert sein würde, das Problem dramatisch steigender Flüchtlingszahlen in den Griff zu bekommen.

Versammelt am Runden Tisch war praktisch die gesamte Stadtgesellschaft: die einschlägigen Ämter der Stadtverwaltung, die Wohlfahrtsverbände, Polizei, Feuerwehr und Hilfswerke, die »Business Community« mit IHK und Handwerkskammer, Sportvereine und Kultureinrichtungen, das Brauchtum und eine ganze Reihe von privaten Hilfsorganisationen, die sich unter dem Eindruck der sich verschärfenden Situation spontan gebildet hatten.

Der Runde Tisch hatte im Wesentlichen drei Funktionen. Zunächst diente er der Information und Schaffung von Transparenz. Alle Teilnehmer sollten genau im Bilde sein über die aktuelle Situation und darüber, welche Maßnahmen geplant waren, um die wachsende Zahl von Zufluchtsuchenden aufzunehmen, unterzubringen und zu betreuen. Zum Zweiten diente er der Mobilisierung von Hilfe und Unterstützung. Angesichts der Dimension der Herausforderung war allen klar, dass hier ein enges Zusammenwirken von Verwaltung und Stadtgesellschaft erforderlich sein würde. Und schließlich sollte der Runde Tisch den Geist verkörpern, mit dem sich Düsseldorf dieser Herausforderung stellte und den ich einmal als »Hegemonie der Anständigkeit« bezeichnet habe. Denn die Teilnehmer des Runden Tisches legten tagtäglich Zeugnis dafür ab, dass Humanität, Solidarität und tätige Nächstenliebe in unserer Stadt nicht nur wohlfeiler Gegenstand von Sonntagsreden sind, sondern auch tatsächlich gelebt werden, wenn es darauf ankommt.

Die zweite hilfreiche Entscheidung war eine Personalie, nämlich die Ernennung von Miriam Koch zur Flüchtlingsbeauftragten. Diese Entscheidung hat manch eine(n) überrascht vor dem Hintergrund, dass sie noch wenige Monate zuvor meine grüne Konkurrentin im OB-Wahlkampf war. Dass die Entscheidung richtig war, zeigte sich schnell, denn Miriam Koch war nicht nur deshalb für diese Aufgabe besonders geeignet, weil sie sie mit großem Engagement und hoher Glaubwürdigkeit ausübte, sondern sich auch sehr schnell und professionell in die recht komplexen Sachverhalte eingearbeitet hatte.

Und Aufgaben gab es genug. Mangels Leerstand auf dem Wohnungsmarkt musste praktisch für jede(n) neu angekommene(n) Geflüchtete(n) eine provisorische Unterkunft gefunden werden. Auf Schulen und Turnhallen zurückzugreifen sollte dabei nach Möglichkeit vermieden werden. Denn eine Willkommenskultur ließ sich – darin waren wir uns alle einig – nur dann nachhaltig aufrechterhalten, wenn der normale Schul- und Sportbetrieb durch die Aufnahme von Geflüchteten nicht beeinträchtigt würde.

Außerdem war zu beachten, dass die Geflüchteten möglichst großflächig auf alle Stadtteile verteilt werden sollten. Und so entwickelten wir eine Art der Unterbringung, die als »Düsseldorfer Modell« bundesweit Beachtung fand. Planungsdezernentin Cornelia Zuschke identifizierte mit ihrem Dezernat städtische Grundstücke, auf denen kurzfristig Containerdörfer für 100 bis 200 Personen errichtet werden konnten. Und die städtische Grundstücksentwicklungsgesellschaft IDR war behilflich bei der Beschaffung der Containerwohnanlagen, in denen Familien und Einzelpersonen zwar nicht sonderlich komfortabel, aber immerhin doch angemessen und menschenwürdig untergebracht werden konnten.

Ganz ohne Konflikte ging das natürlich nicht, zumal sich eine ganze Reihe der ausgewählten Grundstücke in gut situierten Stadtteilen befand, deren Bewohner sich ob ihrer prospektiven Nachbarn um den Wert ihrer Grundstücke sorgten.

Einmal hatte ich sogar einen bereits fertigen Anwaltsschriftsatz auf dem Tisch, durch den der Verwaltung untersagt werden sollte, ein Nachbargrundstück des Klägers als Flüchtlingsunterbringung zu nutzen. Ich lud den Kläger ins Rathaus ein und machte ihn – ohne über die rechtlichen Aussichten seiner Klage überhaupt zu sprechen – darauf aufmerksam, dass die Stadt gegenwärtig in der extrem schwierigen Situation sei, einer nach wie vor wachsenden Zahl von Geflüchteten eine menschenwürdige Unterbringung zu gewährleisten. Wenn er es uns noch schwerer machen wolle, möge er seine Klage einreichen. Die Klage wurde nie eingereicht, und auch in anderen Fällen hatten die Nachbarn ein Einsehen, um später nicht selten überrascht festzustellen, dass sich die ursprünglichen Sorgen als grundlos erwiesen hatten.

Die Art, wie Düsseldorf mit der »Flüchtlingskrise« umging, blieb auch jenseits unserer Stadtgrenzen nicht unbemerkt. Manch einer, der Düsseldorf bislang als arrogante Metropole des schönen Scheins wahrgenommen hatte, rieb sich die Augen und war erstaunt über so viel Bürgersinn. Und die Kunde, dass Düsseldorf nicht nur eine erfolgreiche Wirtschaftsmetropole ist, sondern eine solidarische und weltoffene Stadt sein kann, schaffte es sogar über den großen Teich, wo mir – selbstverständlich stellvertretend für die gesamte Stadtgesellschaft – »für die vorbildliche Willkommenskultur in Düsseldorf« der »Robert und JoAnn Bendetson Public Diplomacy Award« der Tufts University in Boston verliehen wurde.

»Licht aus« und das Bundesverwaltungsgericht

Trotz der »Hegemonie der Anständigkeit« gab es natürlich auch in Düsseldorf Menschen, die die Flüchtlingskrise instrumentalisieren wollten, um Hass und Ressentiment zu verbreiten und die Stadtgesellschaft zu spalten. So bildete sich Anfang 2015 auch hier ein Grüppchen, das in Anlehnung an eine regelmäßig in Dresden stattfindende Demonstration gegen die vermeintliche »Islamisierung des Abendlandes« ähnliche Umtriebe auch in Düsseldorf stattfinden lassen wollte.

In Köln, wo derartige Aufzüge ebenfalls geplant waren, hatte der dortige Erzbischof, Kardinal Woelki, sehr schnell reagiert und angekündigt, die Beleuchtung des Kölner Doms während der Demonstration abzuschalten, wohl auch, um den finsteren Charakter dieses Vorhabens symbolisch zu unterstreichen. In Düsseldorf gab es viele, die diesem Beispiel folgen wollten, und so rief ich dazu auf, symbolisch das Licht auszuschalten, und ordnete an, dass während der »Dügida«-Demonstration auch das Rathaus und eine Reihe weiterer städtischer Gebäude dunkel bleiben sollten.

Für das Rathaus machte das insofern keinen großen Unterschied, als es wohl ohnehin dunkel geblieben wäre, nachdem alle Ratsfraktionen angekündigt hatten, sich an der zeitgleich stattfindenden Demonstration für »Demokratie und Vielfalt« zu beteiligen, zu deren Teilnahme auch über die Internetseite der Stadt aufgefordert wurde.

Nicht überraschend war diese Gegendemonstration ungleich größer als das kleine Häuflein zumeist auch noch zugereister Rechtsradikaler, die sich zur Rettung des Abendlandes – von dem sie im Zweifel noch nicht einmal wussten, was damit gemeint ist – versammelt hatten. Was damals allerdings wohl keine(r) ahnte, war das juristische Nachspiel, das dieser Abend hatte.

Die Veranstalterin des »Dügida«-Aufzugs, die es in der rechtsextremen und Neonazi-Szene zu einer gewissen Bekanntheit gebracht hatte, bemühte nämlich das Verwaltungsgericht, um feststellen zu lassen, dass die »Licht-aus«-Aktion und der Aufruf zur Teilnahme an der Gegendemonstration wegen Verstoßes gegen das mir als Oberbürgermeister obliegende Neutralitätsgebot rechtswidrig gewesen seien.

Die erste Instanz, das Düsseldorfer Verwaltungsgericht, wies die Klage mit dem Hinweis einer offensichtlich nicht drohenden Wiederholungsgefahr als unzulässig ab, verwies aber in seiner Presseerklärung darauf, dass die Klage, wäre sie zulässig gewesen, aus Sicht des Gerichtes jedenfalls begründet wäre. Durch diese – ebenso ungewöhnliche wie überflüssige – Einlassung des Gerichts fühlte sich die Klägerin offenbar ermuntert, den weiteren Instanzenweg einzuschlagen.

Und das Oberverwaltungsgericht in Münster entschied denn auch tatsächlich im November 2016, dass die Klage zulässig sei und der Aufruf zur Demonstration zwar rechtens, die Anordnung der Verdunklung öffentlicher Gebäude und die Aufforderung an Dritte, es der Stadt diesbezüglich gleichzutun, aber ein Verstoß gegen das Neutralitätsgebot gewesen seien.

Die Klägerin war damit aber immer noch nicht zufrieden, und so landete der Fall schließlich vor dem Bundesverwaltungsgericht in Leipzig. Und dort bekam sie in vollem Umfang recht, da ich nach Auffassung des Gerichts mit meinem »Licht-aus«-Aufruf und der Aufforderung zur Teilnahme an der Gegendemonstration die Grenzen der Sachlichkeit und Neutralität überschritten hätte.

Über die Frage, ob dies wirklich – wie der *Düsseldorfer Express* am nächsten Tag titelte – eine »schwere Niederlage für OB Thomas Geisel« war, lässt sich trefflich streiten. Zwar hatte ich den Prozess verloren, aber mit Blick auf das Echo, das das Urteil in der öffentlichen und veröffentlichten Meinung auslöste, meinten nicht wenige, ich sei zumindest als moralischer Sieger aus dem Verfahren hervorgegangen.

Tatsächlich war ich mitnichten der Einzige, der wenig Verständnis für das Urteil der Bundesrichter hatte. Offenkundig ging es mir ja nicht darum, mich mit dem Gewicht eines öffentlichen Amtes in politische Tagesfragen einzumischen; und auch nicht darum, Rechtsradikalen ihr grundrechtlich verbürgtes Demonstrationsrecht abzuschneiden. Vielmehr war es mein Anliegen, meine Stimme – symbolisch ebenso wie akustisch – für

Grundwerte zu erheben, die für die gesellschaftliche und staatliche Ordnung des Grundgesetzes nach meiner Überzeugung konstitutiv sind. Wenn das in der von mir gewählten Form nicht erlaubt sein soll, dann ist es offensichtlich nur hohles Geschwätz, wenn gleichzeitig die wehrhafte Demokratie beschworen wird. Heribert Prantl von der *Süddeutschen Zeitung* brachte es meines Erachtens ganz gut auf den Punkt. Er kommentierte, das Bundesverwaltungsgericht mache den Oberbürgermeister zum »Dr. Eunuch«, wenn seine Neutralitätspflicht so weit gehe, dass er noch nicht einmal ein Signal für Menschenwürde aussenden dürfe.

Nun, ganz »enteiern« – um im Bild zu bleiben – ließ ich mich durch diese Niederlage vor dem höchsten Verwaltungsgericht der Republik dann doch nicht. Jedenfalls erhob ich – auch öffentlich – weiterhin die Stimme, wenn es um nicht verhandelbare Grundwerte der Humanität und Menschenwürde ging.

So richtete ich etwa im Sommer 2018 gemeinsam mit meiner parteilosen Kollegin Henriette Reker aus Köln und dem CDU-Kollegen Ashok Sridharan aus Bonn ein Schreiben an Bundeskanzlerin Merkel, in dem wir uns für die Wiederaufnahme der Seenotrettung im Mittelmeer einsetzten und selbst anboten, gerettete Flüchtlinge in unseren Städten aufzunehmen.

Und auf dem evangelischen Kirchentag in Dortmund im Mai 2019 setzte ich mich gemeinsam mit meinem palermitanischen Kollegen Luca Orlando und dem Ratsvorsitzenden der evangelischen Kirche in Deutschland, Heinrich Bedford-Strohm, dafür ein, dass Schiffe mit aus Seenot geretteten Flüchtlingen wieder italienische Häfen anfahren durften. Eine Kriminalisierung von Rettern, wie sie vom italienischen Innenminister Salvini praktiziert würde, sei eine »Perversion des Rechts«.

Schnelle Hilfe
statt Hysterie

Mit Corona hat Düsseldorf eigentlich Glück gehabt. Denn das Virus kam hier erst an, nachdem das »Superspreader-Event« Karneval im Jahr 2020 vorbei war. Man möchte sich gar nicht vorstellen, was geschehen wäre, hätte sich das Virus bereits 14 Tage vorher ausbreiten können. Denn was ist schon ein Sitzungskarneval in Heinsberg-Gangelt verglichen mit dem »Böse-Buben-Ball« in der Düsseldorfer Rheinterrasse?

Kaum war der Karneval vorbei, veränderte das Corona-Virus aber auch das Leben in Düsseldorf innerhalb kürzester Zeit ganz grundlegend. Als der Bundesgesundheitsminister am ersten März-Wochenende twitterte, Veranstaltungen mit über 1000 Teilnehmern bis auf Weiteres untersagen zu wollen, ahnte wohl noch niemand, dass gerade einmal gut eine Woche später die Schulen geschlossen sein würden und man ernsthaft über eine allgemeine Ausgangssperre diskutieren würde.

Genau so aber kam es, denn auf einmal ging es in den Worten von Ministerpräsident Laschet »um Leben und Tod«, und mancher Politiker, allen voran Laschets bayerischer Kollege Markus Söder – aber auch der eine oder andere Kommunalpolitiker –, konnte der Versuchung nicht widerstehen, sich in dem sich nun abzeichnenden Überbietungswettbewerb als ganz besonders »taffer« Krisenmanager zu profilieren. Kaum hatte die Landesregierung Einschränkungen für die Gastronomie erlassen, ordnete die eine oder andere Kommune bereits im Wege einer Allgemeinverfügung deren komplette Schließung an. Und mit der Maskenpflicht war es ähnlich; auch hier hatte es den Anschein, als habe sich ein Wettstreit darum entwickelt, wer erster Sieger bei ihrer Anordnung sein würde.

In Düsseldorf haben wir uns an derlei Konkurrenz nicht beteiligt. Unsere Linie war immer, dass es landesweit einheitliche Regelungen geben sollte, schon deshalb, weil wir nicht auch noch von hoher Hand einer Entwicklung Vorschub leisten wollten, bei der am Schluss keiner mehr wissen konnte, was wo gilt, und so die Gefahr bestand, dass berechtigte Besorgnis irgendwann in kopflose Hysterie umschlagen würde. Glücklicherweise dauerte es auch nicht allzu lange, bis die Landesregierung ein Einsehen hatte und die bisherigen »Erlasse«, die von den Kommunen noch umgesetzt werden mussten (was zum Teil recht unterschiedlich gehandhabt wurde), durch die unmittelbar geltende Corona-Schutzverordnung ersetzte.

Aufgabe einer Kommune sollte es nach meinem Verständnis nicht sein, eigenmächtig immer strengere Regeln anzuordnen, sondern vor Ort dafür zu sorgen, dass das Gesundheitswesen mit dieser Herausforderung zurechtkam. Und diesbezüglich bestand in der Tat Handlungsbedarf. Immer häufiger kam es vor, dass Hausärzte Patienten, die Symptome einer möglichen Corona-Infektion beklagten, abwiesen, da sie offenbar befürchteten, ein möglicher positiver Befund könnte ihre gesamte Praxis kontaminieren. Die abgewiesenen Patienten ihrerseits gingen dann zu den Notaufnahmen der Kliniken, insbesondere der Uniklinik, die auf die massenhafte Durchführung von Corona-Tests weder vorbereitet noch ihrer Bestimmung nach vorgesehen waren.

Aus diesem Grunde entschlossen wir uns, kurzfristig ein städtisches Diagnosezentrum einzurichten. Innerhalb von gerade einmal drei Tagen entstand im ehemaligen Kundencenter der städtischen Wohnungsgesellschaft SWD das – nach meiner Kenntnis – deutschlandweit erste kommunale Corona-Testzentrum. Gleichzeitig richteten wir eine Hotline ein, über die Testtermine vergeben wurden. Schon damals zeigte sich, wie wichtig in einer solchen Krisensituation das schnelle, professionelle und unbürokratische Zusammenwirken städtischer Stellen ist; und insbesondere die Zusammenarbeit der Berufsfeuerwehr und des städtischen Gesundheitsamtes erwies sich schon damals als Schlüssel für die aus meiner Sicht vorbildliche Art und Weise, wie Düsseldorf auf die Pandemie reagierte.

Wenig später wurde diese stationäre Diagnoseeinrichtung noch durch ein Drive-in-Testcenter ergänzt, wo in drei Linien Personen direkt im Auto getestet werden konnten. Hand in Hand mit einer weiteren Professionalisierung der Hotline gelang es so, die Testkapazitäten immer weiter zu erhöhen.

Vor diesem Hintergrund hatte ich wenig Verständnis für eine – wohl in erster Linie durch den heraufziehenden Kommunalwahlkampf motivierte – Diskussion, ob in Düsseldorf zu wenig getestet werde. Tatsächlich gab es in kaum einer anderen Stadt Testkapazitäten in vergleichbarem Umfang. Alle, bei denen ein Test sinnvollerweise durchgeführt werden sollte, konnten sich in Düsseldorf kurzfristig testen lassen. Dies galt selbstverständlich auch für Bewohner und Personal von Pflegeeinrichtungen, sofern sie dies wünschten.

Einzig offen blieb bis zum Ende meiner Amtszeit die Frage, ob und in welchem Umfang die erheblichen Kosten, die das schnelle und unbürokratische Handeln der Stadt verursacht hatte, vom Land bzw. der gesetzlichen Krankenversicherung übernommen werden würden. Es wäre in der Tat ärgerlich (wenn auch leider nicht ungewöhnlich!), wenn die Stadt gerade deshalb auf diesen Kosten sitzen bliebe, weil hier sofort gehandelt wurde.

Professionell war auch die Zusammenarbeit mit den Kliniken, namentlich mit der Universitätsklinik. Hier etablierte sich sehr schnell ein Meldesystem, das uns jederzeit einen Überblick gab, in welchem Umfang Normalbetten, Intensivbetten und Beatmungsgeräte für potenzielle COVID-Patienten zur Verfügung standen.

Besonderer Aufmerksamkeit bedurften die Bevölkerungsgruppen der Stadtgesellschaft, die von einer möglichen Infektion besonders betroffen wären. Zu dieser sogenannten vulnerablen Gruppe zählten insbesondere ältere Menschen und Personen mit bestimmten Vorerkrankungen, die nach den vorliegenden Erkenntnissen im Falle einer Infektion mit hoher Wahrscheinlichkeit einen schweren Krankheitsverlauf zu befürchten hätten. Sie sollten nach Möglichkeit alle körperlichen Kontakte vermeiden, um sich so überhaupt keinem Infektionsrisiko auszusetzen.

Vom städtischen Sozialamt wurde deshalb in Zusammenarbeit mit den in der Seniorenarbeit erfahrenen Zentren plus eine Hotline eingerichtet, bei der sich ältere Menschen melden konnten, die Hilfe suchten, um Einkäufe und Besorgungen zu erledigen oder, wenn es sein musste, eben auch einmal den Hund Gassi zu führen. Auf einen entsprechenden Aufruf meldeten sich ganz viele, die bereit waren, freiwillig und ehrenamtlich diese Aufgaben zu übernehmen.

Infolge des allgemeinen Lockdowns und der damit verbundenen Schließung nicht nur von Schulen, sondern sämtlicher Freizeiteinrichtungen war natürlich auch damit zu rechnen, dass mancher – insbesondere in beengten Verhältnissen lebenden – Familie »das Dach auf den Kopf fallen« würde, was sich möglicherweise in häuslicher Gewalt entladen könnte. Aus diesem Grunde wurden die entsprechenden Beratungsangebote des Jugendamtes ausgeweitet und aktiv beworben.

Die Schließung der Schulen kam so überstürzt, dass eine Vorbereitung hierauf gar nicht möglich war. Gleichwohl galt es, lang andauernde »Corona-Ferien« zu vermeiden und einen Schulbetrieb, so gut es eben ging, trotz Schließung der Schulgebäude aufrechtzuerhalten. Dabei kam uns zugute, dass wir erst wenige Monate vorher den Medienentwicklungsplan für die Düsseldorfer Schulen vorgelegt hatten, der die Digitalisierung des Schulbetriebes zum Gegenstand hatte. Nun musste eben Tempo gemacht werden. Und tatsächlich gelang es uns, kurzfristig allen Schulen eine digitale Lernplattform (»It's Learning«) zur Verfügung zu stellen und in erheblichem Umfang iPads zu ordern, die den Kindern ausgehändigt werden konnten, die selbst nicht über digitale Endgeräte verfügten.

Natürlich lief nicht alles rund, zumal die meisten Düsseldorfer Lehrerinnen und Lehrer verständlicherweise keine »Digital Natives« sind und sich daher – mehr noch als die Schülerinnen und Schüler – auf Unterricht im »Virtual Classroom« erst einmal vorbereiten mussten. Dennoch waren die Erfahrungen insgesamt positiv, und wiederholt wurde mir zugetragen, es wäre zu wünschen, wenn sich das Land in puncto digitalem Lernen ein Beispiel an seiner Landeshauptstadt nähme.

Wichtig war uns, dass wir die Maßnahmen, die wir zur Eindämmung und zum Umgang mit der Pandemie trafen, eng mit den Betroffenen abstimmten und insbesondere hierüber transparent berichteten. Deshalb gab es während des harten Lockdowns eine wöchentliche Telefonkonferenz mit Vertretern von Industrie, Handwerk, Arbeitsverwaltung und Gewerkschaften; und zweimal die Woche gab es in dieser Zeit den über den YouTube-Kanal der Stadt ausgestrahlten »Corona-Talk«, in dem wir über aktuelle Maßnahmen informierten und Betroffene zu Wort kommen ließen.

Bestimmte Berufe und gewerbliche Aktivitäten waren vom Lockdown naturgemäß ganz besonders betroffen: die Veranstaltungsbranche beispielsweise, die Gastronomie und Hotellerie, die freiberuflichen Kulturschaffenden, die Schausteller und so weiter. Ihnen galt es, schnell und unbürokratisch zu helfen. Dabei ging es naturgemäß auch ums Geld, wobei in der Regel die staatliche Hilfe so schnell floss, dass ein von der Stadt eingerichteter Überbrückungsfonds zur Liquiditätssicherung von Betrieben, die von Insolvenz bedroht waren, nur für eine kurze Zeit zur Verfügung gestellt werden musste.

Autokino und Heimatsommer

Wichtiger war es, Voraussetzungen zu schaffen, wie diese Betriebe auch in Zeiten der Pandemie aus eigener Kraft Geld verdienen konnten.

Ganz einfach war das natürlich nicht. Denn die Frage war, was wir ermöglichen könnten, ohne die mittlerweile bekannten Hygiene- und Abstandsregeln zu verletzen und ohne ein erneutes Infektionsgeschehen auszulösen. Ein wenig Erfahrung hatten wir damit schon. Denn selbst während des harten Lockdowns im Frühjahr gab es in Düsseldorf bereits – absolut Corona-konforme – Events.

Ort dieser besonderen Art von Geselligkeit war das »Düsseldorfer Autokino«, das es in dieser Zeit sogar zu einer gewissen Berühmtheit brachte. Ich erinnere mich noch genau, als meine Frau mich auf ein Autokino in Essen aufmerksam machte, das auch im harten Lockdown betrieben werden durfte. Eigentlich dachte ich, dass Autokinos längst Geschichte seien, aber der Punkt, dass sich auch in Corona-Zeiten Menschen in ihren Fahrzeugen auf einem Parkplatz zu einem Unterhaltungsprogramm versammeln konnten, leuchtete mir ein. Ich telefonierte also mit Michael Brill, dem Geschäftsführer von D.LIVE – das ist die Betreiberin städtischer Veranstaltungs-»Venues« –, und bat ihn, doch einmal zu prüfen, ob so etwas nicht auch in Düsseldorf möglich wäre. Der Ort war schnell gefunden: Der Messe-Parkplatz P1 konnte dafür – anders als noch beim gescheiterten Ed-Sheeran-Konzert ein Jahr zuvor (siehe hierzu Seite 209) – diesmal ohne aufwendiges Genehmigungsverfahren sofort genutzt werden. Und innerhalb von wenigen Tagen stand das Düsseldorfer Autokino, das keineswegs nur für Freunde der Filmkunst etwas zu bieten hatte. Hier fanden die wahrscheinlich einzigen Ostergottesdienste in Deutschland im Jahre 2020 statt. Musiker jeden Genres, Opernstars ebenso wie die Kölner Kultband »Brings« oder der Rapper Sido, gaben sich hier ein Stelldichein. Der Zirkus Roncalli präsentierte sein Programm, die deutsche und internationale Stabhochsprung-Elite trotzte hier widrigen Wetterverhältnissen, und selbst Trauungen konnten auf dem Messe-Parkplatz in größerem Rahmen vorgenommen werden. Ich selbst hatte die Ehre, das erste Hochzeitspaar zu trauen. Das Autokino hatte eindrucksvoll bewiesen, dass auch in Zeiten der Pandemie das gesellschaftliche und kulturelle Leben nicht vollständig zum Erliegen kommen muss.

Nach den im Frühjahr erfolgten Lockerungen sollte es jetzt aber darum gehen, Geselligkeit zu ermöglichen, die den vom Lockdown am schwersten betroffenen Branchen wieder Verdienstmöglichkeiten bieten würden, ohne das Infektionsgeschehen zu befeuern. Und so kamen wir auf die Idee des »Heimatsommers«.

Klar war, dass in diesem Sommer viel mehr Menschen in der Stadt sein würden, da viele Düsseldorferinnen und Düsseldorfer unter dem Eindruck des Lockdowns und seiner möglichen wirtschaftlichen Folgen erst gar keinen Urlaub gebucht hatten. Ihnen sollte etwas geboten werden, aber natürlich so, dass hierdurch dem Virus keine Chance gegeben werden sollte, sich zu verbreiten.

Eine Möglichkeit bestand darin, die Außengastronomie deutlich auszuweiten. Hierdurch ließ sich dem Virus insofern ein

Streich spielen, als dieses sich erfahrungsgemäß in geschlossenen Räumen viel leichter ausbreitet als in der frischen Luft. Außerdem ließen sich draußen die gebotenen Abstände natürlich einfacher einhalten als im Innenbereich.

Also machten wir davon ausgiebig Gebrauch und ermöglichten es so nicht wenigen Gastronomen, die Einbußen während des harten Lockdowns zumindest ein wenig zu kompensieren, zumal wir auf die Erhebung einer normalerweise fälligen Sondernutzungsgebühr verzichteten. Und das vielerorts entstehende südländische Flair brachte offenbar einen so großen Zuwachs an Lebensqualität, dass sich Klagen von Autofahrern, denen die Parkplätze hierdurch abhandengekommen waren, in einem sehr überschaubaren Ausmaß hielten.

Ähnlich unbürokratisch verfuhren wir mit den Schaustellern, die seit den Weihnachtsmärkten kein Geld mehr verdient hatten. Sie durften sich – natürlich in gebührenden Abständen voneinander – über die gesamte Stadt verteilen und ihre Attraktionen und Köstlichkeiten über den ganzen Sommer anbieten.

Und auch das kulturelle Leben nahm wieder Fahrt auf. Das Asphalt-Festival beispielsweise bespielte mit täglich mehreren über den ganzen Tag verteilten Aufführungen eine Seebühne, die von einem über das Ufer breit verstreuten Publikum auf Liegestühlen eingesehen werden konnte. Auf der Galopprennbahn Grafenberg gab es ebenfalls ein reiches Kulturprogramm, das man auch mit Abstand genießen konnte.

Ein Ziel des Heimatsommers war es, zu zeigen, dass es auch während einer Pandemie nicht nur darum gehen sollte, teure Rettungsschirme aufzuspannen, sondern mit etwas Fantasie auch Möglichkeiten geschaffen werden konnten, die es den Betroffenen ermöglichten, sich selbst zu helfen.

Give Live a Chance!

Damit war aber vor dem Hintergrund des heraufziehenden Kommunalwahlkampfes spätestens mit dem Ende der Sommerferien Schluss. Dies zeigte sich anlässlich des eigentlich für den 4. September in der Düsseldorfer Merkur Spiel-Arena geplanten Konzertes »Give Live a Chance«. Der Geschäftsführer von D.Live hatte mich über eine Anfrage des Konzertveranstalters »Live Nation« unterrichtet, der in Düsseldorf ein Konzert mit Popgrößen wie Bryan Adams und Sarah Connor stattfinden lassen wollte, bei dem unter Beachtung aller einschlägigen Hygieneregeln ein Zeichen gesetzt werden solle, dass das kulturelle Leben auch in Zeiten der Pandemie nicht vollkommen zum Erliegen kommen müsse.

Ich dachte zunächst, derartige Konzerte seien nach der Rechtslage gar nicht zulässig. Ein Blick in die seinerzeit aktuelle Fassung der Corona-Schutzverordnung klärte mich allerdings darüber auf, dass Konzerte – egal welcher Größenordnung – dann nicht untersagt werden konnten, wenn ein Hygienekonzept eingehalten würde, dessen Einzelheiten in der Verordnung genau genannt waren. Ich bat also Michael Brill, mit dem Leiter des Gesundheitsamtes Kontakt aufzunehmen, der überprüfen solle, ob das von »Live Nation« vorgelegte Hygienekonzept den einschlägigen Regeln entsprach. Dies war der Fall, ja tatsächlich war es sogar so, dass das vorgelegte Konzept die Anforderungen in vielerlei Hinsicht deutlich übertraf. Vor diesem Hintergrund gab es nach der Rechtslage offensichtlich keinen Grund, das Konzert zu untersagen.

Da hatte ich aber die Rechnung ohne die Politik macht. Kaum war bekannt geworden, dass dieses Konzert in Düsseldorf stattfinden solle, überboten sich die selbst ernannten Pandemiebekämpfer in Bundes- und Landespolitik regelrecht in ihrer Kritik am geplanten Konzert. Der Erste war – nicht überraschend – der bayerische Ministerpräsident, der von einer »katastrophalen Signalwirkung« sprach. Sein nordrhein-westfälischer Kollege – oder sollte man sagen: Konkurrent – beklagte die mangelnde »Sensibilität« des Oberbürgermeisters und rügte, dass die Entscheidung ohne jede Rücksprache mit der »zuständigen Landesbehörde« gefallen sei. Und sein Gesundheitsminister Laumann war »nachhaltig irritiert« angesichts dieses »verantwortungslosen« Konzerts.

Ich war überrascht. Denn der Einzige, der Grund hatte, irritiert zu sein, war eigentlich ich. Nicht über Herrn Söder – von dem war man derlei verbale Kraftmeierei ja bereits gewohnt. Irritiert aber war ich über die Landesregierung, die offenbar ihre eigene Rechtsverordnung nicht kannte. Die Zuständigkeit für die Überprüfung von Gesundheitskonzepten war nämlich ausschließlich den örtlichen Gesundheitsämtern übertragen. Glücklich war ich darüber übrigens nicht. Ich hatte dies vielmehr in der Vergangenheit wiederholt als »Wasch-mir-den-Pelz-und-mach-mich-nicht-nass«-Politik kritisiert. Die Verantwortung den Kommunen aufzuerlegen, um sich anschließend noch eine Lizenz zum Meckern offenzuhalten, wie es der Ministerpräsident praktizieren wollte, ging allerdings gar nicht.

Und noch bedenklicher erschien mir, dass nach Auffassung der Herren Söder, Laschet und Laumann die Pandemie offenbar in der Lage sein sollte, die Grundregeln des Rechtsstaates aus den Angeln zu heben. Die Verwaltung ist nach unserer verfassungsmäßigen Ordnung an Recht und Gesetz gebunden. Genau so hatten wir in Düsseldorf mit Blick auf dieses Konzert gehandelt. In Zeiten der Pandemie sollte nunmehr allerdings offenbar politische Opportunität den Ton angeben.

Alles Argumentieren half nichts. Vor dem Hintergrund der ziemlich hysterischen Diskussion hatten offenbar auch nicht

mehr allzu viele Fans Lust darauf, sich dem – infektionsschutz-
bedingt sehr aufwendigen – Vorverkaufsverfahren zu unterzie-
hen, sodass der Veranstalter einige Wochen später die Reißleine
zog und das Konzert abblies.

Das altersdiskriminierende Virus

Wie lange Corona uns noch begleiten wird, lässt sich heute – also
im Sommer 2021 – kaum vorhersagen. Und auch die Frage, ob
die von Bund, Land und Kommunen getroffenen Maßnahmen
zur Eindämmung der Pandemie angemessen und richtig waren,
wird wohl erst in Zukunft beantwortet werden können.

Ich selbst habe mich – auch schon zu Beginn der Pandemie –
wiederholt dazu geäußert und mir keineswegs nur Freunde
damit gemacht. Tatsächlich aber werfen die dramatischen finanziellen, wirtschaftlichen und sozialen Folgen, die ein Lockdown
– sei er nun »light« oder »heavy« – mit sich bringt, unweigerlich
die Frage auf, ob es nicht intelligenter und effektiver gewesen
wäre, ganz gezielt die vulnerablen Gruppen zu schützen, also die
Personen, die mit höherer Wahrscheinlichkeit einen schweren
Krankheitsverlauf zu befürchten hatten und insofern eine Über-
lastung des Gesundheitswesens hätten herbeiführen können.

Deutschland ging – wie fast alle seine Nachbarn – einen anderen Weg. Zweimal wurden fast das gesamte öffentliche und soziale Leben lahmgelegt, der Schulbetrieb geschlossen, praktisch
alle Sport- und Freizeitangebote untersagt und nahezu jegliche
Geselligkeit auf ein absolutes Minimum reduziert. Und dies
wegen einer Gefahr, die unsere Bevölkerung höchst unterschiedlich bedroht. Immerhin kann nicht gänzlich ausgeblendet werden, dass Kinder und Jugendliche gerade einmal 0,2 Promille (!)
der Corona-Opfer ausmachen, deren Durchschnittsalter mit
etwa 84 Jahren höher ist als die heutige allgemeine Lebenser-

wartung. Dennoch tragen die Jungen die Hauptlast des Lock-downs. Vor allem für Kinder aus bildungsfernen Milieus kann der digitale Unterricht selbst dort, wo er funktioniert, den Präsenzunterricht nicht ersetzen mit der Folge, dass sich die sozialen Spaltungstendenzen in unserer Gesellschaft weiter verschärfen. Auch von den Kollateralschäden der Pandemie sind die Jungen ganz besonders betroffen. Während Regierung und Robert-Koch-Institut offenbar allein die Sorge umtreibt, die Intensivbetten – von denen es in Deutschland mehr gibt als irgendwo sonst auf der Welt – könnten für COVID-19-Patienten knapp werden, wird bei den Plätzen in der Kinder- und Jugendpsychiatrie schon längst triagiert, weil immer mehr Mädchen und Jungen mit der Einsamkeit und anderen Folgen des Lockdowns einfach nicht zurechtkommen. Und die Kosten der teuren Rettungsschirme werden unsere Kinder und Kindeskinder ohnehin bezahlen müssen.

Vor diesem Hintergrund wäre ein gezielter Schutz der vulnerablen Gruppen aus meiner Sicht geboten gewesen. Mit Altersdiskriminierung hätte das übrigens gar nichts zu tun. Der allgemeine Gleichheitssatz in Artikel 3 des Grundgesetzes verlangt nämlich nicht, alles gleich zu behandeln, sondern Gleiches gleich und Ungleiches ungleich. Und wenn das Virus so altersdiskriminierend verfährt, wie es der Fall ist, wäre es sogar geboten, darauf auch entsprechend differenziert zu reagieren.

Politik mit Frau und Kindern

Oberbürgermeister ist kein familienfreundlicher Beruf. Allein die zeitliche Beanspruchung lässt ein normales Familienleben kaum zu. Und für Kinder ist es nicht sonderlich angenehm, selbst – bisweilen notgedrungen – mit im Lichte der Öffentlichkeit zu stehen und von ihren Schulkameraden, manchmal auch wildfremden Menschen, auf ihren Vater angesprochen zu werden. Und auch der Job der First Lady ist nicht jederfraus Sache.

Dennoch waren Vera und ich uns einig, dass wir uns nur gemeinsam in dieses »Abenteuer« stürzen würden. Maßgeblich war dafür insbesondere die Überlegung, dass wir uns mit Blick auf das voraussichtliche Arbeitspensum eines OB ansonsten wohl so gut wie gar nicht mehr sähen.

Und so begann auch für Vera spätestens mit dem Wahlsieg am 15. Juni 2014 ein neues Leben. Neben ihrem Fulltime-Job bei Thyssen-Krupp und den Herausforderungen, die sich einer Mutter von vier Töchtern stellen, war sie von nun an die Frau an der Seite des Oberbürgermeisters und damit eine Person des öffentlichen Lebens. Eine Aufgabe, die ihr nicht unbedingt an der Wiege gesungen war, da Vera – anders als ich – aus einem eher unpolitischen, mit Sicherheit nicht sozialdemokratischen Hause kommt.

Aber ganz offensichtlich machte es ihr Freude – und hatte sie Talent! Wenn sie Schirmherrschaften übernahm, gab sie in der Regel nicht nur ihren Namen, sondern engagierte sich auch mit Leidenschaft für die entsprechende Einrichtung, sei es, um nur ein paar Beispiele zu nennen, das Kinderhospiz Regenbogenland, die Aktion Lebenshunger für essgestörte Kinder und Jugendliche oder »hispi – das Lernhaus«, wo Flüchtlinge unabhängig von ihrem Aufenthaltsstatus die deutsche Sprache lernen können. Der einen oder anderen

Veranstaltung verpasste sie manchmal auch ein wenig Glamour, was einer Stadt, die den Anspruch erhebt, Modehauptstadt zu sein, ja nicht schadet. Und mir war sie nicht nur eine charmante Begleiterin, sondern auch meine wichtigste Ratgeberin, die die Begabung hat, Personen und Situationen mit politischem Gespür und Menschenkenntnis treffsicher zu beurteilen.

Unseren Kindern überließen wir es, selbst zu entscheiden, zu welchen – grundsätzlich familientauglichen – Veranstaltungen sie uns begleiten wollten. Natürlich entwickelten sich über die Jahre bestimmte Favoriten: Die Messe Boot gehörte unzweifelhaft dazu, die meisten Veranstaltungen auf der Galopprennbahn ebenfalls, und beim Thema Sport gab es unterschiedliche Auffassungen darüber, ob nun Fußball, Eishockey oder Tischtennis interessanter und kurzweiliger sei.

Dass wir als Paar gerne Düsseldorf repräsentierten und auch unsere Kinder, so sie dies wollten, vor der Öffentlichkeit nicht abschotteten, stieß nicht überall auf Wohlwollen. Ich erinnere mich beispielsweise an einen Schmähkommentar in der Rheinischen Post, in dem mir der Autor anlässlich der Teilnahme an einer Sportveranstaltung attestierte, ich ginge mit der Botschaft hausieren: »Ich bin fit, austrainiert und esse viel Gemüse, genau wie meine vielen überaus gesunden Kinder.«

Und natürlich gab es auch einige, die mir naserümpfend unterstellten, meine Familie für PR- und Wahlkampfzwecke zu missbrauchen. Nun, in der Regel dürfte es wohl weniger die Sorge um das Wohl meiner Familie als vielmehr Eifersucht und Missgunst, ja manchmal auch ganz einfach politisches Kalkül gewesen sein, was derlei Äußerungen motiviert hat.

Es fällt auf, dass immer mehr Politikerinnen und Politiker gar keine Familie haben oder diese so vollständig abschirmen, dass sie in der Öffentlichkeit gar nicht vorkommt und wohl häufig im persönlichen Leben auch nur noch eine sehr untergeordnete Rolle spielt.

Meine First Lady

Ich halte dies für keine gute Entwicklung. Denn Lebenspartner und Kinder sind keineswegs schmückendes Beiwerk, sondern aus meiner Sicht unerlässlich, um geerdet zu bleiben und nicht Gefahr zu laufen, zum politischen »Zombie« zu deformieren. Und vielleicht wird man die eine oder andere Entscheidung auch anders treffen, wenn man selbst mit Kindern lebt. Wer weiß: Womöglich wäre ja auch in der Corona-Krise das eine oder andere anders geregelt worden, wenn die Entscheidungsträger selbst mit Homeschooling und Kindern, denen mangels erlaubter Freizeitbeschäftigungen das Dach auf den Kopf fällt, zu tun gehabt hätten.

Gleichwohl befürchte ich, dass sich der Trend fortsetzen wird, Politik und Familie immer strenger zu trennen. Insbesondere die zunehmende Hass(un)kultur, die sich in Shitstorms in sozialen Medien, in unverhohlenen Drohungen und – siehe das Schicksal des Kasseler Regierungspräsidenten – auch schon mal in nackter Gewalt äußert, wird dafür sorgen, dass sich immer mehr Menschen, die sich für ein politisches Amt interessieren, fragen, ob man sich und seiner Familie so etwas zumuten möchte.

Mit den Kindern auf der Galopprennbahn

Zum ersten Mal stellte ich mir diese Frage, als ich irgendwann im Sommer 2016 nach dem Aufstehen vor unserer Küche ein Polizeifahrzeug sah und von den Beamten die Auskunft erhielt, man habe eine Warnung erhalten, unsere Wohnung solle von einer Drohne beschossen werden und man werde dabei ausdrücklich auch auf die Kinder keine Rücksicht nehmen. Dass der Absender offenkundig ein Verrückter war, der uns lediglich einschüchtern wollte, war naheliegend, aber auch nicht sonderlich tröstlich.

Selbstbild und Fremdbild

»Nähe trifft Freiheit«:
die Entwicklung der neuen Stadtmarke

Ganz am Anfang meiner Amtszeit wurde ich einmal gefragt, was ich denn in den nächsten sechs Jahren für Düsseldorf erreichen wolle. Nach kurzem Nachdenken antwortete ich, ich würde mir wünschen, dass über Düsseldorf gesagt würde, es sei eine Stadt, die so selbstbewusst ist, dass sie sogar über sich selbst lachen könne.

Als jemand, der immer sehr gerne in dieser Stadt gelebt hat, habe ich mich stets geärgert über das negative Image, das Düsseldorf bei vielen und vielerorts hat. Ich muss zugeben, als ich im Jahr 2003 hierhergezogen bin, hatte ich auch ein wenig die landläufige Vorstellung, der typische Düsseldorfer oder die typische Düsseldorferin lebe in Saus und Braus, gebe ihr – üblicherweise ererbtes – Vermögen auf der Königsallee aus und betrachte die Nachbarn im Ruhrgebiet, im Bergischen Land und natürlich vor allem in Köln von oben herab. Eine arrogante »Bling-Bling-Schickimicki«-Metropole eben!

Dass dies ein Trugbild ist, spürte ich sofort, kaum dass wir unsere erste Wohnung in der Jülicher Straße bezogen hatten. Tatsächlich ist Düsseldorf eine ausgesprochen angenehme, vielfältige, weltoffene Stadt mit sympathischen Menschen, mit denen man leicht ins Gespräch kommt und die einem in der Regel sehr schnell das Gefühl vermitteln, hier willkommen zu sein.

Wie aber ließ sich diese Erkenntnis auch jenseits der Stadtgrenzen verbreiten?

Meine Vorgänger waren diesbezüglich – gelinde gesagt – weniger erfolgreich. Joachim Erwin hatte ein Verständnis von

Düsseldorf, das man wohl am besten mit dem Leitspruch des FC Bayern – »mia san mia« – umschreiben kann, und warnte gar in seinem politischen Testament vor regionaler Zusammenarbeit, da Düsseldorf dabei verlieren könnte. Und sein Nachfolger befeuerte die landläufigen Vorbehalte und Vorurteile gegenüber Düsseldorf gar noch dadurch, dass er im Wahlkampf an den Stadtgrenzen plakatieren ließ, hier verlassen Sie »den schuldenfreien Sektor«, und bekanntlich dem Ruhrgebiet attestierte, dort »wolle man nicht tot überm Zaun hängen«.

Immerhin versuchte er, der Stadt ein sympathisches Image zu verleihen, indem er ein neues Logo für die Stadtmarke kreieren ließ. Das »lachende D«, das dabei herauskam und die Stadt immerhin einen sechsstelligen Betrag gekostet hatte, erwies sich allerdings als ziemlicher Rohrkrepierer. Zum einen ließ es sich schon deswegen nicht schützen, weil es in sehr ähnlicher Form bereits andernorts als Logo verwendet wurde; vor allem aber war völlig unklar, wofür dieses Logo eigentlich stehen, sprich was eigentlich Inhalt der Stadtmarke von Düsseldorf sein sollte.

Gerade darauf aber kam es an: Was ist Inhalt der Stadtmarke, wofür steht diese Stadt, welcher »Claim« drückt das Lebensgefühl Düsseldorfs am treffendsten aus?

Relativ schnell war klar, dass eine Neubestimmung der Marke Düsseldorf in den bestehenden Strukturen kaum möglich sein würde. Bislang war das Thema Stadtmarketing in das Aufgabengebiet der DMT gefallen, der Düsseldorf Marketing und Tourismus GmbH, die von einer ehemaligen Mitarbeiterin der Kämmerei geführt wurde, die sich zwar redlich mühte, von Markenentwicklung und Marketing allerdings naturgemäß nur begrenzte Kenntnisse hatte. Über einen Bekannten wurde ich auf Frank Schrader aufmerksam, der viele Jahre lang Geschäftsführer einer großen und erfolgreichen Düsseldorfer Werbeagentur war und sich beruflich neu orientieren wollte. Im Gespräch merkte ich sehr schnell, dass Schrader nicht nur mit Leib und Seele Düsseldorfer war, sondern regelrecht darauf brannte, seiner Stadt ein ihr angemessenes Image zu verpassen.

Frank Schrader wurde Geschäftsführer der Düsseldorf Marketing GmbH und in Personalunion Geschäftsführer der Düsseldorf Tourismus GmbH, die unter der Marketing aufgehängt wurde. Und er machte sich sofort daran, die Marke Düsseldorf zu entwickeln.

Natürlich hat jeder, dem diese Stadt am Herzen liegt, seine eigene Vorstellung, was diese Stadt ausmacht und was sie gewissermaßen »im Innersten zusammenhält«. Und insbesondere die Vertreter der Politik erhoben den Anspruch, in dieser Frage ganz besonders kompetent und insofern auch entscheidungsbefugt zu sein.

Schrader gelang es, mit zahlreichen Veranstaltungen, Fragerunden und Workshops die gesamte Stadtgesellschaft in den Markenbildungsprozess einzubeziehen. Gleichzeitig aber machte er deutlich, dass ein solcher Prozess keineswegs beliebig ablaufen könne, sondern klaren methodischen Regeln unterliegen müsse. So normal und legitim es sei, dass jeder seine eigene Vorstellung von der Marke Düsseldorf habe, folge daraus aber keineswegs, dass sich jeder die gleiche Kompetenz in Sachen Stadtmarketing zuschreiben könne. Dies sei vielmehr ein Gebiet, in dem letztlich – wie in anderen Professionen auch – Erfahrung und Expertise eine maßgebliche Rolle spielten.

Die Politik schluckte dies, und am Ende des Prozesses standen der Claim »Düsseldorf. Nähe trifft Freiheit« – in der recht freien englischen Übersetzung »Düsseldorf. Live Close Feel Free« – sowie eine grafische Gestaltung dieser Marke, die sukzessive über alle städtischen Ämter, Beteiligungsunternehmen und Veröffentlichungen ausgerollt wurde.

Nach dem Ergebnis einer Marktforschungsstudie in den Zielmärkten der Düsseldorf Tourismus GmbH war dieser Claim ein ziemlicher Volltreffer. Etwa zwei Drittel der Befragten – national wie international – bewerteten »Nähe trifft Freiheit« positiv oder sogar sehr positiv. Und auch persönlich bin ich der Meinung, dass »Nähe trifft Freiheit« Düsseldorf sehr gut beschreibt. Es trifft ziemlich genau das Lebensgefühl, das ich verspürt habe, als ich hierhergekommen bin.

Auf der einen Seite ist Düsseldorf eine Großstadt, ja sogar eine Metropole, wenn auch – wie ich es einmal formuliert habe – »im kleinstmöglichen Format«. Und Stadtluft macht bekanntlich frei. Hier kann jeder seinen individuellen Lebensentwurf verwirklichen, Anpassungsdruck und Konformismus haben in dieser Stadt keinen Platz.

Gleichzeitig bleibt man in Düsseldorf nicht lange allein. Das mag mit der typischen rheinländischen Geselligkeit zu tun haben, die man etwa in den Brauhäusern der Altstadt erleben kann, wahrscheinlich aber auch mit der durchaus prägenden Erfahrung ganz vieler Düsseldorferinnen und Düsseldorfer, die selbst irgendwann einmal – von wo auch immer – nach Düsseldorf gekommen und hier gastfreundlich aufgenommen worden sind.

Natürlich reichen eine Stadtmarke und ein griffiger Claim allein nicht, um das Image, die Wahrnehmung einer Stadt zu prägen und möglicherweise zu verändern. Aber es hilft. Und der Slogan »Nähe trifft Freiheit« ist ja nicht nur eine Beschreibung, sondern auch ein Anspruch, den die Stadt und ihre Bürgerinnen und Bürger für sich erheben. Die Tatsache, dass die neue Stadtmarke auf eine große Zustimmung gestoßen ist, mag an sich schon dafür sprechen, dass die Stadtgesellschaft diesen Anspruch erfüllen möchte.

Tourismus und Hotelboom

Und ich habe den Eindruck, das spürt man mittlerweile auch jenseits der Stadtgrenzen.

Indizien dafür gibt es jedenfalls. So sind in den letzten Jahren die Übernachtungen in Düsseldorf deutlich angestiegen, was sicherlich für die wachsende Attraktivität der Stadt spricht. Während meiner Amtszeit sind sie um fast 20 % von 4,2 Millionen im Jahre 2013 auf über 5 Millionen im Jahre 2019 gestiegen.

Natürlich ist die Messe nach wie vor der größte Treiber dieses Geschäfts. Aber auch das touristische Segment steigt kontinuierlich an, und Düsseldorf schickt sich an, gerade an Wochenenden eine attraktive touristische Destination zu werden. Frank Schrader und sein Team von der Düsseldorf Tourismus leisten dazu einen maßgeblichen Beitrag, indem beispielsweise Stadtrundfahrten und -rundgänge angeboten werden, die Düsseldorf ganz gezielt als Architekturstadt oder Kulturmetropole profilieren. Besonders gut gefallen hat mir persönlich der Stadtrundgang unter dem Titel »The Sound of Düsseldorf«, bei dem man sich auf die Spuren von Kraftwerk, Fehlfarben und den Toten Hosen begeben kann und einen Eindruck davon bekommt, welche bedeutende Rolle Düsseldorf gerade für die Entwicklung zeitgenössischer populärer Musikformen wie Punk und elektronischer Musik gespielt hat.

Eine Folge der wachsenden touristischen Bedeutung der Stadt ist ein regelrechter Hotel-Boom. Weit über 20 neue Hotels sind aktuell in Bau oder Planung. Sollten sie alle realisiert werden, würde dies eine Steigerung der Hotelkapazitäten Düsseldorfs um über 25 % innerhalb sehr kurzer Zeit bedeuten! In Corona-Zeiten läuten verständlicherweise alle Alarmglocken des etablierten Hotelgewerbes. Aus diesem Grunde habe ich zum Ende meiner Amtszeit selbst noch Gespräche mit zahlreichen Investoren geführt mit dem Ziel, dort, wo dies möglich ist, Hotelbauten durch Wohnungen zu ersetzen. Ganz einfach war das nicht, wobei nicht selten weniger die bereits fortgeschrittenen Planungen als vielmehr die im deutschen Planungsrecht vorgesehenen strengen Anforderungen an »gesunde Wohnverhältnisse« im Weg standen, auf die ich im Wohnungsbau-Kapitel bereits ausführlich eingegangen bin.

Im Herzen
der Metropolregion

Auch auf der Landkarte der regionalen Zusammenarbeit ist Düsseldorf kein weißer Fleck mehr.

Bereits zu Beginn meiner Amtszeit, im Mai 2015, hatte ich gemeinsam mit dem (damaligen) Kölner Kollegen Jürgen Roters Vertreter der rheinisch-bergischen Städte und Kreise sowie der Region Aachen zu einem Regio-Gipfel der Metropolregion Rheinland in die Turbinenhalle der Düsseldorfer Stadtwerke eingeladen, um gemeinsame Themen in den Bereichen Mobilität und Infrastruktur zu besprechen. Das Echo war seinerzeit recht positiv, insbesondere aufgrund des ungewohnten Umstands, dass Düsseldorf diesbezüglich die Initiative ergriffen hatte. Offenbar gab es aber auch gewisse Vorbehalte, Düsseldorf und Köln könnten sich bei der Bildung einer Metropolregion eine »exklusive« Führungsrolle anmaßen. Wie dem auch sei, jedenfalls übernahmen es nun auf einmal die Regierungspräsidentinnen Anne Lütkes und Gisela Walsken, den »Formierungsprozess« der Metropolregion Rheinland voranzutreiben.

Die Gründung erfolgte schließlich im Februar 2017, und die Tatsache, dass mir die Funktion des Gründungsvorsitzenden angetragen wurde, mag durchaus auch als Wertschätzung der

Nachbarn interpretiert werden für die neue Rolle, die Düsseldorf in der und für die Region zu spielen bereit war.

Eine reine Erfolgsgeschichte ist die Metropolregion bislang allerdings nicht. Das hat verschiedene Ursachen.

Aus meiner Sicht leidet die Metropolregion insbesondere daran, dass in zu vielen Küchen zu viele Köche mitkochen wollen, sprich: Die Strukturen sind viel zu aufwendig und komplex! Eine hauptamtliche Geschäftsführung, ein »Präsidium«, ein Vorstand, ein Beirat, eine Mitgliederversammlung und ein Kuratorium – das sind offensichtlich zu viele Gremien, in denen Vertreter der Verwaltung, der Politik, der Handwerks-, Industrie- und Handelskammern, der bereits bestehenden Regionalmanagements und der Zivilgesellschaft vertreten sind. Eine wesentlich schlankere Organisation mit Vertretern der Gebietskörperschaften und Kammern, die sich ihr Mandat in ihren demokratischen Gremien geben lassen, wäre mit Sicherheit schlagkräftiger, transparenter und keineswegs weniger demokratisch.

Die zweite Schwachstelle liegt darin, dass die Metropolregion eigentlich kaum eigene Kompetenzen hat, da diese bereits auf zahlreiche – nicht selten konkurrierende – Organisationen, seien es die Bezirksregierungen, Verkehrsverbünde, Regionalmanagements oder der Landschaftsverband, aufgeteilt sind. Die Chance, eine starke Metropolregion als Wegbereiter für eine Gebiets- und Organisationsreform im Rheinland zu nutzen, sollte nach dem Willen der meisten Beteiligten offensichtlich nicht genutzt werden.

Immerhin gab es auch andere Gelegenheiten, bei denen Düsseldorf sich nicht nur als guter Nachbar, sondern als treibende Kraft der regionalen Zusammenarbeit qualifizieren konnte.

Bestes Beispiel war vielleicht der Grand Départ der Tour de France 2017, der auf die gesamte Region abstrahlte. Insbesondere die zweite Etappe, die von Düsseldorf zunächst durch den Kreis

Mettmann und anschließend über Neuss, Kaarst, Mönchengladbach und Aachen zum Etappenziel in Lüttich führte, war ein hervorragendes Beispiel regionaler Zusammenarbeit zum gegenseitigen Vorteil. Die zahlreichen Besprechungen mit den Verwaltungschefs und Organisatoren der beteiligten Städte und Landkreise jedenfalls sind mir immer noch in allerbester Erinnerung. Die Zusammenarbeit bei der keineswegs trivialen Organisation einer Tour-de-France-Etappe klappte reibungslos und hochprofessionell. Und natürlich freute ich mich über die dabei immer wieder zum Ausdruck gebrachte Wertschätzung dafür, dass Düsseldorf dieses »Jahrhundertereignis« in die Region gebracht hatte.

Zweifellos hat sich das Image, also die Außenwahrnehmung, aber auch die Selbstwahrnehmung Düsseldorfs in den letzten sechs Jahren verändert. Düsseldorf ist in den Augen vieler – Einheimischer ebenso wie Gäste – heute eine lebendige, vielfältige, ebenso erfolgreiche wie sympathische Metropole, die sich durch eine tolerante und gastfreundliche Lebensart auszeichnet. Hierzu haben die Bemühungen des Stadtmarketings ebenso beigetragen wie die Kooperation auf Augenhöhe mit unseren Nachbarn, ganz wesentlich sicherlich aber auch der vorbildliche Bürgersinn, mit dem die Stadt auf die Naturkatastrophe Ela und auf die »Flüchtlingskrise« reagiert hat.

Manches in der regionalen Zusammenarbeit hätte allerdings auch noch besser klappen können. Beispielsweise hätte ich mir eine noch engere Zusammenarbeit mit unseren Nachbarn bei der Regionalplanung, namentlich bei der Ausweisung neuer Wohngebiete im Umkreis von Düsseldorf, aber auch etwa bei der Entwicklung von Park-&-Ride-Standorten gewünscht. Hier hätte ich wohl noch nachhaltiger dafür werben müssen, dass es im Interesse der gesamten Region ist, wenn die Wachstumspotenziale Düsseldorfs gehoben werden. Denn es geht keineswegs darum, »Düsseldorfer Probleme ins Umland zu transportieren«, wie vom einen oder anderen Politiker in der Nachbarschaft bisweilen »argumentiert« wurde, sondern – ganz im Gegenteil – darum, Wachstum und Wohlstand in der Region Düsseldorf mit den Nachbarn zu teilen.

Es liegt auf der Hand, dass das Jobwachstum in Düsseldorf Treiber des Bevölkerungswachstums auch seiner Nachbarstädte ist, und deshalb sind effiziente Verkehrslösungen in der Region – und Park-&-Ride-Plätze gehören dazu – Voraussetzung dafür, dass diese gemeinsame Erfolgsgeschichte weitergeschrieben werden kann!

Düsseldorf und die Welt

Düsseldorf ist in vielerlei Hinsicht eine internationale Stadt. Menschen aus 184 Ländern sind hier gemeldet. Keine Stadt in Nordrhein-Westfalen hat einen so hohen Anteil von Einwohnern, die keinen deutschen Pass haben, und fast 40 % aller Düsseldorferinnen und Düsseldorfer haben einen Migrationshintergrund in dem Sinne, dass entweder sie selbst oder ihre Eltern außerhalb Deutschlands geboren wurden.

Berühmt ist Düsseldorf für seine japanische Community, die die größte auf dem europäischen Kontinent ist. Aber auch Griechen, Marokkaner, Türken, Italiener, Polen, Portugiesen, um nur einige zu nennen, pflegen hier ihre kulturellen Wurzeln und sind doch gleichzeitig stolz darauf, Düsseldorferinnen und Düsseldorfer zu sein.

Vor diesem Hintergrund mutet es doch etwas merkwürdig an, dass Düsseldorf bis zum Jahr 2014 lediglich sechs Städtepartnerschaften eingegangen war. Das ist gerade einmal ein Viertel der 24 (!) Städtepartnerschaften, die unsere Nachbarstadt Köln aufweist.

Und sonderlich intensiv gepflegt wurden diese Städtepartner-schaften auch nicht. Die Partnerschaft mit der englischen Stadt Reading beispielsweise, die auf deren ehemalige Bürgermeiste-rin, die Quäkerin Phoebe Cusden, zurückging, die nach dem Krieg Düsseldorf besuchte und unter dem Eindruck des Nach-kriegselends Düsseldorfer Kinder nach Reading einlud, wurde eigentlich nur noch von zwei Kirchengemeinden am Leben er-halten. Und auch die Partnerschaften mit Chemnitz, Warschau und Moskau, die in der Ära von Oberbürgermeister Bungert vor dem Hintergrund der bevorstehenden oder bereits erfolgten Veränderungen im ehemaligen Ostblock entstanden waren, hat-ten an Lebendigkeit deutlich eingebüßt, nachdem die Zeit der Hilfslieferungen und Aufbauhilfen abgelaufen war. Immerhin pflegte Oberbürgermeister Joachim Erwin noch enge Beziehun-gen mit seinem Moskauer Kollegen, dem später wegen Korrup-tion und Amtsmissbrauchs in Ungnade gefallenen Yuri Lushkow, und begründete die Partnerschaft mit der chinesi-schen »Megacity« Chongqing.

Sein Nachfolger Dirk Elbers war diesbezüglich offensichtlich weniger ambitioniert. So scheiterte eine Städtepartnerschaft mit Toulouse, die vom dortigen seinerzeitigen Oberbürgermeister Cohen durchaus angestrebt war, dem Vernehmen nach an Elbers' Desinteresse.

Ich hatte mir vorgenommen, dass während meiner Amtszeit Städtepartnerschaften und die internationalen Beziehungen von Düsseldorf wieder eine größere Rolle spielen sollten. Mit der Einrichtung einer Stabsstelle »Internationale Beziehungen«, die direkt dem Oberbürgermeister zugeordnet war, schuf ich auch gleich zu Beginn die organisatorischen Voraussetzungen, um Düsseldorf international sichtbarer zu machen und neue Städ-tepartnerschaften und Freundschaften zu begründen. Und das Team überwiegend junger Frauen, das von meiner ehemaligen

Der Beginn der Städtepartnerschaft mit Palermo:
Kulturdezernent Andrea Cusomano, Michael Kortländer,
Bürgermeister Leoluca Orlando, Ratsherr Guiseppe Saitta, Donatella Gariffo

Wahlkampfmanagerin Jessica Breitkopf geleitet wurde, machte sich auch gleich mit Feuereifer an die Arbeit.

Neue Partnerschaften: Palermo und Chiba

Der erste Schritt, die Städtepartnerschaft mit Palermo, allerdings war eher einem Zufall zu verdanken. Für die Herbstferien 2014 hatte ich für meine Familie – noch während des Wahlkampfes – eine Reise nach Sizilien geplant. Misslicherweise fiel diese auf den Termin der Expo Real Immobilienmesse in München, die zum Pflichtprogramm eines Düsseldorfer Oberbürgermeisters gehört.

Als ich dem CDU-Ratsherrn Giuseppe Saitta von dieser Terminkollision erzählte, schlug dieser vor, wir könnten doch gemeinsam in seine sizilianische Heimat fliegen und dann eben-

Eröffnung einer Ausstellung von Katharina Sieverding im Kulturzentrum Cantieri
Culturali alla Zisa mit Bürgermeister Orlando

falls gemeinsam für drei Tage den Urlaub für den Besuch der
Expo Real unterbrechen. In Palermo würde er mich gerne dem
dortigen Oberbürgermeister Leoluca Orlando vorstellen, mit
dem er seit vielen Jahren befreundet sei.

Und so wurde es gemacht. Bei der Vorbereitung der Reise erfuhr ich auch, dass es seit einigen Jahren einen Verein »Düssel-
dorf-Palermo« gab, der vom Düsseldorfer Künstler Michael
Kortländer geführt würde, der zufälligerweise auch noch der –
damalige – Lebenspartner meiner grünen Gegenkandidatin
Miriam Koch war. Und so vereinbarten wir einen gemeinsamen
Termin mit dem palermitanischen Oberbürgermeister, der uns –
Saitta, Kortländer und mich – ganz offiziell in das wunder-
schöne, wenngleich auch gewissermaßen ortsüblich »pati-
nierte« Gästehaus der Stadt einlud.

In dem längeren Gespräch, das Luca Orlando und ich bei dieser Gelegenheit führten, entwickelten wir nicht nur eine gegenseitige Sympathie füreinander, sondern auch einen ganzen Katalog von Gemeinsamkeiten, auf denen sich eine lebendige Städtepartnerschaft gründen ließ. Neben der Zusammenarbeit im Bereich Kunst und Kultur nahmen wir uns eine Kooperation in den Bereichen Stadtentwicklung, Bildung und Schule, aber auch etwa gemeinsame Initiativen für die Integration von Flüchtlingen und die Themen Gleichstellung und Diversität vor.

Auf dieser Grundlage dauerte es nicht einmal eineinhalb Jahre, bis im März 2016 die Partnerschaft zwischen Düsseldorf und Palermo offiziell besiegelt wurde.

Auch mit der Präfektur Chiba, einer Region in der Nähe von Tokio, mit der Düsseldorf bereits seit vielen Jahren freundschaftliche Beziehungen unterhalten hatte, kam es im Mai 2019 zu einer offiziellen Partnerschaft, die ich gemeinsam mit Gouverneur Kensaku Morita, einem in Japan bekannten ehemaligen Schauspieler und Sänger, im Mai 2019 anlässlich des Japan-Tags unterzeichnen konnte.

Moskau und Warschau

Als die Städtepartnerschaften mit Moskau und Warschau geschlossen wurden, ging es Düsseldorf in erster Linie um humanitäre Hilfe und um die Unterstützung bei der Entwicklung funktionierender Verwaltungsstrukturen. Heute sind die russische und die polnische Hauptstadt moderne und hochattraktive Metropolen, die in puncto städtebaulicher Entwicklung, Digitalisierung und wirtschaftlicher Dynamik durchaus Vorbildliches leisten.

Unserer Partnerstadt Moskau stattete ich in jedem Jahr meiner Amtszeit einen Besuch ab. Unvergessen bleibt mir mein erstes

Gespräch mit meinem Amtskollegen Sergej Sobjanin, in dem ich ihm von meiner Laufrunde entlang der Moskwa berichtete, die zwar spektakuläre Ausblicke gewährt, aber ein wenig darunter gelitten hatte, dass die Bürgersteige in – freundlich ausgedrückt – ausbaufähigem Zustand waren und ein Überqueren der Straßen nicht ganz unerhebliche Gefahren in sich barg. Dass ein Jahr später diese Missstände behoben waren und heute die Wege am Ufer der Moskwa ein regelrechtes Eldorado für Jogger sind, dürfte dennoch kaum auf diese Konversation zurückzuführen sein. Denn generell hat sich die russische Hauptstadt in den letzten fünf Jahren zu einer höchst lebenswerten 15-Millionen-Stadt entwickelt, die mit den chaotischen Zuständen, die ich bei meinem ersten Besuch im Jahre 1993 angetroffen hatte und auch noch in meiner Ruhrgaszeit gewohnt war, nichts mehr zu tun hat.

Eine nicht weniger dynamische Metropole ist die polnische Hauptstadt Warschau. Auch Warschau habe ich in den letzten sechs Jahren mehrfach besucht. Besonders nachdrücklich in Erinnerung geblieben ist mir mein Besuch anlässlich des 75. Jahrestags des Aufstands im Warschauer Ghetto, zu dem mich die damalige Stadtpräsidentin Hanna Gronkiewicz-Waltz eingeladen hatte. So berührend der eigentliche Anlass der Gedenkfeier, so war doch gleichzeitig regelrecht mit Händen zu greifen, wie tief der Graben zwischen der liberalen Stadtführung und der klerikal-konservativen Staatsmacht ist. Selbstverständlich stand die Stadtpräsidentin nicht auf der Rednerliste, und sie tauchte auch nicht ein einziges Mal in der vom Staatsfernsehen live gesendeten Fernsehübertragung auf, die der Gedenkveranstaltung einen – aus meiner Sicht etwas unangemessenen – nationalistischen Anstrich gab.

Ebenfalls unter dem Eindruck der gestörten Beziehungen zwischen Staat und Stadt stand mein zweiter Besuch kurz nach der Wahl von Rafal Trzaskowski zum neuen Warschauer Stadtpräsidenten. Offenbar hatte die Nationalregierung mal wieder versucht, ihm einen Skandal anzuhängen. Jedenfalls war ihm bei der Begrüßung anzumerken, wie sehr er sich geärgert hatte. Aber vielleicht genoss er ja gerade deshalb den Tag umso mehr, bei dem viele Gemeinsamkeiten zwischen Düsseldorf und Warschau zur Sprache kamen und Pläne für den Ausbau unserer Partnerschaft geschmiedet wurden.

Mit dem »Warschau-Weekend« Anfang November 2019 feierten wir in Düsseldorf gemeinsam den 30. Geburtstag der freundschaftlichen Verbindung unserer beiden Städte. Und selbstverständlich schickte ich – wie viele Warschauer Partnerstädte weltweit – ein Unterstützervideo für Rafal Trzaskowski für die Präsidentschaftswahlen im Jahr 2020, die er leider, wenn auch sehr knapp, gegen seinen Konkurrenten im Präsidentenamt verlor.

Dass Düsseldorf enge und freundschaftliche Beziehungen zu Moskau und Warschau unterhält, schafft vielleicht auch Möglichkeiten für eine – im Grundgesetz natürlich nicht vorgesehene – »kommunale Außenpolitik«. Immerhin sind die Beziehungen zwischen Russland und Polen traditionell alles andere als gut, und es hat auch nicht den Eindruck, dass die gegenwärtigen jeweiligen Staatsführungen hieran irgendetwas ändern wollten. Umso wichtiger sind in diesem Zusammenhang gerade Städtepartnerschaften. Hier ist man eben nicht auf dem diplomatischen Hochreck unterwegs, hier gibt es keine »Bündnislogik« und keine vorgefertigten abgestimmten Sprachregelungen. Hier geht es um den Austausch und um die Begegnung von Menschen, hier geht es um Bildung, Kultur, Sport – um Themen also, die die Menschen unmittelbar berühren. Aber manchmal – ja eigentlich fast immer! – sind es gerade diese Themen, über die Menschen und Völker zueinanderfinden, anhand derer sie schnell merken, dass lang gehegte Rivalitäten und Feindschaften mit ihnen eigentlich gar nichts zu tun haben.

Deshalb sind Städtepartnerschaften in ganz besonderer Weise geeignet, zu Verständnis und Aussöhnung beizutragen. Die Geschichte der zahlreichen Städtepartnerschaften zwischen den ehemaligen »Erzfeinden« Deutschland und Frankreich legt hierfür beredt Beispiel ab. Und vielleicht kann Düsseldorf als Freund und Partner der Hauptstädte Polens und Russlands insofern auch einen kleinen Beitrag zu Frieden und Versöhnung in Europa leisten.

Reading, Haifa, Chemnitz, Chongqing

Bereits im Jahr 2018 hatten wir das 30-jährige Bestehen der Partnerschaft mit den Städten Chemnitz, Haifa und Reading (die zwar schon länger informell bestand, aber 1988 offiziell besiegelt wurde) gefeiert. Der stimmungsvolle Höhepunkt war ein Festakt anlässlich des traditionellen Lichterfestes im Park von Schloss Benrath.

Meinen ersten Besuch in Haifa, der im Frühjahr 2015 geplant war, musste ich kurzfristig absagen, da wenige Stunden vor dem Abflug die Meldung vom tragischen Absturz des GermanWings-Flugs 9525 auf dem Weg von Barcelona nach Düsseldorf eintraf.

Nachgeholt wurde die Reise ein Jahr später, und zwar ausnahmsweise in Begleitung meiner ganzen Familie, die allem Ärger über das dicht gedrängte Programm des Papas zum Trotz die Reise so sehr genoss, dass seitdem Israel bei den Lieblingsurlaubszielen unserer Kinder ganz oben rangiert. Bei aller Bewunderung dafür, wie sich Haifa in puncto Hightech und Digitalisierung in den letzten Jahren entwickelt hatte, waren wir am meisten beeindruckt, wie selbstverständlich und geradezu harmonisch Menschen unterschiedlicher Herkunft und unterschiedlicher Religion dort zusammenleben. Insofern ist unsere israelische Partnerstadt ein Vorbild keineswegs nur im eigenen Lande! Und dies ist offensichtlich auch das Verdienst meines Kollegen Yona Yahav, der diese Stadt über 15 Jahre lang geprägt hat.

In Chemnitz feierten wir im Jahre 2015 gemeinsam mit einer großen Düsseldorfer Delegation 25 Jahre Deutsche Einheit. Dabei wurde nicht nur in Erinnerungen an die gemeinsame Aufbauarbeit in den Jahren nach dem Fall der Mauer geschwelgt, sondern auch über aktuelle Herausforderungen – damals war dies insbesondere die Flüchtlingskrise – gesprochen. Und es blieb bei unseren sächsischen Freunden nicht ohne Eindruck, als der »Baas« – also der Vorsitzende – des Heimatvereins »Düsseldorfer Jonges«, Wolfgang Rolshoven, und der Chef des St. Sebastianus Schützenvereins von 1316, Lothar Inden, schilderten, dass es für ihre Heimatfreunde und Kameraden eine Selbstverständlichkeit gewesen sei, die städtischen Bemühungen zu unterstützen, als es darum ging, Menschen, die in Düsseldorf Zuflucht suchten, aufzunehmen und zu helfen.

Wenige Jahre später waren es erneut Düsseldorfer, die in unserer Partnerstadt zur Stelle waren, als ein rechter Mob die Werte von Zivilisation und Menschenwürde mit Füßen trat: Dieses Mal waren es die Toten Hosen, die beim Festival »#wir sind mehr« 65.000 Menschen begeisterten.

Auch unsere chinesische Partnerstadt Chongqing habe ich zweimal während meiner Amtszeit besucht. Natürlich drängen sich Gemeinsamkeiten mit einer Stadt, die etwa 50 Mal größer ist als Düsseldorf, nicht unbedingt auf. Und doch gibt es sie. Jedenfalls war ich sehr angetan, Gast eines Seminars an der örtlichen Universität zu sein, bei dem das Projekt »Garath 2.0« (siehe Seite 231) als Anschauungsbeispiel für gelungene Stadtentwicklung und Stadterneuerung behandelt wurde.

»Living Together«

Unsere Städtepartnerschaften wurden in den letzten sechs Jahren nicht nur neu belebt und um Chiba und Palermo erweitert. Mit vielen anderen Städten wurden freundschaftliche Verbindungen vertieft oder begründet. Mit Toulouse beispielsweise verbindet uns heute mehr denn je eine intensive Freundschaft, die durch zahlreiche gegenseitige Besuche der Stadtspitze ebenso wie von Vertretern unterschiedlicher gesellschaftlicher Gruppen lebendig gehalten wird.

Frankreich war in den letzten sechs Jahren ohnehin vielfach präsent in Düsseldorf. Alljährlich – mit Ausnahme des Corona-Jahres 2020 – feierten wir ausgiebig französisches Lebensgefühl und Savoir-vivre bei der Fête de la France am Rheinufer und im Rathaus-Innenhof. Im Jahr 2019 gab sich sogar die französische Botschafterin Anne-Marie Descôtes die Ehre und ernannte mich bei dieser Gelegenheit zum »Ritter im nationalen Verdienstorden«. Unvergessen bleibt auch der erste Abend der großen Kirmes am Rhein im Jahr 2016 am Tag nach dem schrecklichen Terroranschlag von Nizza. Zur Eröffnung spielte die Düsseldorfer Stadtkapelle die »Marseillaise«, und den ganzen Abend über leuchtete der Festplatz in den Farben der Trikolore.

Und natürlich wurde auch der Grand Départ der Tour de France 2017 zu einem Feiertag der deutsch-französischen Freundschaft. Der neu gewählte französische Präsident hatte eine Grußbotschaft geschickt, und zur feierlichen Eröffnung kamen Prinz Albert von Monaco und Anne Hidalgo, die Bürgermeisterin der großen Schwester von »Petit Paris«.

Einen intensiven freundschaftlichen Austausch pflegen wir seit einigen Jahren auch mit der kanadischen Metropole Montréal. Anknüpfungspunkt hierfür war vor allem die Internationale Konferenz »Living Together«, die wir auf Anregung des ehemaligen Bürgermeisters von Montréal, Dennis Coderre, Ende August 2019 in Düsseldorf veranstalteten. Zu dieser internationalen Bürgermeister-Konferenz kamen hochrangige Delegationen aus 38 Großstädten aus 28 Ländern, um sich mit städtebaulichen, verkehrlichen, infrastrukturellen und soziologischen Herausforderungen globaler Metropolen auseinanderzusetzen. Und alle waren von der professionellen Organisation der Konferenz offensichtlich ebenso angetan wie von der Gastfreundschaft, mit der sie in Düsseldorf empfangen wurden.

Anlässlich meines Besuchs der Olympischen Spiele 2016 in Rio de Janeiro machte ich auch einen Abstecher nach Belo Horizonte, eine brasilianische Provinzhauptstadt, deren Beziehungen zu Düsseldorf ganz wesentlich auf ein dort vor 40 Jahren von Mannesmann errichtetes Stahlwerk zurückgehen. Obschon die Sprache immer wieder auf das historische Länderspiel an diesem Ort bei der WM 2014 kam, redeten wir doch auch über das Thema einer Klima-Partnerschaft zwischen Düsseldorf und Belo.

Eine ganze Reihe weiterer Kandidaten für offizielle Städtepartnerschaften oder intensive Städtefreundschaften standen auf meinem Reiseprogramm als Oberbürgermeister: Boston beispielsweise hatte schon mein Vorgänger auf der Liste, und ein Besuch vor Ort gab mir nicht nur Gelegenheit, meine Alma Mater von vor 25 Jahren zu besuchen, sondern zeigte auch, dass es eine ganze Reihe von interessanten Parallelen zwischen der Hauptstadt von Massachusetts und der Landeshauptstadt von Nordrhein-Westfalen gibt.

Ebenfalls interessante Ansätze für vertiefte Beziehungen gibt es mit der andalusischen Metropole Malaga, die ich anlässlich eines Konzerts des Orchesters der Heinrich-Heine-Universität besuchte, sowie der portugiesischen Hauptstadt Lissabon, die gleich zweimal auf meinem Reiseprogramm stand. Anlass waren Seminare zu den Themen Literatur und Städtebau, die von einem Freundeskreis veranstaltet werden, der die Verbindungen zwischen Lissabon und Düsseldorf pflegt, die nicht nur in der Person der in Düsseldorf geborenen (und dort insbesondere im Schützenwesen hochverehrten) späteren portugiesischen Königin Stephanie einen Anknüpfungspunkt haben.

Auch mit der rumänischen Stadt Iasy gibt es historische Verbindungen, die in Düsseldorf insbesondere im Verein »Athenäum« gepflegt werden. Leider verhinderte die Corona-Pandemie einen Besuch Rumäniens, der mir umso mehr am Herzen lag, als der rumänische Botschafter seine Wertschätzung für Düsseldorf im Jahre 2017 durch die Verleihung eines Ordens zum Ausdruck gebracht hatte, der mich – man höre und staune – in den Rang eines Offiziers der rumänischen Armee »befördert« hatte.

Am Rande der »Living Together«-Konferenz wurde auch eine Freundschaftsvereinbarung mit der marokkanischen Großstadt Marrakesch unterzeichnet, die zu einer Städtepartnerschaft führen könnte, die gewiss nicht nur in der Düsseldorfer marokkanischen Gemeinde viele Freunde hätte. Auch mit der drittgrößten türkischen Stadt, der liberalen Metropole Izmir im Westen des Landes, sind wir im Gespräch, unsere Verbindungen intensiver zu gestalten.

Wie international Düsseldorf ist, spürt man auch alljährlich beim Empfang für das Konsularische Corps. 18 Staaten unterhalten Generalkonsulate in Düsseldorf, hinzu kommen 23 Honorarkonsulate. Aber auch die Konsuln, die ihren Sitz andernorts in Nordrhein-Westfalen haben, kommen gerne in die Landeshauptstadt. Und dem Vernehmen nach ist bei keinem Empfang die Gastfreundschaft so groß und die Stimmung so gut wie beim Düsseldorfer Diplomaten-Stelldichein, das üblicherweise zu Jahresbeginn stattfindet und vom Protokoll der Landeshauptstadt jedes Jahres mit erkennbarer Freude ausgerichtet wird.

*Die Eröffnung des neuen griechischen Generalkonsulats am
Bertha-von-Suttner-Platz mit Generalkonsul Grigoris Delavekouras*

Ed Sheeran und die Politik

Der wohl größte Rückschlag für das hart erarbeitete neue Image
von Düsseldorf war aus meiner Sicht die Absage des Ed-Sheeran-Konzerts im Sommer 2019.

Die Geschichte ist schnell erzählt: Ursprünglich geplant war
dieses Open-Air-Konzert mit etwa 75.000 Besuchern auf dem
Flugplatz Essen-Mülheim. Nachdem bereits alle Karten verkauft
waren, stellte sich heraus, dass es an diesem Standort aus verschiedenen Gründen nicht genehmigt werden konnte. Als geeignete Ersatzfläche bot sich der Parkplatz »P1« der Düsseldorfer
Messe an, der aufgrund seiner Lage und Beschaffenheit nahezu
ideale Voraussetzungen für ein derartiges Konzert mitbrachte:
ein bereits weitgehend asphaltierter Platz, eine gute verkehrliche
Erschließung und eine hinreichende Entfernung zur nächsten
Wohnbebauung.

Zwar sah der einschlägige Bebauungsplan an diesem Ort keine Konzertfläche vor, die Genehmigung des Konzertes im Wege einer Befreiung (Dispens) hätte aber an sich kein Problem sein sollen. Zu einem politischen Problem allerdings wurde eine vielleicht etwas voreilige Presseerklärung, in der ich gemeinsam mit dem Geschäftsführer der städtischen Veranstaltungstochter D.LIVE meine Freude über das bevorstehende Konzert zum Ausdruck brachte. Hierdurch fühlte sich die Politik offenbar bevormundet, was die zuständige Dezernentin wiederum so beeindruckte, dass sie sich unter keinen Umständen mangelnde Sorgfalt vorwerfen lassen wollte und daher ein Verfahren einleitete, das so aufwendig war, dass man bisweilen den Eindruck gewinnen konnte, die halbe Verwaltung würde hierdurch vorübergehend lahmgelegt.

Tatsächlich wurden im Laufe des Verfahrens sämtliche Bedenken ausgeräumt und ein Verkehrs- und Sicherheitskonzept vorgelegt, das mich daran zweifeln ließ, ob es – wenn dies der zukünftige Standard wäre – jemals in Düsseldorf wieder einen Rosenmontagszug oder einen Japantag geben könnte. Und für die 94 Bäume, die dem Aufbau der Tribünen zum Opfer fallen würden, gab es neben der üblichen Kompensation Angebote aller möglichen Organisationen und Initiativen, in ganz Düsseldorf Hunderte neuer Bäume zu pflanzen, wenn nur das Konzert stattfinden könne.

Es half nichts. Die zuständigen Ratsausschüsse stimmten mehrheitlich gegen die Genehmigung des Konzerts.

Für den Veranstalter und die Kartenbesitzer war der Schaden begrenzt: Das Konzert fand nun nicht mehr als Open-Air-Konzert am Rhein, sondern als Stadion-Konzert in der Arena auf Schalke statt. Leidtragender war in erster Linie die Stadt Düsseldorf, die sich öffentlich ziemlich blamiert hatte, da sie aus offensichtlich rein politischen Gründen eines der bedeutendsten

Open-Air-Konzerte des Jahres 2019 nicht stattfinden lassen wollte.

Was dies für das Image der Stadt bedeutete, brachte vielleicht am besten einer der Gründer von Düsseldorfs erfolgreichstem Start-up Trivago zum Ausdruck. Dieser erzählte mir, dass seine Beschäftigten – eine sehr internationale Community aus über 70 Ländern – über die Absage des Konzerts deshalb regelrecht bestürzt waren, weil sie ihren Freunden und Bekannten auf die Frage, weshalb in aller Welt sie ausgerechnet in Düsseldorf arbeiten würden, gerne geantwortet hätten, dass Düsseldorf einfach ein »cooler Platz« sei, was man schon daran ersehen könne, dass hier das weltweit größte Ed-Sheeran-Konzert stattfinden würde.

Nun, daraus wurde nichts. Jetzt bedarf es wohl einer etwas längeren Erklärung, weshalb Düsseldorf dennoch ein cooler Ort ist.

Rivalen und Partner:
Köln und Düsseldorf

Die Rivalität zwischen Düsseldorf und Köln ist alt und wird bis heute gerne gepflegt. Ich muss zugeben, dass ich mir hin und wieder eine ironisch-abschätzige Bemerkung über die »Stadt mit der schönsten Bahnhofskapelle der Welt« auch nicht verkneifen konnte, da einem hierfür der Beifall in Düsseldorf in der Regel garantiert ist.

Tatsächlich aber hielt ich mich während meiner Amtszeit in den allermeisten Fällen an die Sprachregelung, dass es in Bezug auf unsere beiden Städte wesentlich mehr gibt, was uns eint, als was uns trennt, und dass wir es in puncto Rivalität mit den Bereichen Fußball, Eishockey, Karneval und Bier bewenden lassen sollten.

Dem närrischen Treiben in der Domstadt erwies ich alljährlich meine Reverenz und musste jedes Mal anerkennend einräumen, dass die Kölner vom Karneval wirklich etwas verstehen. Dies mag eine Ursache dafür sein, dass man in Köln das Winterbrauchtum 40 Kilometer rheinabwärts ein wenig von oben herab betrachtet. So wurde ich bei meinem ersten Besuch des Kölner Fernsehkarnevals von Guido Cantz mit den Worten begrüßt: »Einer hier im Gürzenich kann den Besuch heute Abend als Bildungsurlaub steuerlich absetzen.« Nun, vor diesem Hintergrund war es vielleicht sogar ein Glück, dass im Jahr 2016 der Düsseldorfer Rosenmontagszug wegen eines Sturms ausfallen musste. Als er vier Wochen später nachgeholt wurde, hatten so auch eingefleischte Kölner Jecken die Gelegenheit, sich den Düsseldorfer »Zoch« anzuschauen, der dank der grandiosen Motivwagen von Jacques Tilly Jahr für Jahr national wie international für wesentlich mehr Schlagzeilen sorgt als die Kölner Konkurrenzveranstaltung.

Auch am Bier scheiden sich bekanntlich die Geister zwischen Köln und Düsseldorf. Für einen Altbier-verwöhnten Düsseldorfer verdient die Kölner »Plörre« noch nicht einmal die Bezeichnung »Bier«, und ich muss einräumen, dass ich ganz gerne auch selbst in diese Kerbe schlug, wenn ich – was nicht selten geschah – bemerkte, ich tränke auch ganz gern mal ein Kölsch, wenn ich danach noch fahren müsse.

Auffällig ist, dass in Köln das Düsseldorfer Gebräu nirgends angeboten wird. Da sind die Düsseldorfer toleranter: Wer will, findet in der Landeshauptstadt eine ganze Reihe von Lokalen, die Kölsch auf der Getränkekarte führen. »Jönne könne« gehört zwar zu den sympathischsten Eigenschaften des Rheinländers; wenn es ums Düsseldorfer Bier geht, scheint die Großzügigkeit des Kölners aber dann doch an ihre Grenzen zu stoßen.

Vielleicht hat diese – in meinen Augen etwas überzogene – Form von Lokalpatriotismus in Köln auch ein wenig damit zu tun, dass man dort nie so recht verwunden hat, dass eine an Einwohnern kleinere und historisch viel unbedeutendere Stadt wie Düsseldorf Landeshauptstadt wurde und ihrer großen Nachbarin im Süden heute in vielerlei Hinsicht Paroli bieten kann.

Einen grandiosen Sakralbau wie den Kölner Dom gibt es in Düsseldorf nicht, ebenso wenig rund ein Dutzend romanischer Kirchen (zumal Düsseldorf erst gegründet wurde, als die Epoche der Romantik bereits vorbei war!); und auch der Stadtanlage merkt man an, dass Köln eine Großstadt mit über 2000-jähriger Geschichte ist, während sich Düsseldorf – wie der Name schon sagt – aus einem Dorf entwickelt hat.

Umso erstaunlicher ist es, was aus Düsseldorf gerade in den letzten 30 Jahren geworden ist. Insbesondere der Bau des Rheinufertunnels und die hierdurch ermöglichte Rheinuferpromenade haben eine städtebauliche Aufwertung herbeigeführt, die man in Köln vergeblich sucht. Woran dies liegt? Nun, als Düsseldorfer sollte man zurückhaltend sein, hier Antworten und Empfehlungen zu geben. Ich habe einmal in einem Interview gesagt, der Dom sei vielleicht gleichermaßen Segen und Fluch für die Kölner Stadtentwicklung, da man in einer Stadt mit einem so grandiosen weltbekannten Wahrzeichen womöglich auf die Idee kommen könnte, sich nicht mehr sonderlich anstrengen zu müssen. Ich habe mich jedenfalls immer ein wenig darüber gewundert, dass Köln so relativ wenig aus dem beachtlichen Potenzial macht, das in dieser Stadt steckt. Vielleicht liegt es ja daran, dass viele meiner Kölner Bekannten manchmal an ihrer Stadt verzweifeln, die sie gleichzeitig so leidenschaftlich lieben.

Bei aller Rivalität und allen gelegentlichen Frotzeleien kann ich für meinen Teil sagen, dass ich in den sechs Jahren meiner Amtszeit oft und gerne in Köln war. Gemeinsam mit den Kölner Kollegen, zunächst Jürgen Roters, dann Henriette Reker, haben wir Impulse gesetzt für die regionale Zusammenarbeit. Aber das kann nur ein Anfang gewesen sein. Ich bin ganz sicher, dass eine noch engere Zusammenarbeit im Interesse beider Städte ist. Nicht nur, wenn es darum geht, gemeinsam auf die Entscheidungsträger in Bund und Land einzuwirken, um eine moderne und effiziente Verkehrs- und Wohnungsbaupolitik voranzubringen. Auch bei vielen städtischen Beteiligungsunternehmen – den Flughäfen, den Stadtwerken, den Sparkassen, vielleicht ja auch den Messegesellschaften – gibt es eine ganze Reihe von Anknüpfungspunkten, wo wir miteinander mehr erreichen können als neben- oder gar gegeneinander.

Die Stadt im Wandel

Stadtentwicklung und Lebensgefühl

Es gibt nur wenige Städte in Deutschland, die in den letzten 30 Jahren eine städtebauliche Entwicklung genommen haben, die mit Düsseldorf vergleichbar ist.

Wenn man sich Ansichten der Stadt aus den 60er-, 70er- und 80er-Jahren anschaut, kommt man nicht unbedingt zu dem Schluss, dass es sich um eine schöne Stadt gehandelt hat. Düsseldorf wurde im Zweiten Weltkrieg mit Ausnahme der linksrheinischen Stadtteile weitestgehend zerstört. Und der Wiederaufbau unter der Führung von Friedrich Tamms erfolgte schnell und war, wie bereits erwähnt, dem Ideal der »autogerechten Stadt« verpflichtet. Das Ergebnis war entsprechend. Noch Anfang der 80er-Jahre gab es große oberirdische Parkplätze in der Innenstadt, und zwei große Straßenzüge, die Berliner Allee mit dem Tausendfüßler und die Rheinuferstraße, die teilweise ebenfalls als Hochstraße ausgebaut war, prägten – man könnte auch sagen: teilten – das Stadtbild.

Der Bau des Rheinufertunnels markierte einen Wendepunkt in der Stadtentwicklung. Durch dieses »Jahrhundertbauwerk«, dessen 25. Geburtstag wir im Jahre 2019 feierten, verschwanden nicht nur weit über 50.000 Autos pro Tag von der Oberfläche. Dramatisch verändert wurden auch die städtebauliche Optik und das Lebensgefühl Düsseldorfs. Wo früher wahre Blechlawinen Lärm und Abgase produziert hatten, wuchs die Stadt nun an den Rhein und flanierten an schönen Sommertagen Zehntausende die Rheinuferpromenade entlang.

Mit dem Neubau des Landtags auf dem Gelände des ehemaligen Berger Hafens begann die Entwicklung des Medienhafens, der zwar seinem Namen nie ganz gerecht wurde, aber schon bald mit »Eyecatchern« wie den 1999 fertiggestellten Gehry-Bauten immer mehr Menschen in seinen Bann zog. Aber auch andernorts vollzog sich ein bemerkenswerter städtebaulicher Wandel. In Derendorf beispielsweise entstand mit der »Unternehmerstadt« ein attraktives Wohn- und Gewerbegebiet an einem Ort, wo früher die Firma Rheinmetall Panzer und Kriegsgerät produziert hatte. Nicht weit entfernt davon entwickelte sich auf dem Gelände eines stillgelegten ehemaligen Güterbahnhofs ein neues innerstädtisches Quartier mit Tausenden von Wohnungen, etlichen Hotels, aber beispielsweise auch dem neuen Sitz des *Handelsblatts*. Und auch im Linksrheinischen werden ehemalige Gewerbeflächen zu attraktiven Wohngebieten.

Drei Architekturikonen am Gustaf-Gründgens-Platz

Selbstverständlich macht der städtebauliche Wandel auch vor der unmittelbaren Innenstadt nicht halt. Ganz im Gegenteil: Der Gustaf-Gründgens-Platz, der sich in der Vergangenheit als ziemlich zugiger und unbehauster Ort nicht eben großer Beliebtheit erfreute, ist heute ein städtebauliches Highlight, das von nicht weniger als drei Architekturikonen gesäumt wird: dem Dreischeibenhaus, dessen »Refurbishment« bei der Immobilienmesse mipim 2015 preisgekrönt wurde, dem Schauspielhaus von Bernhard Pfau, das (fast) pünktlich zu seinem 50. Geburtstag wieder im neuen alten Glanz erstrahlt, und dem sogenannten Köbogen 2, manchmal nach seinem Architekten auch »Ingenhoven-Tal« genannt, das nicht nur optisch ein Hingucker ist, sondern auch in puncto klimafreundlichem Bauen Maßstäbe setzt.

25 Jahre Rheinufertunnel; hier mit dem
Schöpfer der Rheinuferpromenade Niklaus Fritschi

Um an dieses Ziel zu gelangen, mussten allerdings vorab eine ganze Reihe von Hürden genommen werden: Der Denkmalschutz wäre hier zu nennen, Urheberrechte des Architekten und natürlich das liebe Geld!

Der eine oder die andere mag sich noch an drei Mäuerchen erinnern, die auf dem alten Gustaf-Gründgens-Platz standen. Diese vermochten zwar die Aufenthaltsqualität dieses Platzes nicht wesentlich zu steigern, waren aber Teil des vom Schöpfer des Schauspielhauses erdachten Gesamtensembles. Sie standen deshalb unter Denkmalschutz, dummerweise aber auch dem geplanten »Köbogen 2« – so der Arbeitstitel des Ingenhoven-Baus – im Weg. Als sich alle Parteien in ihren Positionen so tief eingegraben hatten, dass ein Kompromiss kaum mehr möglich erschien, fand sich eine Lösung, die man mit Fug und Recht als »rheinisch« bezeichnen kann. Man verständigte sich darauf, die Mäuerchen fachgerecht abzutragen und so einzulagern, dass sie originalgetreu wieder aufgebaut werden konnten. Mittlerweile ist der Ingenhoven-Bau fertig; was aus den aufwendig eingelagerten Mäuerchen zwischenzeitlich geworden ist, weiß ich nicht und sehe auch niemanden, der sich gerne daran erinnern mag. Ich vermute, sie haben mittlerweile das Zeitliche gesegnet.

Im Hinblick auf das Grundstück, auf dem das neue Gebäude errichtet werden sollte, stellte sich das Problem, dass das ursprüngliche Erbauer-Konsortium bislang nur einen Teil davon erworben hatte. Fast die Hälfte des Gesamtgrundstückes musste noch von der Stadt gekauft werden.

Die Investoren gingen – vielleicht auch vor dem Hintergrund, dass das »Köbogen 1«-Grundstück zu einem Schnäppchenpreis veräußert worden war – offenbar davon aus, dass dies wohl kein allzu großes Problem sein sollte. Umso erstaunter waren sie, als ich die Kaufverhandlungen mit der Bemerkung eröffnete, ich beabsichtige, die entsprechenden Verhandlungen so zu führen, als gehe es um mein eigenes Grundstück, und anschließend eine Residualwertberechnung präsentierte, die auf der Grundlage nachvollziehbarer Prämissen zu einem Kaufpreis in Höhe von 100 Millionen Euro gelangte. Das war etwa das Dreifache von dem, was sich die Gegenseite vorgestellt hatte. Schlussendlich einigten wir uns auf einen Preis von etwa 70 Millionen Euro, der aus heutiger Sicht zumindest angemessen sein dürfte, wenn man bedenkt, wie sich die Mietzahlungsbereitschaft auch großer Einzelhandelsketten – nicht nur Corona-bedingt – in den letzten Jahren entwickelt hat.

Selbstverständlich kamen mir bei diesen Verhandlungen auch einschlägige Erfahrungen aus meinem früheren Berufsleben zugute. Aus dieser Zeit wusste ich, dass man gerade bei Verhandlungen immer bedenken sollte, dass man sich zumeist zweimal im Leben trifft. Dies traf insbesondere auf meinen damaligen Verhandlungspartner, den Centrum-Geschäftsführer Uwe Reppegather zu, mit dem mich – bei aller Unterschiedlichkeit unserer Persönlichkeiten! – seit dieser Zeit eine auf Respekt und gegenseitiger Wertschätzung beruhende Freundschaft verbindet.

Kultur am Bahnhof

Ein anderes innerstädtisches Gebiet, das dringend einer städtebaulichen Erneuerung bedurfte, war das Areal rund um den Hauptbahnhof.

Neu war dieser Gedanke nicht. Schon in der Zeit von Joachim Erwin gab es diesbezüglich Gespräche zwischen der Stadt und der Deutschen Bahn, die allerdings immer ergebnislos verlaufen waren. Zeit also, einen neuen Anlauf zu nehmen. Denn insbesondere der Bahnhofsvorplatz befand sich in einem Zustand, der nun in der Tat nicht geeignet war, den etwa 150.000 Menschen, die jeden Tag am Düsseldorfer Hauptbahnhof ankommen, einen guten ersten Eindruck der Landeshauptstadt zu verschaffen.

Während der erste »Bahn-Gipfel«, zu dem ich gleich zu Beginn meiner Amtszeit eingeladen hatte, um alle Stadt und Bahn betreffenden relevanten Themen zu adressieren, noch eher etwas von einem Herantasten hatte, kam spätestens dann Schwung in die Angelegenheit, als auch die Deutsche Bahn das Thema erkennbar zur Chefsache gemacht hatte.

Auf Betreiben des damaligen Bahn-Chefs Rüdiger Grube und des späteren Bahn-Vorstands Ronald Pofalla wurde in kurzer Zeit ein Eckpunktepapier entwickelt, das die jeweiligen Zuständigkeiten der Partner festlegte und in einen städtebaulichen Wettbewerb mündete, bei dem jeweils ein Sieger für die Neugestaltung des Bahnhofsvorplatzes und für den Bau eines Hochhauses auf dem Grundstück des ehemaligen Wartesaals gekürt wurde. Mittlerweile hat die Bahn darüber hinaus noch Pläne vorgelegt, wie das Empfangsgebäude aus den 30er-Jahren aufgestockt und umgestaltet werden soll.Naturgemäß wird die Umsetzung dieser

Pläne noch einige Jahre in Anspruch nehmen. Zu hoffen ist allerdings, dass das gewonnene Momentum genutzt und nicht von »Show-Stoppern« wieder zunichtegemacht wird.

Ich denke dabei insbesondere an die Diskussion über einige Bäume auf dem Bahnhofsvorplatz, die nach gegenwärtiger Planung einer Verlegung der Rheinbahn-Schienen und möglicherweise auch der geplanten Tiefgarage für das Hochhaus weichen müssen. Es wäre gewiss wünschenswert, wenn so viele Bäume wie möglich erhalten bleiben können, aber bitte nicht auf Kosten einer Projektverzögerung auf unbestimmte Zeit!

Ein weiteres Projekt, das das Bahnhofsareal nachhaltig aufwerten wird, ist die Neue Zentralbibliothek am Konrad-Adenauer-Platz 1 (KAP 1). Zugegeben: Besonders schön ist das Gebäude nicht. Als es in den 70er-Jahren des letzten Jahrhunderts gebaut wurde, dürfte auch kaum jemand daran gedacht haben, dass hier einmal ein Kulturzentrum entstehen würde. Vielmehr diente es postlogistischen Zwecken und konnte deshalb beispielsweise bis in die erste Etage von schweren Lkw befahren werden. Insofern bedurfte es doch einiger Fantasie, eine vernünftige Anschlussnutzung zu finden, als ein Ende des Mietvertrags mit der Post absehbar war.

Der Vorschlag, der mir Ende 2014 von einem Düsseldorfer Immobilienunternehmen vorgestellt wurde, erschien allerdings vielversprechend. Auf dem dritten und vierten Geschoss könnte auf über 12.000 m² die städtische Zentralbibliothek untergebracht werden, die nach den Schilderungen von Kulturdezernent Hans-Georg Lohe an ihrem gegenwärtigen Standort am Bertha-von-Suttner-Platz aus allen Nähten zu platzen drohte. Darüber hinaus könnte im zweiten Stock das Theatermuseum in etwas abgespeckter Form eines Schaudepots einen neuen Standort finden, was eine möglicherweise einträglichere Nutzung seines bisherigen Standorts im historischen Hofgärtner-Haus ermöglichen würde. Ebenfalls auf der zweiten Etage könnten die Archive diverser Museen sowie die dringend erforderliche Erweiterung des Stadtarchivs untergebracht werden. Und auf der Büroetage im fünften Stock ließe sich das Schulverwaltungsamt mit der vom Amt für Gebäudemanagement übernommenen Bauabteilung unterbringen, was schon insofern wünschenswert erschien, als dieses Amt bislang alles andere als optimal im sogenannten Life Science Center untergebracht war, wo eigentlich Labors und Hightech-Unternehmen hätten angesiedelt werden sollen.

Besonders verlockend erschien das Angebot, der Gebäudeeigentümer, das Versorgungswerk der Zahnärzte, würde das Gebäude grundlegend sanieren und für unsere Zwecke umbauen – und das Ganze zu einer Miete, die letztlich unter 10 Euro pro Quadratmeter liegen sollte.

Also beschlossen wir, das Projekt in Angriff zu nehmen. Es zeigte sich allerdings, dass die eine oder andere Amtsleitung bei der Ermittlung ihres Flächenbedarfs nicht ganz der Versuchung widerstehen konnte, »Wünsch-dir-was« zu spielen. Jedenfalls war ich doch einigermaßen überrascht, was etwa vom Stadtmuseum oder dem Theatermuseum noch alles archiviert werden sollte, wo doch nach meinem Eindruck bereits heute in Düsseldorf Zehntausende von Kostümen in den Fundi von Oper, Schauspielhaus und Theatermuseum einen kaum gewinnbaren Kampf gegen die Motten führen. Und wohl auch manches, was vom Stadtmuseum aufbewahrt wird, dürfte einer kritischen Prüfung nicht standhalten und sich eher für einen groß angelegten »Yard Sale« anbieten. Den Begehrlichkeiten Einhalt geboten werden konnte durch die Entscheidung, auch das Forum Freies Theater (FFT) in das neu zu schaffende Kulturzentrum am KAP 1 zu verlagern. Dadurch eröffnete sich die Möglichkeit, ein in zentraler Lage direkt neben dem historischen Wilhelm-Marx-Haus gelegenes Verwaltungsgebäude, das bislang vom FFT und einem Sammelsurium städtischer Nutzungen höchst suboptimal ausgelastet war, für einen mittleren zweistelligen Millionenbetrag zu veräußern, der dann der Refinanzierung des neuen Kulturzentrums zur Verfügung stehen würde.

Der Beschluss für Umbau und Anmietung des KAP 1 wurde schließlich in der Ratssitzung vom 18. Mai 2017 gefasst. Natürlich gab es zu Beginn des Projekts auch die Überlegung, das Postgebäude abzureißen und an seiner Stelle ein modernes, allen Anforderungen – auch hochgesteckten ästhetischen! – genügendes Kultur- und Verwaltungszentrum zu errichten. Trotz angebotener höherer Geschossflächenzahl stießen wir damit aber bei den Zahnärzten auf taube Ohren. Sie scheuten ganz offensichtlich die aufgrund der Massivität des Gebäudes extrem hohen Abrisskosten und wohl auch die Verlagerung der Rentenkasse, die einen Teil des Gebäudes auch weiterhin mieten wird.

Sei's drum! Ich bin sicher, die neue Zentralbibliothek wird sich großer Beliebtheit erfreuen – allein schon aufgrund ihrer zentralen Lage direkt am Hauptbahnhof. Und vielleicht ja auch aufgrund ihrer etwas außergewöhnlichen äußeren Form.

Ebenfalls zur Aufwertung der Bahnhofsgegend werden insgesamt drei Hotels beitragen, die auf dem Gelände einer ehemaligen Pkw-Verladestation für Urlaubszüge entstanden sind. Ob sie ausgelastet sein werden, darf angesichts eines – gerade durch die Corona-Pandemie und ihre längerfristigen Auswirkungen noch weiter verschärften – Überangebots an Hotelkapazitäten bezweifelt werden. Freilich bestand an dieser Stelle kaum eine andere Möglichkeit einer sinnvollen Bebauung, da sich in dieser Lage »gesunde Wohnverhältnisse« schlechterdings nicht herstellen lassen.

Dafür aber werden hinter dem Bahnhof im »Grand Central« neue Wohnungen in großer Zahl entstehen. Mittlerweile sind die erforderlichen Baugenehmigungen für dieses größte innerstädtische Wohnungsbauprojekt erteilt, und es besteht Anlass zur Hoffnung, dass das auch hier praktizierte Monopoly-Spiel mit Grundstücks-»Share Deals« nunmehr durch konkrete Bautätigkeit abgelöst wird.

Ebenfalls Teil des Bahnhofsareals ist der Worringer Platz, ein sehr verkehrsreicher Platz, an dem sich gleich mehrere Straßen und Straßenbahnlinien kreuzen. Nicht eben schön ist es hier, aber der Ort ist urban und hat definitiv Potenzial.

Bedauerlicherweise hat sich der Platz aber schon seit vielen Jahren zu einem Treffpunkt von Junkies und Drogendealern entwickelt, worunter die Aufenthaltsqualität zusätzlich leidet. Die Aufmöbelung des Platzes vor etlichen Jahren mit grün schimmernden Bänken erwies sich als Fehlschlag. Deren Beseitigung steht entgegen, dass sie mit staatlichen Zuschüssen gefördert wurden, sodass mit ihrer Entfernung eigentlich die damals geleisteten Fördermittel zurückgezahlt werden müssten. Dazu wird es nach einem Gespräch mit Ina Scharrenbach, der zuständigen Landesministerin, aber wohl nicht kommen. Der Neugestaltung des Platzes, die insbesondere seine Übersichtlichkeit verbessern und die Bedeutung der ortsansässigen – sehr guten – Pizzeria aufwerten soll, dürfte somit nichts mehr im Wege stehen.

Nicht auf, sondern unter dem Worringer Platz ist der Ort eines Projektes, das ich sehr gerne während meiner Amtszeit noch realisiert hätte. Hier befindet sich nämlich eine ehemalige Fußgängerunterführung, die in den 90er-Jahren geschlossen wurde, vor ihrer Schließung allerdings noch mit ziemlich spektakulären Graffiti verziert wurde, die jahrzehntelang regelrecht verschollen waren und erst vor drei Jahren im Wege einer Virtual-Reality-Präsentation der Öffentlichkeit wieder zugänglich gemacht wurden. Unterhalb einer belebten Straße könnte dieser Ort wiederbelebt werden als Club oder Kulturstätte, wo man bedenkenlos Krach machen kann, ohne allfällige Klagen von Nachbarn befürchten zu müssen. Insofern wäre es mehr als wünschenswert, diese Unterführung der Off- und Subkultur zugänglich zu machen, die ohnehin über viel zu wenige Spielorte in Düsseldorf verfügt.

Keine Angst
vor Hochhäusern!

Wie dynamisch sich die Stadtentwicklung in Düsseldorf vollzieht, konnte man in den letzten Jahren besonders augenfällig auf den Immobilienmessen mipim in Cannes und Expo Real in München erleben, bei denen die Präsentationen Düsseldorfs während meiner Amtszeit immer zu den beliebtesten Veranstaltungen zählten. Insbesondere an den Eingängen zur Innenstadt verändert sich die Stadt und entstehen markante Hochpunkte, die die Besucher der Landeshauptstadt mit spektakulärer Architektur willkommen heißen.

Auf der Zufahrt vom Flughafen waren die sogenannten Fashion-Häuser buchstäblich aus der Mode gekommen; sie weichen einem modernen Wohnprojekt, das urbanes Flair in die Stadtteile Stockum und Unterrath bringen wird. Und etwas weiter wird man dann mit dem »Horizon«, Sitz der Deutschlandzentrale des Schönheitskonzerns L'Oréal, zur Linken und dem im Bau befindlichen Projekt »Eclipse«, das Sitz der Düsseldorfer Niederlassung der Wirtschaftsprüfungsgesellschaft PWC werden soll, zur Rechten wie von einem modernen Stadttor empfangen, hinter dem sich mit den beiden geplanten Projekten »Twist« und »Gateway« und dem bereits 2009 eröffneten »Sky Office«-Gebäude der Blick auf gleich drei weitere spektakuläre Hochhäuser öffnet.

Kommt man von Essen über die A 52 nach Düsseldorf, tut sich eine ähnliche Silhouette auf. Ganz in der Nähe des markanten Hochhauses der ARAG-Versicherungsgruppe, das vor 20 Jahren von Norman Foster entworfen wurde, soll mit dem »Upper Nord Tower« ein fast ebenso hohes Wohnhochhaus entstehen. Und direkt daneben sind gleich zwei weitere Hochpunkte geplant: der spektakuläre »Ando Tower«, der vom japanischen Stararchitekten Tadao Ando ersonnen wurde und Teil eines großen Konferenzzentrums werden soll, sowie ein weiteres Bürogebäude mit der Bezeichnung »YRDS«. Und auch für das gegenüberliegende Gelände, auf dem sich heute noch ein Hotel befindet, gibt es bereits kühne Hochhauspläne der Centrum-Gruppe.

Auch entlang der Stadtausfahrt nach Süden gibt es bereits eine ganze Reihe konkreter Projekte.

Unmittelbar neben dem vom Düsseldorfer Architekten und heutigen Rektor der Kunstakademie Karl-Heinz Petzinka entworfenen preisgekrönten »Stadttor« stand einst das »Wabengebäude« der Siemens-Hauptverwaltung. Dies ist abgerissen und wird einem Hochhaus weichen, hinter dem dann abgeschirmt vom Straßenlärm Wohnungen gebaut werden können. Etwas weiter südlich entsteht direkt hinter der Bahnlinie ein Gebäudekomplex mit Wohnungen und Büros, dessen grüne Architektur gut mit dem Projekt »Mizal« zusammenpassen wird, das direkt gegenüber als Sitz einer großen Düsseldorfer Werbeagentur entstanden ist.

Weiter stadtauswärts schließt sich ein großes Areal an, das größtenteils der Landeshauptstadt Düsseldorf gehört. Hier soll der Neubau des traditionsreichen Luisen-Gymnasiums entstehen, der angesichts wachsender Schülerzahlen und der beengten Verhältnisse im historischen Altbau erforderlich geworden ist. Das südliche Ende des Grundstücks war lange im Gespräch als Standort für das neue technische Rathaus. Dies wird nun in der Nähe des Bahnhofs gebaut. Ich bin aber sicher, dass auch an dieser exponierten Stelle ein architektonischer »Eyecatcher« seinen Platz finden wird.

Solchermaßen eingerahmt von lärmabsorbierenden Büro-, Schul- und Verwaltungsgebäuden, werden sich im Hinterland ohne Weiteres gesunde Wohnverhältnisse darstellen lassen, so-dass hier in erheblichem Umfang die in Düsseldorf nach wie vor dringend benötigten Wohnungen gebaut werden können. Wün-schenswert wäre es, wenn dies unter der Hoheit der SWD mit Schwerpunkt auf bezahlbarem Wohnraum geschähe.

Auch im Düsseldorfer (Medien-)Hafen wird gegenwärtig ein neues städtebauliches Kapitel aufgeschlagen. Nach einer über 15 Jahre dauernden Planungsphase, die mit der Unterzeichnung der sogenannten Hafenvereinbarung endete (siehe Seite 50), sind mittlerweile die ersten Wohnhochhäuser im Hafengebiet entstanden. Ebenfalls bereits fertiggestellt sind die neue Haupt-verwaltung des Düsseldorfer »Start-up-Unicorns« Trivago sowie das von Stararchitekt Renzo Piano entworfene Projekt »Float«, in das die Hauptverwaltung des Düsseldorfer Energieunterneh-mens Uniper eingezogen ist. Und ganz in der Nähe entsteht mit dem Projekt »The Cradle« ein Bürogebäude, das vom Düsseldor-fer Architekturbüro HPP entworfen wurde, alle Anforderungen an kreislaufwirtschaftliches ökologisches Bauen erfüllt und nicht zuletzt aufgrund seines zukunftsweisenden Mobilitätskon-zeptes bei der Grundstücksvergabe den Zuschlag erhalten hatte.

Nach der Entwicklung des Gebiets rund um den ehemaligen Handelshafen steht nunmehr die Kesselstraße im Fokus der Ent-wicklung. Hier hat es einen städtebaulichen Wettbewerb gege-ben, der die weitere Planung bestimmen wird und als wesentli-ches Element eine ausgedehnte Grünfläche unmittelbar am Hafenbecken vorsieht. Und mit dem Projekt des Kopenhagener Architekturbüros Cobe, das – mit etwas Fantasie – die Anmu-tung eines Segels hat, gibt es auch bereits das erste konkrete Bauvorhaben. Am Eingang zur Kesselstraße direkt am Hafenbe-cken soll der Sitz der Zech-Gruppe gebaut werden, die von hier aus ihre Aktivitäten in ganz Nordrhein-Westfalen steuern möchte. Am anderen Ende der Kesselstraße gibt es ebenfalls ein konkretes Vorhaben, für das bereits Baurecht geschaffen wurde: Die »Pier 1«, ein Projekt des Düsseldorfer Architekten Christoph Ingenhoven, wird von der Kesselstraße ins Wasser hinein gebaut werden und mit filigranen Brückenbauwerken die Verbindungen über zwei Hafenbecken herstellen.

Bisweilen wurden auf den großen Immobilienmessen Projekte vorgestellt, die gar nicht realisiert wurden, aber dennoch eine städtebauliche Entwicklung ausgelöst haben. Bestes Beispiel ist ein kühnes gläsernes Wohnhochhaus, das ebenfalls Christoph Ingenhoven unmittelbar neben dem Rheinturm realisieren wollte und von mir bei der mipim 2017 präsentiert wurde. Die Idee führte vorübergehend zu einer erheblichen Verstimmung zwischen der Landesregierung und der Landeshauptstadt. Sowohl die Ministerpräsidentin, die wohl befürchtete, man könnte aus den oberen Geschossen Einblick in das Geschäftsgebaren der Staatskanzlei im »Stadttor« nehmen, als auch die Landtagspräsidentin, die ihre Ausbaupläne für den Landtag hierdurch gefährdet sah, schrieben mich an und bezogen recht deutlich Stellung gegen das Vorhaben.

Am Ende siegte die Vernunft. Das Projekt wurde nicht realisiert. Stattdessen kam es zu einem Grundstückstausch. Das Land kann nunmehr neben dem Rheinturm die schon lange geplante Erweiterung des Landtags vornehmen. Und das Tauschgrundstück am Rheinufer, auf dem sich früher ein Teil der Mannesmann-Firmenzentrale befand, wurde zu einem durchaus erklecklichen Preis von der Firma alltours erworben, die an dieser Stelle ihre Firmenzentrale sowie Seniorenwohnungen und eine Pflegeeinrichtung errichten wird.

Auch in der Düsseldorfer Innenstadt, im von manchen so genannten »Central Business District«, wird die städtebauliche

Entwicklung weitergehen. Natürlich wird die Corona-Pandemie manches verändern und das eine oder andere Projekt verzögern. Mag sein, dass Homeoffice und mobiles Arbeiten zukünftig auch den Bedarf an Büroflächen reduzieren. Das allerdings dürfte eher ein Problem für sogenannte B-Lagen sein. Die Attraktivität und das daraus resultierende Wachstumspotenzial unserer Stadt sollten davon nicht beeinträchtigt werden. Aus diesem Grunde wäre es nach meiner Überzeugung grundfalsch, in dieser Krise auf diejenigen zu hören, die einem weismachen wollen, Düsseldorf sei im Wesentlichen »fertig gebaut« und an den »Grenzen des Wachstums« angelangt.

Eine Reihe großer Projekte ist bereits angekündigt. Eines davon wird ein Hochhaus aus der Werkstatt des weltberühmten spanischen Architekten Santiago Calatrava sein, das die Centrum-Gruppe errichten möchte: ein kühn geschwungenes Gebäude mit einer Höhe von bis zu 140 Metern in unmittelbarer Nähe zur Johanneskirche und zum Dreischeibenhaus. Ausgehend von diesem Hochpunkt würde sich eine imposante Sichtachse bis zu dem von der Deutschen Bahn neben dem Hauptbahnhof geplanten Hochhaus eröffnen.

Es überrascht nicht, dass sich an einem solchen Projekt die Geister scheiden. Man sollte sich aber nicht davon schrecken lassen, dass dieses Projekt die innerstädtische Skyline Düsseldorfs dramatisch verändern würde. Immerhin waren auch das Dreischeibenhaus oder der ARAG-Tower historisch ohne Beispiel und gehören heute ganz selbstverständlich zu unserer Stadt. Und es gereicht Düsseldorf zur Ehre, dass bedeutende Architekten wie Calatrava sich so intensiv mit ihr auseinandersetzen und den Ehrgeiz entwickeln, hier eine unverwechselbare Landmarke zu setzen.

Dasselbe gilt auch für die Projektentwicklung, die die SIGNA-Gruppe auf dem Areal des ehemaligen Kaufhofs plant. Hier wurde mit Bjarke Ingels ebenfalls ein »Stararchitekt« von internationaler Bedeutung gefunden, der an dieser Stelle eine städtebauliche Markante – die Rede war ursprünglich von einem Hochhaus von bis zu 240 Metern (!) Höhe – setzen möchte, die natürlich auch ein bedeutender Frequenzbringer für die Einkaufsachse des »Rhein-Boulevards« wäre.

Viel Arbeit also für den auf Initiative von Planungsdezernentin Cornelia Zuschke gebildeten Hochhausbeirat. Ich würde mir wünschen, dass er seine Aufgabe vornehmlich darin sieht, die politischen Gremien, die letztlich die Entscheidungen treffen müssen, zu inspirieren, welches städtebauliche Potenzial in Düsseldorf noch gehoben werden kann.

Relaunch für eine Trabantenstadt: Garath 2.0

Ein weiteres städtebaulich ganz anderes, aber deshalb nicht weniger bedeutsames Projekt trägt den Namen Garath 2.0.

Garath bildet gemeinsam mit Hellerhof den Stadtbezirk 10 ganz im Süden von Düsseldorf. Gegründet wurde Garath in den 60er-Jahren noch unter der Ägide von Friedrich Tamms als Trabanten- und Schlafstadt, in der für die seinerzeit stark wachsende Bevölkerung moderner, bezahlbarer Wohnraum geschaffen werden sollte. Ursprünglich geplant war eine Einwohnerzahl von etwa 30.000 mit einem Stadtteilzentrum und vier Nebenzentren, die ganz im technokratischen Stil der Zeit entsprechend ihrer geografischen Lage nach den Himmelsrichtungen von Nord-Ost bis Süd-West benannt waren.

Mittlerweile ist der Stadtteil in die Jahre gekommen. Die Bewohner der ersten Stunde, die in den 60er- und 70er-Jahren als junge Familien in den neuen Stadtteil zogen, sind mittlerweile hochbetagt und leben zumeist allein oder zu zweit in Wohnungen, die für Familien geplant waren und in der Regel nicht barrierefrei zugänglich sind.

Auch das Image von Garath hat in den Jahren seit der Gründung des Stadtteils gelitten. Nicht wenige Düsseldorfer waren noch nie dort, und auf einer Karte, die 2014 von der städtischen Düsseldorf Marketing und Tourismus GmbH herausgegeben und an Besucher der Stadt verteilt wurde, war der Stadtteil noch nicht einmal abgebildet.

Dass Garath in Wahrheit viel besser ist als sein Ruf, merkte ich, als ich den Stadtteil im Wahlkampf 2014 – zugegebenermaßen ebenfalls zum ersten Mal – besuchte. Ich war angetan von diesem grünen Stadtteil und spürte schon damals, wie sehr sich seine Bewohnerinnen und Bewohner mit ihrer Heimat identifizierten. Klar war aber auch, dass der Stadtteil revitalisiert werden musste. Garath brauchte einen »Relaunch«. Und damit war das Projekt Garath 2.0 geboren.

Wir wollten in Düsseldorf zeigen, dass Trabanten- und Schlafstädte, wie sie in Deutschland in den 60er- und 70er-Jahren vielerorts in der Peripherie von Großstädten entstanden und heute nicht selten zu sozialen Brennpunkten geworden sind, mit neuem Leben erfüllt und attraktiv gestaltet werden können. Ziel sollte es sein, Garath gerade auch für junge Menschen, für Familien mit Kindern, wieder attraktiv zu machen. Hierzu war es erforderlich, den öffentlichen Raum neu zu gestalten, öffentliche Einrichtungen zu erneuern bzw. zu sanieren, Verkehrsverbindungen zu verbessern und eine Lösung für die verwaisten Nebenzentren zu finden. Nicht weniger wichtig als die Zielstellung allerdings war das Verfahren. Es sollte nicht über die Köpfe der Garatherinnen und Garather hinweg entschieden werden; vielmehr sollten sie das Schicksal ihres Stadtteils selbst in die Hand nehmen.

Und so nahm eine städtebauliche Erfolgsgeschichte ihren Lauf. In zahlreichen Bürgerversammlungen, Workshops und öffentlichen Präsentationen wurde darüber diskutiert, was diesen Stadtteil ausmacht und wie wir ihn gemeinsam noch attraktiver gestalten könnten. Veränderungen, die kurzfristig umgesetzt werden konnten – sogenannte Startermaßnahmen –, wurden ebenso diskutiert wie städtebauliche Veränderungen, die nur mittel- und langfristig zu realisieren sind. Ein Bürgerbüro wurde eingerichtet, wo Vorschläge eingebracht und diskutiert wurden, die dann – mit eigenem Budget – gegebenenfalls auch sofort umgesetzt werden konnten; in der »Gestaltbar« wurde Stadtplanung anschaulich gemacht, und in einem Kinderparlament durften die Jüngsten ihre Vorstellungen vortragen, die dann beispielsweise Eingang in ein Freiraumkonzept fanden, das ganz wesentlich auch die in die Jahre gekommenen Spielplätze zum Gegenstand hatte. Und als Ausdruck des neuen Garather Selbstbewusstseins wurde ein Hochglanz-Fotoband aufgelegt, in dem die Vielfalt des Stadtteils und seiner Bewohner aufwendig fotografisch dokumentiert ist.

Garath 2.0 hat bereits heute im Stadtteil Spuren hinterlassen. Zum ersten Mal in seiner Geschichte kann man in Garath beispielsweise Abitur machen, und zwar in der grundlegend sanierten und erweiterten Gesamtschule an der Stettiner Straße.

Und nicht nur Spielplätze wurden neu gestaltet. Garath ist auch der Ort der ersten Parcouring-Anlage unserer Stadt, die viele Anhänger dieser Trendsportart in den Düsseldorfer Süden lockt. Eine in die Jahre gekommene Jugendfreizeiteinrichtung wurde neu gebaut, und die beliebte Kultur- und Freizeitstätte wird auf den neuesten Stand gebracht.

Im Nebenzentrum Süd-West ist auf einem ehemaligen Kirchengrundstück ein neues Pflegeheim der Caritas entstanden, und im ehemaligen Nebenzentrum Süd-Ost sorgt ein neu errichtetes Familienzentrum von SOS Kinderdörfer für ein lebendiges Miteinander der Generationen. Und schon seit etlichen Jahren verbindet eine Buslinie Garath mit der Heinrich-Heine-Universität.

Aber es bleibt auch noch einiges zu tun. Gerade der Wohnungsbau kann ganz maßgeblich zur Revitalisierung beitragen, und zwar insbesondere dergestalt, dass innerhalb der bestehenden Siedlungsstruktur barrierefreie Wohnungen für die betagten »Alt-Garather« neu errichtet werden und die hierdurch frei werdenden Wohnungen – gegebenenfalls nach Sanierung und Umbau – wieder für Familien zur Verfügung stehen.

Und wer weiß, vielleicht leben dann ja doch einmal, wie es ursprünglich geplant war, 30.000 Menschen in einem lebendigen und bunten Stadtteil im Süden Düsseldorfs.

Der Blau-grüne Ring

Das städtebauliche Projekt mit der wohl sowohl zeitlich wie inhaltlich weitreichendsten Perspektive ist der sogenannte Blaugrüne Ring. Kurz zusammengefasst, geht es bei diesem Projekt darum, die städtebaulichen Beziehungen zwischen dem Rhein und den historisch gewachsenen Düsseldorfer Parkanlagen sichtbar zu machen und, wo nötig, wiederherzustellen. Diese Park- und Flusslandschaft erstreckt sich vom Hofgarten über den Kögraben, durch die Parks und Seen rund um Kaiserteich, Schwanenspiegel und Spee'schen Graben bis hin zum Rhein; die meisten bedeutenden kulturellen Einrichtungen befinden sich entlang dieses »blau-grünen Rings«.

Das Projekt war in den Jahren 2017 und 2018 Gegenstand einer sehr breiten Bürgerbeteiligung, die in einen städtebaulichen und landschaftsplanerischen Wettbewerb mündete, an dem sich über 60 internationale Büros beteiligten. Die Ergebnisse dieses

Wettbewerbs, insbesondere die Preisträger-Entwürfe, werden der Düsseldorfer Stadtplanung mit Sicherheit noch über sehr viele Jahre gute Ideen und »Food for Thought« liefern.

Manches aus dem Siegerentwurf, wie etwa ein ziemlich spektakulärer begehbarer Ring im Rhein unmittelbar vor den Rheinterrassen, wird mit hoher Wahrscheinlichkeit nie realisiert werden. Andere Ideen werden allenfalls in stark modifizierter Form umgesetzt werden. Was die Bereiche rund um den Schwanenspiegel und Spee'schen Graben angeht, wird die städtebauliche Entwicklung wohl nur gemeinsam mit der Landesregierung geplant werden können, da sich diese Areale in besonderer Weise für ein Regierungsviertel anbieten.

Auch wenn hier naturgemäß in längeren Zeiträumen gedacht werden muss, zeichnen sich beim Regierungsviertel, das von verschiedenen Landesregierungen eher mit spitzen Fingern angefasst wurde, doch mittlerweile zumindest einige konkrete Entwicklungen ab. So wird auf dem Gelände des ehemaligen Innenministeriums ein Neubau für die NRW Bank und das Finanzministerium ins Auge gefasst, und auch das Umweltministerium, dessen gegenwärtig angemietetes Gebäude am Kennedydamm ja dem Projekt »Gateway« weichen muss, könnte in diesem Bereich seinen Sitz finden. Umgekehrt bietet der momentane Standort des Finanzministeriums am Hofgarten gegenüber dem historischen Hofgärtnerhaus gerade unter dem Gesichtspunkt des »Blau-grünen Rings« mittelfristig ebenfalls durchaus interessante Entwicklungsperspektiven.

Einige Früchte des Wettbewerbs hängen so niedrig, dass sie zügig geerntet werden sollten. Dies gilt vor allem für die Verlängerung der Rheinuferpromenade. Der entsprechende Entwurf des Schöpfers der Rheinuferpromenade, Niklaus Fritschi, gehört zu den Wettbewerbssiegern und könnte sofort umgesetzt werden. Dabei ließen sich gleich mehrere Fliegen mit einer Klappe

schlagen. Einmal abgesehen davon, dass eine gefährliche Eng-
stelle auf dem ungeteilten Bürgersteig und Radweg unterhalb der
Oberkasseler Brücke beseitigt würde, ließe sich auf zwei Parkebe-
nen unter der Promenade das notorische Parkplatzproblem der
Tonhalle ebenso lösen wie das Taxi-Chaos in der Altstadt. An der
Ausfahrt der Parkebene könnte ein zentraler Taxihalt geschaffen
werden, der mit einem – bis dahin wohl autonom gesteuerten –
Pendelbus direkt von der Altstadt angefahren werden könnte.

Und auf der verlängerten Rheinuferpromenade würde auch
ein leistungsfähiger Fahrradweg seinen Ausgang nehmen, der
nach Norden hin bis zur Messe und zur Arena befestigt und ausgebaut werden könnte.

Ebenfalls recht zeitnah umgesetzt werden sollte die Neugestaltung des Areals zwischen Ehrenhof und Kunstakademie, das
gegenwärtig von der Rampe der Oberkasseler Brücke und zwei
Zufahrtstraßen geteilt wird. Hier liefern die Entwürfe auf Platz 1
und 2 des Wettbewerbs wertvolle Impulse. Durch den Rückbau
der beiden Zufahrtsstraßen zur Brücke ließe sich die Fläche des
Hofgartens erweitern und vor der Kunstakademie eine Wasser-
fläche realisieren, die an das zur Zeit des Baus der Akademie dort
befindliche Hafenbecken erinnert. Der schmale Durchgang
unter der Brücke von heute ließe sie sich durch einen breiten
und hellen Durchgang unterhalb der Rampe ersetzen, der durch
eine durchgängige Einebnung der Flächen auf das Niveau des
Ehrenhofs und der Fläche unmittelbar vor der Kunstakademie
auch eine hinreichende Höhe bekäme. Und gegenüber dem
heutigen NRW-Forum wird hoffentlich recht bald das Deutsche
Foto-Institut entstehen, für das eine Initiative um den Düsseldorfer Fotokünstler Andreas Gursky ein überzeugendes Konzept
entwickelt hat und die einschlägigen Parlamentsausschüsse von
Bund und Land bereits die stolze Summe von 83 Millionen Euro
bereitgestellt haben.

Eine neue Oper, aber wie?

Ebenfalls in den Kontext des Projekts Blau-grüner Ring gehört die Diskussion um den Neubau einer Oper. Dabei geht es nach meiner Einschätzung weniger um die Standortfrage.

So originell etwa der Vorschlag eines Opernhauses am südlichen Ende des Rheinparks oder im Hafen auf den ersten Blick erscheinen mag, glaube ich kaum, dass sich eine Mehrheit im Düsseldorfer Stadtrat die Oper irgendwo anders als an ihrem gegenwärtigen Standort am Hofgarten und am nördlichen Ende der Königsallee vorstellen kann. Auch die Frage Neubau oder Sanierung wird man angesichts der jahrzehntelangen und letztlich immer wieder vergeblichen Reparaturgeschichte kaum zugunsten der Sanierung des Bestandsbaus entscheiden können. Die Frage allerdings ist, unter welchen Voraussetzungen ein Neubau von einer breiten Mehrheit getragen werden kann.

Bei dieser Diskussion darf aus meiner Sicht nicht unberücksichtigt bleiben, dass das Angebot der Deutschen Oper am Rhein und des Balletts am Rhein von einer vergleichsweise kleinen – und im Allgemeinen durchaus gut situierten – Minderheit der Stadtgesellschaft in Anspruch genommen und gegenwärtig zu über 90 % aus allgemeinen Haushaltsmitteln subventioniert wird. Einfach eine neue Oper zu bauen und ansonsten alles zu lassen, wie es ist, dürfte sich vor diesem Hintergrund verbieten.

Vielmehr sollten bereits beim Bau alle Möglichkeiten für eine Kostenreduzierung genutzt werden. Dies bezieht sich zum einen auf die Ausstattung, bei der unter allen Umständen ein »Wünsch-dir-was«-Verfahren vermieden werden sollte. Eine Studiobühne, von der der eine oder die andere Opernaficionado/a träumt, scheint angesichts der beachtlichen Bühnendichte in Düsseldorf ohne Weiteres verzichtbar. Und auch die Ausstattung mit zwei

Seitenbühnen sollte gründlich hinterfragt werden; immerhin hat auch beim Bühnenbild mittlerweile die Digitalisierung Einzug gehalten, wie das Beispiel der – höchst erfolgreichen – Zauberflöten-Inszenierung in den letzten Spielzeiten gezeigt hat. Aber auch etwa dadurch, dass ein Teil des Operngrundstücks für kommerzielle Zwecke, etwa für Wohnungen, Büros oder ein Hotel genutzt wird, ließe sich der finanzielle Aufwand begrenzen. Und schließlich sollte bei der architektonischen Gestaltung des Gebäudes sorgsam darauf geachtet werden, dass es in dem Sinne »demokratisch« ist, dass nicht nur Opernbesucher sich von ihm willkommen geheißen fühlen. Die Oper in Oslo oder die Elbphilharmonie in Hamburg können insoweit als Vorbilder dienen.

Eine Ratsmehrheit für den Neubau einer Oper ließe sich wohl auch dadurch leichter überzeugen, dass Synergien zwischen Oper und Schauspielhaus im nichtkünstlerischen Bereich – etwa in der Bühnentechnik, bei der Herstellung und Aufbewahrung von Kostümen, bei Werbung und Vertrieb etc. – in wesentlich größerem Umfang realisiert werden, als dies gegenwärtig der Fall ist.

Und last but not least könnte der Neubau einer Oper ja auch mit einer grundlegenden Reform des Opernbetriebs in der gesamten Region verknüpft werden. Insgesamt 15 (!) Opernhäuser gibt es allein in Nordrhein-Westfalen. Dies ist ein Angebot, das die Nachfrage schon heute deutlich übersteigt. Die Folge sind immer höhere Subventionen, die zu einem immer höheren Anteil nicht in die Produktion neuer Inszenierungen, sondern in die »Verwaltung« des Theaterbetriebs fließen. Vor diesem Hintergrund sollten alle Möglichkeiten genutzt werden, durch organisatorische Zusammenschlüsse und gemeinsame Produktionen Kosten zu senken, ohne dass dies zulasten der Qualität geht. Warum sollte es nicht möglich sein, das Erfolgsrezept der Opernehe zwischen Düsseldorf und Duisburg auf das Musiktheater im gesamten Rheinland auszudehnen?

Kulturmetropole und Sportstadt

Es bröckelt hinter der Fassade

Düsseldorf hat zu Recht den Ruf, eine Kulturmetropole zu sein. Die bildende Kunst ist mit der Kunstakademie, der Kunstsammlung des Landes – K 20 und K 21 – und dem städtischen Kunstpalast, der Kunsthalle und zahlreichen Galerien prominent vertreten. Die Deutsche Oper am Rhein hat in den letzten Jahren insbesondere mit ihrem Ballett national und international für Aufsehen und gute Kritiken gesorgt. Das Schauspielhaus, das nach dem Krieg von Gustaf Gründgens geführt wurde, zählt traditionell zu den bedeutenden deutschsprachigen Theatern des ernsten Genres; und Boulevard wird in Düsseldorf in mehreren Privattheatern gespielt. Mit den Düsseldorfer Symphonikern verfügt die Stadt über ein A-Orchester, das in der Oper und im Düsseldorfer Konzerthaus, der Tonhalle, auftritt.

Zahlreiche Museen und Institute decken eine breite Palette ab – von der Literatur, über Glas und Keramik, Naturkunde und Stadtgeschichte bis hin zu Theater und Film. Und auch die Jugend-, Off- und Subkultur wird in Düsseldorf von einer ganzen Reihe von Einrichtungen und Festivals bedient.

Das ist eine bemerkenswerte kulturelle Vielfalt auf beachtlichem Niveau für eine Stadt mit gerade einmal 650.000 Einwohnern! Und der Stadt war dies auch immer schon einiges wert: In den Düsseldorfer Kulturbetrieb fließt Jahr für Jahr die stolze Summe von etwa 130 bis 150 Millionen Euro.

Bei genauerem Hinsehen allerdings bröckelte hinter dieser schönen Fassade bereits an vielen Stellen der Putz, als ich im Herbst 2014 mein Amt antrat.

Symptomatisch war die Situation am Schauspielhaus: Unter der glücklosen Intendanz von Staffan Holm war die Besucherzahl deutlich zurückgegangen. Und sein kommissarischer Nachfolger Manfred Weber musste ebenfalls seinen Hut nehmen, nachdem ein zweistelliges Millionendefizit ans Licht kam, das den Aufsehern der Gesellschafter von Stadt und Land bis dahin offenbar verborgen geblieben war. Als Nachfolger fand sich schließlich – wenn auch nur übergangsweise – Günther Beelitz, der das Haus bereits über 40 Jahre zuvor geleitet hatte und dem es gemeinsam mit seinem kaufmännischen Geschäftsführer Alexander von Maravic gelang, das Schauspielhaus wieder in ruhigere Gewässer zu führen.

Auch in der Tonhalle stand ein Wechsel an, da der Vertrag mit dem Generalmusikdirektor der Düsseldorfer Sinfoniker André Boreiko nicht verlängert werden sollte, wohl auch deshalb, weil er in den fünf Jahren seiner Amtszeit mit Düsseldorf und dem Orchester immer ein wenig gefremdelt hatte. Und der Intendant des Hauses, Michael Becker, schien bei meinem Vorgänger in Ungnade gefallen zu sein, nachdem er für eine »unabgestimmte« Äußerung im Kulturausschuss angeblich abgemahnt worden war.

Wie es mit dem NRW-Forum – einer beliebten Ausstellungsstätte für Mode, Fotografie und Design – weitergehen sollte, war ebenfalls unklar, nachdem die Landesregierung ihren finanziellen Beitrag gekündigt und die bisherigen Leiter Werner Lippert und Petra Wenzel ihren Abschied angekündigt hatten.

Auch im Kunstpalast standen schwierige Zeiten bevor. Zum einen deshalb, weil das Energieunternehmen E.ON als bisheriger Partner in der »Private-Public-Partnership« der Stiftung vor dem Hintergrund einer verschärften Wettbewerbssituation im Energiemarkt angekündigt hatte, die dem Museum bislang gewährte großzügige Förderung zu überprüfen. Außerdem machte dem Kunstpalast ein Rechtsstreit zu schaffen, in dem es darum ging, wer für die Schäden einer mangelhaften Dachreparatur zu haften habe. Solange dieser Rechtsstreit andauerte, konnte ein Gebäudeflügel der Sammlung nicht genutzt werden und teilte damit das Schicksal des ebenfalls am Ehrenhof gelegenen Restaurierungszentrums, das bereits seit etlichen Jahren aufgrund statischer Mängel trotz erfolgter Renovierung nicht eröffnet werden durfte.

Überhaupt waren die Kulturbauten der Stadt in einem teilweise erbarmungswürdigen Zustand. Das Düsseldorfer Opernhaus beispielsweise, das nach angeblich grundlegender Sanierung im Jahre 2006 seine Tore wieder geöffnet hatte, war schon wieder ein Sanierungsfall und wies Baumängel auf, die bisweilen einen ordentlichen Opernbetrieb nicht mehr zuließen. Das Schauspielhaus war in die Jahre gekommen und hinterließ schon rein optisch einen – wie es der Architekt und spätere Sanierer Christoph Ingenhoven einmal ausdrückte – »lieblos-verwahrlosten« Eindruck. Nicht viel besser stand es um das Tanzhaus NRW, das in einem ehemaligen Rheinbahndepot untergebracht ist, das bereits seit Jahren eine ganze Reihe von gravierenden Mängeln aufwies.

Auch die Gebäude der städtischen Museen und Institute hatten mittlerweile einen erheblichen Sanierungsbedarf. Das Löbbecke Museum mit dem Aqua-Zoo war bereits seit 2013 geschlossen. Hier hatte sich die Stadt aus Kostengründen dazu entschieden, nicht dem »Vermächtnis« Joachim Erwins zu folgen und an seiner Stelle ein »Aquarium mit internationalem Anspruch« zu errichten. Vielmehr beschränkte man sich auf die angeblich nötigsten Sanierungsmaßnahmen und setzte hierfür auch noch den billigsten Bieter ein, was sich im Nachhinein als verhängnisvoller Fehler herausstellen sollte.

Im Hofgärtnerhaus, in dem das Theatermuseum untergebracht war, musste das Dach dringend saniert werden, und im Schloss Jägerhof, dem Sitz des Goethe-Museums, bedrohte der feuchte Keller den dort bislang gelagerten Schatz der Handschriften und Erstausgaben, die die Familie Kippenberg in den 50-Jahren der Stadt vermacht hatte. Und die alles andere als schöne Stahltreppe, die den vom Brandschutz geforderten zweiten Rettungsweg darstellte, verkörperte vielleicht besonders augenfällig das »Fix and Repair«-Modell, mit dem bis dahin marode Kulturbauten mehr geflickt als saniert wurden.

Auch zeichnete sich die Kulturmetropole bei genauem Hinsehen nicht gerade durch eine besondere Lebendigkeit aus. Inhalt und Organisationsstruktur der wesentlichen Kultureinrichtungen der Stadt hatte sich in den letzten 20 Jahren so gut wie nicht verändert.

Die Beziehung von Kunstakademie und Kunstsammlung zur Stadt reflektierte das höchst distanzierte Verhältnis, das bis dahin generell zwischen Land und Landeshauptstadt gepflegt wurde. Aber auch von einem gemeinsamen Auftritt der städtischen Kultureinrichtungen war wenig zu spüren. Im Gegenteil: Man hatte den Eindruck, Ziel des Führungspersonals sei primär die Sicherung der eigenen Unabhängigkeit. Lediglich wenn es darum ging, mehr Geld für den Kulturetat generell zu mobilisieren, machte man gelegentlich gemeinsame Sache. Ansonsten galt der archimedische Grundsatz: »Noli turbare circulos meos!«

Es gab also jede Menge zu tun. Dabei hatte ich insbesondere zwei Ziele. Zum einen sollten die in die Jahre gekommenen Kulturbauten nachhaltig in dem Sinne saniert werden, dass nicht allein die offenkundigsten Mängel notdürftig repariert und die Anforderungen von Brandschutz und Barrierefreiheit erfüllt würden. Vielmehr sollten diese Gebäude sowohl optisch wie funktional allen Anforderungen an einen attraktiven zeitgemäßen Kulturbetrieb genügen. Es sollten Kulturstätten entstehen, in denen sich Kulturschaffende und Kulturkonsumenten gleichermaßen wohlfühlen.

Und verbunden werden sollten diese Investitionen in die kulturelle Infrastruktur mit strukturellen und organisatorischen Veränderungen, die auf die Strahlkraft der einzelnen Einrichtungen, vor allem der Kulturmetropole insgesamt, einzahlen sollten.

Schluss mit
»Fix and Repair«

Bei der Sanierung der kulturellen Infrastruktur erwiesen sich insbesondere glückliche Personalentscheidungen als sehr hilfreich.

Eine davon war Wilfried Schulz als neuer Intendant des Düsseldorfer Schauspielhauses. Dieser war zwar häufig kein einfacher Verhandlungspartner, und auch unsere in breiter Öffentlichkeit ausgetragene Auseinandersetzung im Zusammenhang mit der mir – fälschlicherweise! – unterstellten Absicht, das Schauspielhaus »abreißen« zu wollen, hat unser persönliches Verhältnis zumindest eine Zeit lang ein wenig belastet. Nie gezweifelt aber habe ich an den außergewöhnlichen kulturunternehmerischen Fähigkeiten des neuen Intendanten. Ihm ist es ganz wesentlich zu verdanken, dass das Schauspielhaus heute wieder im neuen alten Glanz erstrahlt und gemeinsam mit dem Dreischeibenhaus und dem Ingenhoven-Tal Teil eines großartigen städtebaulichen Ensembles am Gustaf-Gründgens-Platz ist.

Schulz drängte von Anfang an darauf, dass es allein bei einer Sanierung der technischen Gebäudeausrüstung in zweistelliger Millionenhöhe nicht bleiben dürfe, sondern auch etwas für die äußere Optik des Gebäudes getan werden müsse. Imponierend war, wie er die Sanierung des Schauspielhauses zu seiner Sache machte, mit Christoph Ingenhoven, Patrick Schwarz-Schütte und seiner kaufmännische Geschäftsführerin Claudia Schmitz leidenschaftliche Mitstreiter fand und von seinem Publikum Spenden im siebenstelligen Bereich einsammelte.

Neben dieser Eigenschaft als vorbildlicher Kulturunternehmer ist Schulz aber vor allem ein großartiger Theaterintendant, dem es gelungen ist, ausgerechnet in der Zeit der Schließung »seines« Hauses die Ersatzspielstätte »Central« am Hauptbahnhof zu einem beliebten und erfolgreichen Treffpunkt des theateraffinen Düsseldorfer Bürgertums zu machen und gleichzeitig das Theater mit Zirkuszelten und »To-Go«-Formaten in die ganze Stadt zu bringen.

Ebenfalls als Glücksgriff erwies sich die Berufung von Felix Krämer an die Spitze der Stiftung Museum Kunstpalast. Er legte, nicht nur was die Anzahl der unter seiner Ägide im Kunstpalast stattfindenden Ausstellungen angeht, eine beeindruckende Schlagzahl an den Tag; auch inhaltlich sind diese Ausstellungen außergewöhnlich, ja manchmal geradezu spektakulär. Und sie bestätigen das, was er der Findungskommission vor seiner Berufung in Aussicht stellte, nämlich dass er dafür sorgen werde, dass Ausstellungen im Kunstpalast unter seiner Leitung nicht »langweilig« sein würden.

Sei es die Sportwagen-Ausstellung »PS – ich liebe dich«, sei es die Mode-Ausstellung über Pierre Cardin, sei es die grandiose Ausstellung über das fotografische Lebenswerk von Peter Lindbergh, um nur drei Beispiele zu nennen: Jede diese Ausstellungen brachte die Kulturmetropole Düsseldorf in die nationalen und internationalen Schlagzeilen und dem Kunstpalast eine Vielzahl von Besuchern, die man in Kunstmuseen ansonsten nicht gerade antrifft.

Auch beim Internetauftritt hat das Museum unter Krämers Führung und mit Unterstützung der Firma Ergo, die nicht nur räumlicher Nachbar, sondern neuerdings auch großzügiger Sponsor der Einrichtung ist, einen regelrechten Quantensprung gemacht. Ein besonderes Angebot gibt es dabei für Kinder, die als Besucher angesprochen werden und sogar für die Ausstel-

lung »Die Kleine« eigene Werke im Kunstpalast präsentieren
können.

Mit der Integration des NRW-Forums in den Kunstpalast hat
Krämer zudem gezeigt, dass die organisatorische Zusammenlegung von Kultureinrichtungen keineswegs eine Verwässerung
des jeweiligen künstlerischen Profils zur Folge hat. Alain Bieber,
der ebenfalls in meiner Amtszeit berufen wurde und das Forum
weiterhin künstlerisch leitet, spricht jedenfalls weiter sein digital
affines junges Publikum an, und vieles spricht dafür, dass eine
derartige »2-Marken-Strategie« sich unter einheitlicher Führung
sogar einfacher realisieren lässt als in zwei unabhängigen Organisationen.

Bei so viel Einsatz, Ideenreichtum und Fantasie überrascht es
nicht, dass der Rat auch bei zwei großen Investitionsprojekten
den Vorschlägen des Kunstpalast-Generalintendanten folgte. So
bewilligte der Rat insgesamt über 8 Millionen Euro für den Erwerb einer Fotosammlung, die nunmehr sukzessive in mehreren
Einzelausstellungen dem Publikum zugänglich gemacht werden
soll. Noch wichtiger für die Entwicklung des Kunstpalasts aber
sind die insgesamt fast 40 Millionen Euro, die der Rat für die
grundlegende Sanierung und Modernisierung des gesamten
Kunstpalast-Gebäudekomplexes am Ehrenhof bewilligt hat. Ich
bin sicher, diese Maßnahme, die der Kunstpalast in eigener
Regie durchführt, wird die Bedeutung und Attraktivität dieses
Museums nachhaltig steigern. Und zugleich machen wir damit
den ersten Schritt bei der Umsetzung der vielfältigen städtebaulichen Veränderungen, die im Zuge des Projekts »Blau-grüner
Ring« realisiert werden.

Unter die glücklichen Personalentscheidungen fällt sicher
auch die Berufung von Adam Fischer als Principal Conductor der
Düsseldorfer Symphoniker. Nicht nur viele preisgekrönte Auf-
nahmen sind unter seinem Dirigat entstanden. Auch mit dem

Menschenrechtspreis, der auf seine Initiative – natürlich im Rahmen eines großen Konzertes – an verdiente Individuen und Organisationen verliehen wird, setzt Düsseldorf nun Jahr für Jahr ein nicht nur kulturelles Ausrufezeichen.

Eine grundlegende Sanierung der Tonhalle dürfte aber noch ein wenig auf sich warten lassen. Diese sollte sinnvollerweise im Zuge der weiteren Umsetzung des Projektes »Blau-grüner Ring« erfolgen, dann aber nicht nach der »Fix and Repair«-Methode der Vergangenheit, sondern als »großer Wurf«, bei dem auch an eine Neugestaltung des Daches gedacht werden sollte, von dem aus man einen atemberaubenden Blick auf die Düsseldorfer Rheinfront hat.

Andere Kultureinrichtungen werden schon demnächst in neuen, neu gestalteten oder erweiterten Räumlichkeiten ihre Angebote machen können.

Das Forum Freies Theater (FFT) erhält im neuen Kulturzentrum am Konrad-Adenauer-Platz 1 eine moderne und attraktive Spielstätte mit Haupt- und Probebühnen. Am selben Standort wird das Theatermuseum gewiss ebenfalls von der hohen Besucherfrequenz der neuen Stadtbibliothek profitieren können. Und auch im Tanzhaus NRW ist Schluss mit notdürftigem Herumflicken. Es wird mit einer Investitionssumme von fast 20 Millionen Euro grundlegend modernisiert und erweitert.

Der höchste Betrag für die Sanierung von Kulturbauten entfällt auf das Schloss Benrath mit dem »Corps de Logis« und den Museen für Naturkunde und Europäische Gartenkunst. Insgesamt 60 Millionen Euro wurden für die nächsten zehn Jahre bewilligt, die Bund, Land und Stadt zu gleichen Teilen aufbringen werden. Einen maßgeblichen Anteil hieran hatte der sozialdemokratische Bundestagsabgeordnete Andreas Rimkus, der seinen Obmann im Haushaltsausschuss davon überzeugen konnte, die Bundesmittel – natürlich mit der Auflage einer entsprechenden Kofinanzierung von Stadt und Land – »schon mal« zu etatisieren. Glücklicherweise ließ sich auch das Land überzeugen, wobei das Argument, dass eine Landesregierung an diesem repräsentativen Ort vor einem halben Jahrhundert schon einmal die Queen of England empfangen hatte, womöglich keine ganz unwesentliche Rolle gespielt hat. Und der städtische Anteil war schon insofern ein lösbares Problem, als ohnehin für Schloss Benrath pro Jahr 1 Million Euro für allfällige Reparaturmaßnahmen veranschlagt war.

Unter den neuen kulturellen Einrichtungen, die in den letzten sechs Jahren entstanden sind, ist an erster Stelle das Schumann-Haus zu nennen. Das historische Wohnhaus der Familie von Robert und Clara Schumann auf der Bilker Straße wird aufwendig saniert, um dann der breiten Öffentlichkeit als Museum und Erinnerungsort zugänglich zu sein. Sehr hilfreich war hierbei die Großzügigkeit von acht Düsseldorfer Bürgern, die dieses Projekt durch einen hohen sechsstelligen Betrag mit ermöglicht haben.

Die Zero Stiftung, die vor rund zehn Jahren gemeinsam von der Stadt und den Zero-Künstlern gegründet wurde, hat ebenfalls einen neuen Standort gefunden, und zwar – sehr angemessen – im ehemaligen Atelier von Otto Piene auf der Hüttenstraße. Und im Malkastenpark werden die ziemlich verfallenen Annexbauten dank der großzügigen Unterstützung der Gerda-Henkel-Stiftung und Zuwendungen von Stadt und Land durch moderne Ausstellungsflächen für den dort ansässigen Künstlerverein ersetzt. Am Rheinufer schließlich wird im sogenannten Behrens-Bau, der ehemaligen Zentrale des Mannesmann-Konzerns, das Museum der Geschichte des Landes Nordrhein-Westfalen entstehen.

Mehr Demokratie und Strahlkraft wagen!

Ohne Zweifel haben glückliche Personalentscheidungen, große Investitionen in die kulturelle Infrastruktur und eine ganze Reihe von neuen Einrichtungen die Kulturmetropole in den letzten Jahren deutlich aufgewertet. Nichtsdestoweniger hätte ich mir gewünscht, dass damit auch etwas weiter reichende strukturelle Veränderungen einhergegangen wären.

Mit der Initiative »Straße der Romantik und Revolution« wurden immerhin Synergien zwischen dem Schumann-Haus und dem gegenüberliegenden Heinrich-Heine-Institut auf der Bilker Straße geschaffen. Noch besser wäre meines Erachtens eine Lösung gewesen, bei der im hinteren Bereich des Schumann-Grundstücks ein modernes Archiv hätte geschaffen werden können, in dem der gesamte sprach- und musikliterarische Schatz der Landeshauptstadt Düsseldorf – Heine und Schumann ebenso wie die Goethe-Hinterlassenschaften der Kippenberg-Stiftung – in einer modernen, archivarischen und wissenschaftlichen Anforderungen gleichermaßen entsprechenden Art und Weise hätte aufbewahrt werden können. Und die benachbarten Gebäude des Palais Wittgenstein, unter Umständen auch des gegenwärtigen Institut Français, hätten dann als Räumlichkeiten für Ausstellungen und wissenschaftliche Forschung genutzt werden können.

Das war dann aber wohl doch zu kühn gedacht. Vordergründig scheiterte der Plan an langfristigen Mietverträgen auf dem Schumann-Grundstück, im Wesentlichen aber am Beharrungsvermögen kultureller Einrichtungen, die seit einem halben Jahrhundert mehr oder weniger dieselben geblieben sind.

Die Integration des NRW-Forums in den Kunstpalast hat gezeigt, dass eine Organisationsreform unter einheitlicher Führung keineswegs zu einem Verlust kultureller Vielfalt führt. Vorbilder andernorts zeigen dies ebenfalls deutlich; so wird man den 15 Museen der staatlichen Kunstsammlungen im Freistaat Sachsen kaum nachsagen können, sie hätten nicht jedes für sich sein eigenes Profil.

Aus diesem Grunde sollte in diese Richtung weitergedacht werden. Dabei geht es nicht primär um das Heben betriebswirtschaftlicher Synergien. Vielmehr ließen sich so auch Schwerpunkte setzen, die aus gesamtstädtischer Sicht wünschenswert sind. Bei einer Museumspolitik aus einer Hand hätte etwa die Düsseldorfer Kunsthalle im Jahre ihres 50-jährigen Bestehens wohl einen höheren Etat verausgaben können, als es ihr im Ergebnis eines Wettbewerbs aller Einrichtungen um knappe Haushaltmittel tatsächlich möglich war. Und auch den Kultureinrichtungen, die – unter verschiedenen Blickwinkeln – die Geschichte unserer Stadt zum Gegenstand haben, also dem Stadtmuseum, dem Schifffahrtsmuseum, der Mahn- und Gedenkstätte und dem Stadtarchiv, täte eine engere Zusammenarbeit gut.

Als wenig effektiv hingegen hat sich der von der Kulturverwaltung eingeschlagene Weg einer Zusammenlegung von Verwaltungsfunktionen unterhalb der Museumsleitung erwiesen. Wie die bislang damit gemachten Erfahrungen zeigen, gelingt es hierdurch noch nicht einmal, die beabsichtigten Kosteneinsparungen zu realisieren.

Zu Beginn meiner Amtszeit hatte ich einmal geäußert, ich wünschte mir einen offenen Diskurs innerhalb der Kultur – also der Kulturschaffenden, der Kulturverwaltung und der Kulturkonsumenten –, nach welchen Kriterien öffentliche Gelder in den Kulturbetrieb fließen sollten. Wirklich geführt wurde diese Diskussion nicht, und auch bei der Debatte über den Kulturentwicklungsplan in den Jahren 2015–2017 wurde diese Frage allenfalls am Rande angesprochen.

Ich bin auch heute noch der Auffassung, dass maßgeblich für diese Frage zum einen der Gesichtspunkt sein sollte, wie viele Menschen das entsprechende kulturelle Angebot tatsächlich in Anspruch nehmen, und zum anderen, inwieweit das Angebot auf die Strahlkraft der Kulturmetropole Düsseldorf einzahlt, also inwieweit es jenseits unserer Stadtgrenzen wahrgenommen und wertgeschätzt wird.

Betrachtet man die Verteilung des Kuluretats, liegt die Vermutung nahe, dass diese Erwägungen aktuell eine allenfalls untergeordnete Rolle spielen. Den Löwenanteil des Kulturetats beanspruchen die Einrichtungen der Hochkultur, also Theater, Oper, Tonhalle und Kunstpalast. Dann folgen Einrichtungen wie der Aquazoo, die Kunsthalle, das Tanzhaus, das FFT sowie die städtischen Museen und Institute. Und am Ende der Nahrungskette stehen die Angebote der freien Szene und – sofern sie überhaupt etwas bekommen – der Privattheater sowie die Festivals und Sonderveranstaltungen.

Natürlich liegt es auf der Hand, dass ein Opernhaus heutzutage nur mit wesentlich höheren Zuschüssen bestehen kann als ein Privattheater oder ein Festival. Allerdings sollte zumindest insofern eine Gleichbehandlung stattfinden, als beide Einrichtungen unter einem gewissen Druck stehen sollten, mögliche Kostensenkungen und Ertragsmaximierungen auch tatsächlich zu realisieren.

Was die Festivals in Düsseldorf angeht – sei es nun das Düsseldorf Festival, das New Fall Festival, das Approximation Festival, das Asphalt Festival oder das Internationale Düsseldorfer Orgelfestival –, die insgesamt nicht einmal 0,5 % des Kulturetats in Anspruch nehmen, dürfte dieser Druck nach meiner Erfahrung immer bestehen. Und bisweilen dürfte er tatsächlich zu groß sein, wie das Beispiel des Open Source Festivals zeigt, das 2019 leider zum letzten Mal stattfand und das bei einem vergleichsweise geringen öffentlichen Zuschuss eine große Strahlkraft insbesondere bei einem digital affinen jüngeren Publikum entfaltete, das mit den hochsubventionierten Angeboten der Hochkultur in der Regel nicht erreicht wird.

Bei den Angeboten der Hochkultur hingegen sind wirtschaftliche Überlegungen erfahrungsgemäß weniger handlungsleitend. Dies gilt insbesondere für die Preispolitik. Selbstverständlich sollte diese so gestaltet sein, dass sich jeder auch einen Opernbesuch leisten kann (wobei in Härtefällen auch die Kulturliste mit kostenlosen Karten aushilft). Umgekehrt habe ich aber wenig Verständnis, wenn die teuerste Karte bei einer Wagner-Premiere günstiger ist als ein Ticket für die Weihnachtsshow von Helene Fischer in den Düsseldorfer Messehallen. Und dass der Preis einfach zu niedrig ist, mag man auch daran ersehen, dass ein erfolgreicher Rechtsanwalt – und derer gibt es nicht wenige in Düsseldorf – fünf Stunden Operngenuss für gerade einmal ein Viertel seines Stundensatzes (!) geboten bekommt.

Raubkunst

Ein Spezialthema kommunaler Kulturpolitik, das gleichwohl in den letzten sechs Jahren immer wieder für Schlagzeilen sorgte, ist die Rückgabe von Raubkunst, also von Kunstwerken, die jüdischen Besitzern in der Zeit der Naziherrschaft entzogen wurden.

Erstmals konfrontiert wurde ich mit diesem Thema anlässlich einer Reise nach Montréal im Jahre 2016. Bei einem Besuch der Concordia University wurde mir das »Max Stern Restitution Project« vorgestellt, das es sich zur Aufgabe gemacht hat, Kunstwerke, die im Besitz der ehemaligen Düsseldorfer Galerie Stern waren und deren Eigentümer Max Stern während der Nazizeit abhandengekommen waren, ausfindig zu machen und zu restituieren. Die Vertreter des Projektes kamen auch gleich zur

Sache: Im Besitz der Stadt Düsseldorf befinde sich das Bild »Die Kinder des Künstlers« von Friedrich Wilhelm von Schadow, das im Besitz der Galerie gewesen sei und von daher zurückgegeben werden müsse. Da ich bislang mit dem Sachverhalt nicht vertraut war, sagte ich zu, mich persönlich um diese Angelegenheit kümmern zu wollen und das Bild, sofern es sich dabei tatsächlich um Raubkunst handelte, den rechtmäßigen Erben – und das war das Restitutionsprojekt, da Max Stern keine leiblichen Nachkommen hatte – zurückzugeben.

Je mehr ich mich mit diesem Thema befasste, umso mehr wurde mir bewusst, dass es einfache Antworten in der Raubkunst-Debatte nicht gibt, vor allem aber welche komplexen rechtlichen, moralischen und nicht selten emotionalen Fragen hiermit im Zusammenhang stehen. Tatsächlich gibt es in Museen und privaten Sammlungen weltweit immer noch zahlreiche Kunstwerke, die bis zur Nazizeit Juden gehört hatten und diesen auf unterschiedlichste Weise entzogen worden oder abhandengekommen waren. Insofern legen die 1998 beschlossenen Washingtoner Prinzipien fest, dass die Unterzeichnerstaaten verpflichtet sind, die Provenienz dieser Kunstwerke zu klären und im Hinblick auf deren weiteren Verbleib eine faire Lösung zu finden, wobei naturgemäß zu berücksichtigen ist, wann, wo und unter welchen Umständen diese Kunstwerke entzogen wurden und inwieweit diese Sachverhalte bereits Gegenstand von Wiedergutmachungsverfahren der Nachkriegszeit waren.

Angesichts der voraussichtlichen Komplexität – aber auch der politischen Brisanz – der Angelegenheit nahm ich mir für »Die Kinder des Künstlers« einen ganzen Tag Zeit, um mir im Rahmen eines Hearings alle Argumente präsentieren zu lassen und diese dann sorgfältig abzuwägen. Für die Rückgabe plädierte dabei Dr. Willi Korte, dagegen Prof. Ludwig von Pufendorf, zwei angesehene Experten im Bereich der Provenienzforschung und ihrer rechtlichen Beurteilung. Im Anschluss schrieb ich selbst ein längeres Memorandum, in dem ich die vorgetragenen Argumente abwog und zu dem Ergebnis kam, dass es sich nicht um restitutionspflichtige Raubkunst handele. Maßgeblich war aus meiner Sicht eine Notiz aus dem Archiv der ehemaligen Galerie, die aus dem Jahr 1934 datierte und aus der sich ergab, dass das Bild zwar einmal im Besitz der Galerie gewesen war, allerdings bereits erhebliche Zeit vor Anfertigung der Notiz die Galerie verlassen hatte. Nach meinem Eindruck empfand auch der Vertreter des Stern-Restitutionsprojekts das von mir gewählte Verfahren als angemessen und das Ergebnis nachvollziehbar.

Insofern war ich sehr überrascht, als mir die Leiterin des Düsseldorfer Stadtmuseums im Vorfeld einer Ausstellung über das Leben von Max Stern darlegte, dass ein Teil der geplanten Ausstellung auch eine Auflistung der Kunstwerke sei, deren Restitution vom Max Stern Restitution Project gefordert wird, und hierin auch das Schadow-Bild »Die Kinder des Künstlers« genannt sei. Ich nahm dies zum Anlass, mich etwas genauer mit der Vorbereitung der Ausstellung zu befassen, und musste feststellen, dass offenbar der gesamte Katalog der Ausstellung von Vertretern des Restitutionsprojekts gestaltet werden sollte und sein Inhalt – obwohl die Ausstellung bereits in wenigen Wochen beginnen sollte – den Vertretern des Stadtmuseums noch nicht einmal in Grundzügen bekannt war. Auch die von der Stadt erst unlängst eingestellte Provenienzforscherin, Jasmin Hartmann, war bei der Vorbereitung der Ausstellung bislang offensichtlich nicht hinzugezogen worden. Da davon ausgegangen werden musste, dass »Die Kinder des Künstlers« kein Einzelfall sein würde, sondern im Rahmen der Ausstellung eine ganze Reihe von Kunstwerken als Raubkunst bezeichnet würde, die zumindest eine differenzierte Betrachtung verdient hätten, entschieden wir – Kulturdezernent Lohe, der Generaldirektor des Kunstpalasts Felix Krämer, die Leiterin des Stadt Museums Susanne Anna und ich –, die Ausstellung zu verschieben, um Genaueres über das Ausstellungskonzept zu erfahren und dieses erforderlichenfalls noch zu modifizieren.

Während die Vertreter unserer Partnerstadt Haifa, in deren Stadtmuseum die Ausstellung ebenfalls gastieren sollte, zumindest Verständnis für unsere Position hatten, war die kanadische Seite sehr verärgert. Man deutete unsere Absage als mangelnde Wertschätzung, ja Missachtung der wissenschaftlichen Kompetenz des Restitutionsprojekts, und in der veröffentlichten Meinung insbesondere in Kanada und den Vereinigten Staaten wurde unsere Entscheidung gar dahingehend gedeutet, Düsseldorf weigere sich, sich seiner Nazivergangenheit zu stellen, und missachte legitime Ansprüche auf die Restitution von Raubkunst. In einem Beitrag in einem sozialen Netzwerk wurde ich gar als »Crypto-Antisemit« und »Holocaust-Revisionist« diffamiert.

Da wir die Ausstellung selbstverständlich durchführen, aber auf die Expertise und den Input der Vertreter des Restitutionsprojekts nicht verzichten wollten, zog sich die Suche nach einem für alle akzeptablen Kuratorenteam in die Länge. Aus diesem Grunde entschieden wir, bereits vorab ein Symposium zu veranstalten, zu dem wir namhafte Provenienzforscher und Kunsthistoriker einluden, um die Geschichte der Galerie Stern in Düsseldorf zu dokumentieren und über den Umgang mit dem Thema Raubkunst am Beispiel der vielfältigen Fallgestaltungen beim ehemaligen Galeriebesitz von Max Stern zu diskutieren. Sonderlich erfolgreich war dieses Ansinnen leider insofern nicht, als sich – vor dem Hintergrund der zu diesem Zeitpunkt bereits sehr hitzig und emotional geführten Debatte – weder Vertreter des Projekts noch der jüdischen Gemeinde in der Lage sahen, an der Veranstaltung teilzunehmen.

Im Rückblick gesehen war dies wohl eine verpasste Gelegenheit. Denn die Frage, wie wir heute, 75 Jahre nach Ende der Nazityrannei und des Genozids an sechs Millionen Juden, mit diesem Thema umgehen, birgt in der Tat eine ganze Reihe von Fragestellungen, auf die es weder rechtlich noch moralisch eindeutige Antworten gibt, die aber unmittelbar relevant für das Selbst- und Fremdbild Deutschlands nach dem Zweiten Weltkrieg sind.

Gerade der Fall Max Stern zeigt, wie komplex diese Frage ist und wie vielfältig die einzelnen Fallgestaltungen sind. Am einfachsten sind die Fälle, in denen Kunstwerke von den Nazis und ihren Helfershelfern gegen oder ohne den Willen des Eigentümers entzogen, beschlagnahmt oder im wörtlichen Sinne geraubt worden sind. Dass sich diese bis heute zum Teil unbehelligt in öffentlichen und privaten Sammlungen befinden, ist in der Tat ein Skandal. Und deshalb sind die Washingtoner Prinzipien von 1998 so wichtig, die ja gerade mit Blick auf diese Fälle eine Verpflichtung zur Provenienzforschung vorsehen, um die Rückgabe dieser Raubkunst zu ermöglichen.

Schwieriger wird es, wenn der Besitzübergang jedenfalls äußerlich in rechtsgeschäftlicher Form mit Einwilligung des Voreigentümers erfolgte. Hier wird man, und das ist auch allgemein anerkannt, davon ausgehen müssen, dass derartige Geschäfte im Herrschaftsbereich der Nazis nach 1933 – in jedem Falle aber nach den Nürnberger Gesetzen von 1935 – unter Zwang erfolgt sind und deshalb keinen Bestand haben können.

Was aber ist mit den Fällen von Raubkunst, die nach dem Krieg bereits Gegenstand von Ansprüchen der (Vor-)Eigentümer waren und die dann nach Wiedergutmachungsrecht rechtskräftig entschieden worden sind? So verhält es sich etwa mit einigen Kunstwerken der Galerie Stern, die 1937 in einer sogenannten Verschleuderungsauktion veräußert wurden, deren Erlös Max Stern auch tatsächlich zufloss und seine Flucht über London nach Kanada finanzierte. In diesem Zusammenhang wurde in einem Gerichtsverfahren nach Wiedergutmachungsrecht ein Verschleuderungsschaden ermittelt, der der Zwangssituation des Verkaufs Rechnung tragen sollte und dessen Auszahlung Anfang der 60er-Jahre seinerzeit das Verfahren rechtskräftig beendete. Natürlich kann man sich heute fragen, ob dies eine angemessene Form der Entschädigung für erlittenes Unrecht war. Dann sprechen wir aber nicht mehr über Naziunrecht im eigentlichen Sinne, sondern eher über Nachkriegsunrecht!

Und eine ebenfalls in diesem Zusammenhang immer wieder auftauchende und gewiss nicht einfach zu beantwortende Frage ist, wie wir mit tatsächlicher oder vermeintlicher Raubkunst umgehen, deren Rückgabe oder Entschädigung unmittelbar nach dem Krieg nicht beansprucht wurde, obwohl das betroffene Opfer in Kenntnis der Rechtslage und zur Geltendmachung von Ansprüchen auch in der Lage war. Hier stellt sich die Frage, ob den Erben zwei bis drei Generationen später ein weiter gehendes Recht zustehen soll, als es vom unmittelbar betroffenen Opfer selbst in Anspruch genommen wurde. Alles keine einfachen Fragen, die aber dringend eine ernsthafte Diskussion erfordern, die gleichermaßen moralischen wie rechtlichen Gesichtspunkten Rechnung tragen muss.

Es bleibt zu hoffen, dass diese Diskussion doch noch geführt wird, wenn die Ausstellung über das Leben von Max Stern endlich stattfinden kann. Nach den zahlreichen Querelen bei der Vorbereitung machte zuletzt die Corona-Pandemie diesem Vorhaben einen Strich durch die Rechnung.

Ein zweiter Restitutionsfall, der in meine Amtszeit fiel, betrifft das Gemälde »Die Füchse« von Franz Marc, das seit 1962 aufgrund einer Schenkung des Düsseldorfer Kaufhausmillionärs Helmut Horten im städtischen Kunstpalast hängt.

Erstmals aufmerksam auf diesen Fall wurde ich durch ein Schreiben von Anna Rubin, der Leiterin des Holocaust Claims Processing Office im New York State Department of Financial Services, also einer amerikanischen Behörde, die mit der Rückgabe von Vermögenswerten befasst ist, die Juden in der Nazizeit entzogen wurden. In einem Gespräch mit der städtischen Provenienzforscherin Jasmin Hartmann ließ ich mich über den Fall unterrichten. Klar war, dass das Bild einem jüdischen Bankier namens Kurt Grawi gehört hatte, der von den Nazis in unmenschlicher Weise drangsaliert wurde, längere Zeit im KZ saß und dem schließlich die Flucht nach Chile gelang, wo er allerdings nie mehr richtig Fuß fasste und noch vor Kriegsende verstarb. Über das Schicksal seines Bildes »Die Füchse« war seinerzeit lediglich bekannt, dass es Anfang der 40er-Jahre in New York aufgetaucht war. Zu der Frage, wie es dorthin gelangt war und zu welchem Zeitpunkt und unter welchen Umständen der Besitzverlust erfolgte, hatte die Provenienzforschung bislang nichts Belastbares ermitteln können. Insofern verständigte ich mich mit Frau Rubin, die ich anlässlich einer USA-Reise in New York besuchte, darauf, zunächst abzuwarten, was die Ermittlungen der laufenden Provenienzforschung in dieser Angelegenheit ergeben würden. Sollten sich keine neuen Erkenntnisse ergeben, räumte ich ein, dass dann die generell geltende Beweislastumkehr wohl auch für den Ort der Transaktion gelten würde, was zur Folge gehabt hätte, dass von einem restitutionspflichtigen Raubkunstfall ausgegangen werden musste. Dies teilte ich so auch dem Rechtsanwalt mit, der die Ansprüche der Erben von Kurt Grawi vertrat und für den der Fall insofern klar war, als er auf eine Aussage der Stieftochter von Grawi verwies, der zufolge das gesamte Vermögen der Familie vor der Flucht veräußert werden musste.

Tatsächlich aber widerlegte die Provenienzforschung diese Behauptung. Sie kam nämlich zu dem – unbestrittenen – Ergebnis, dass das Bild von einem Mittelsmann, den Grawi eingeschaltet hatte, in New York veräußert wurde. Erwerber war ein deutschstämmiger Hollywood-Regisseur namens William Dieterle, der offenkundig einen höheren Preis gezahlt hatte als das New Yorker Museum of Modern Art, dem das Bild zunächst angeboten wurde, bereit war zu zahlen. Dass Dieterle einen höheren und offenbar über dem seinerzeitigen Marktwert liegenden Preis zahlte, war insofern nicht ungewöhnlich, als er sich schon damals einen Ruf erworben hatte, durch großzügige Ankäufe Juden, die aus Nazideutschland fliehen mussten, zu helfen. (Nur am Rande sei bemerkt, dass er hierfür nach dem Kriege mit dem Bundesverdienstkreuz ausgezeichnet wurde.)

Vor diesem Hintergrund teilte ich dem Anwalt der Grawi-Erben mit, dass eine Rückgabe des Bildes aus meiner Sicht nicht infrage käme. Denn dass das Bild sich heute aufgrund einer Schenkung des Jahres 1962 in Düsseldorf befinde, sei mit Blick auf die Frage einer möglichen Restitution offensichtlich irrelevant. Entscheidend sei, ob ein solcher Anspruch gegenüber dem damaligen Erwerber bzw. seinen Rechtsnachfolgern hätte erhoben werden können. Angesichts des ermittelten Sachverhaltes hielte ich dies allerdings für rechtlich ausgeschlossen und auch moralisch nicht vertretbar. Es stünde ihm allerdings – darauf wies ich ausdrücklich hin – offen, die Limbach-Kommission, die ja gerade für solche Fälle eingerichtet worden sei, mit dieser Angelegenheit zu befassen.

Die Frage, wie wir mit dem Thema Raubkunst insbesondere in solchen Fallgestaltungen umgehen, wird uns, da bin ich ganz sicher, noch lange beschäftigen. Und das ist auch richtig so, denn einen Schlussstrich unter das dunkelste Kapitel der deutschen Geschichte kann und darf es nicht geben. Freilich muss die Frage legitim sein, wie wir verantwortungsvoll mit diesem historischen Erbe umgehen vor dem Hintergrund, dass es heute kaum mehr unmittelbar Beteiligte – weder auf Täter- noch auf Opferseite – gibt. Ich bezweifle, dass wir den Opfern tatsächlich Genugtuung verschaffen und erlittenes Unrecht epochalen Ausmaßes wiedergutmachen können, indem wir 80 Jahre später ein Kunstwerk zurückgeben, das anschließend sofort versteigert wird, schon um die zwischenzeitlich aufgelaufenen Anwaltskosten bezahlen zu können. Gerade das Bild »Die Füchse« könnte zum Anlass genommen werden, die menschenverachtende Natur und perfide Barbarei des Naziregimes deutlich zu machen. Dazu aber muss man in der Lage sein, die Geschichte des Bildes und das Schicksal seines Eigentümers zu schildern. Dies kann nur im öffentlichen Raum geschehen, und der Düsseldorfer Kunstpalast würde damit eben auch zu einem Ort der Erinnerungskultur, die wir so dringend brauchen, um uns immer wieder zu immunisieren gegen aufkeimenden Antisemitismus, Rassismus und andere Formen der Menschenfeindlichkeit.

Die Sportstadt hat viele Facetten

Nicht nur Kulturmetropole, auch das Attribut der Sportstadt wird Düsseldorf absolut zu Recht zugeschrieben. Sport spielt in der nordrhein-westfälischen Landeshauptstadt in der Tat eine bedeutende Rolle.

Mit Fortuna Düsseldorf und der DEG hat die Stadt zwei Profivereine, die regelmäßig viele Zuschauer in ihre Spielstätten, die Merkur Spiel-Arena und den ISS Dome, locken und die auf große Erfolge zurückblicken können und ihren Fans auch immer wieder Anlass geben, auf große Erfolge in der Zukunft zu hoffen.

Borussia Düsseldorf ist ein Verein, der nicht nur mit Bayern München in dauernder Konkurrenz ist, wer mehr nationale und internationale Titel gewonnen hat, sondern dem das deutsche Tischtennisleistungszentrum seinen Düsseldorfer Standort verdankt, das vielen erfolgreichen Teilnehmern an Olympischen und Paralympischen Spielen als Trainingsstätte dient.

Aber auch in vermeintlichen Randsportarten kann die Sportstadt glänzen: Der Düsseldorfer Hockey Club DHC beispielsweise, namentlich seine Damenmannschaft, ist eine Kaderschmiede, aus der gleich drei Spielerinnen des Bronzemedaille-Gewinners bei den Olympischen Spielen von Rio de Janeiro kommen. Auch der Ruderclub Germania kann eine Menge nationaler und internationaler Erfolge vorweisen. Und im American Football können die Düsseldorf Panther auf große Erfolge zurückblicken und auf eine Jugendarbeit, aus der der zweifache Superbowl-Sieger der New England Patriots, Sebastian Vollmer, hervorgegangen ist.

Naturgemäß sind diese Erfolge in erster Linie dem Talent und Fleiß der Athletinnen und Athleten zuzuschreiben. Aber auch die Stadt leistet ihren Beitrag. Etwa durch die Schaffung einer Sportinfrastruktur, also von Trainingseinrichtungen, Sportanlagen und Sporthallen, in denen sich sportliche Talente entwickeln können. So entstanden, um nur ein paar Beispiele zu nennen, mit städtischer Förderung in den letzten sechs Jahren etwa das neue Tischtennisleistungszentrum am Staufenplatz und das Nachwuchsleistungszentrum von Fortuna Düsseldorf am Flinger Broich. Und der Eishockey-Nachwuchs kann demnächst in der neuen Benrather Eishalle trainieren, die von der Stadt als Ersatz für die in die Jahre gekommene ehemalige Sparkassen-Eissporthalle errichtet wurde.

Daneben werden die Bezirkssportanlagen kontinuierlich weiter ausgebaut auf einen Standard, den man im kommunalen Quervergleich sicherlich als vorbildlich bezeichnen kann. Hinzu kommt der Neubau von zahlreichen Sporthallen, die im Rahmen des Schulneubau- und -ausbauprogramms bereits realisiert, im Bau oder geplant sind.

Nicht ganz unwichtig ist natürlich die Frage, zu welchen Bedingungen Düsseldorfer Vereine die städtische Infrastruktur nutzen können. Für den Breitensport ist dies relativ einfach. Hier übernimmt der Stadtsportbund die Verteilung der Sportanlagen an die Vereine, die hierfür einen eher symbolischen Obolus zu entrichten haben.

Etwas komplizierter ist das mit dem Profisport, da es sich hier nicht nur sportlich, sondern auch wirtschaftlich um ein Wettbewerbsgeschäft handelt, bei dem wie auch immer geartete »Wohltaten« der öffentlichen Hand natürlich immer sofort unter dem Verdacht einer unzulässigen Beihilfe stehen. Ein gutes Beispiel hierfür waren die Verhandlungen mit Fortuna Düsseldorf über die Konditionen der Stadionüberlassung.

Die Linie, auf die wir uns verständigt hatten, war eigentlich klar: Die Konditionen sollten so gestaltet sein, dass die Erträge für die Stadt so hoch wie nötig sein sollten, um nicht in den Verdacht einer unzulässigen Beihilfe zu geraten, gleichzeitig aber sollte Fortuna so viel wie möglich aus den potenziellen Vermarktungserträgen verbleiben. Denn der Wert, den die Fortuna für Düsseldorf hat, sollte sich nicht in möglichst hohen Stadionerträgen ausdrücken, sondern in der »Umwegrendite«, die sich daraus ergibt, dass es in Düsseldorf einen sportlich und wirtschaftlich erfolgreichen Profifußballverein (hoffentlich in der ersten Bundesliga!) gibt, der bei jedem Heimspiel das Stadion füllt und damit viele Menschen in diese Stadt bringt.

Der vom Geschäftsführer von D.LIVE eingesetzte Berater schien diese Linie allerdings entweder nicht verstanden zu haben oder jedenfalls nicht verfolgen zu wollen. Zu meinem nicht geringen Erstaunen wurden zu Beginn der Verhandlungen Präsentationen angefertigt, die exorbitant hohe potenzielle Ver-

marktungserträge auswiesen, an deren Höhe sich die Stadion-
miete orientieren sollte. Abgesehen davon, dass diese Beträge
die bisherigen Nutzungsentgelte deutlich überstiegen, war bei
dieser »Argumentation« ganz offenbar nicht bedacht worden,
dass die Fortuna ja ohne Weiteres hätte einwenden können, die
Stadt möge ihr die Arena unentgeltlich überlassen, die Stadion-
vermarktung selbst übernehmen und die Erträge dann, soweit
sie die Kosten übersteigen, friedlich-schiedlich mit Fortuna teilen, was insofern ja auch absolut angemessen wäre, als diese Erträge vom »Goodwill« der Fortuna getrieben werden.

Es bedurfte einiger Gesprächen in meinem Büro, bis schließlich Vernunft einkehrte und man sich auf eine vertragliche Gestaltung verständigte, die im Wesentlichen der vereinbarten
Zielsetzung entsprach.

In kaum einer anderen Stadt Deutschlands sind so viele Menschen im Vereinssport organisiert wie in Düsseldorf. Dies liegt
gewiss an den guten infrastrukturellen Voraussetzungen, an der
professionellen Organisation des Sportvereinswesens im Düsseldorfer Stadtsportbund, aber auch beispielsweise daran, dass das
städtische Sportamt Talente bereits früh entdeckt und fördert.

Im Rahmen des sogenannten Düsseldorfer Modells der Be-
wegungs-, Sport- und Talentförderung werden alle Kinder mindestens zweimal in ihrer Schullaufbahn auf ihre sportlichen Talente und gegebenenfalls auch auf motorischen Förderbedarf
»gecheckt«. Aus der Erfahrung mit meinen eigenen Kindern
weiß ich, dass dies durchaus eine erhebliche Motivation für
sportlichen Ehrgeiz entfalten kann.

Auch für Menschen, die sich einfach so gerne sportlich betäti-
gen wollen, ohne sich gleich einem Verein anzuschließen, bietet
Düsseldorf einiges. In den letzten sechs Jahren ist eine ganze Reihe
von Sport-Multifunktionsflächen entstanden, auf denen auch

Große Party im Rathaus nach dem Fortuna-Aufstieg 2018
mit Campino und Gerd Zewe

Trendsportarten wie etwa Parcouring, Mountainbiking, »Pump Track«-Fahren und dergleichen praktiziert werden können.

Ebenfalls in diesem Zusammenhang zu erwähnen ist die Skateranlage im Stadtteil Eller, der im Jahre 2014 nach fast zehn Jahren mehr oder weniger ergebnisloser Planung – wie seinerzeit so mancher anderen Einrichtung auch – das Schicksal einer unendlichen Geschichte drohte. Mittlerweile steht die Anlage und gehört zu den modernsten und bestausgebauten ihrer Art. Wohl auch deshalb war sie nach ihrer Einweihung im Jahre 2018 bereits wiederholt Schauplatz nationaler und internationaler Wettbewerbe.

Neben einer gut ausgebauten Infrastruktur und einer gesunden Mischung von Spitzen- und Breitensport gehören zu einer Sportstadt, die diesen Namen verdient, natürlich auch große Sportereignisse.

Auch hier konnte Düsseldorf in den letzten sechs Jahren glänzen. Die Traditionsveranstaltungen – das Leichtathletik-Indoor-Meeting im Winter, der Marathon im Frühjahr und die Triathlon-Wettbewerbe im Sommer – erfreuten sich Jahr für Jahr großer Beliebtheit. Der Judo-Weltcup wurde mittlerweile zum »Grand Slam« aufgewertet und findet seither im ISS Dome statt. Ebenfalls in dieser Düsseldorfer Wettkampfstätte findet seit 2018 der Handball-Supercup zwischen Meister und Pokalsieger statt. Der Burgplatz in der Innenstadt bietet die Kulisse für ein spektakuläres Beach-Volleyball-Turnier und ein nicht weniger spektakuläres Blindenfußballturnier, bei dem im Jahre 2019 sogar ein »Tor des Monats« geschossen wurde. Und mit Welt- und Europameisterschaften konnte Düsseldorf in den Sportarten Tischtennis, Triathlon und Fechten aufwarten.

Der Grand Départ: sportliches Highlight, politisches Trauerspiel

Höhepunkt der Sportereignisse in den letzten sechs Jahren aber war gewiss der Grand Départ der Tour de France, der im Sommer 2017 über eine Million Menschen nach Düsseldorf lockte.

Über die Tour de France in Düsseldorf und auch das etwas unwürdige politische Schauspiel rund um dieses Event ist in den letzten Jahren viel geschrieben und kommentiert worden. Deshalb möchte ich mich hier auf ein paar eher grundsätzliche Bemerkungen beschränken.

Die Abstimmungen und Diskussionen im Vorfeld der – aber auch im Nachgang zur – Tour de France zeichneten sich durch augenscheinlich unversöhnliche Differenzen zwischen den einzelnen Ratsfraktionen aus. CDU und FDP stimmten regelmäßig einhellig dagegen, SPD und Grüne hingegen – dem Anschein nach – ebenso einhellig dafür. Dies erscheint schon insofern ei-

Prominenter Besuch anlässlich des Tourstarts in Schloss Benrath:
Prinz Albert von Monaco

nigermaßen erstaunlich, als sich die Frage der Veranstaltung eines derartigen Sportereignisses nur schwerlich in weltanschauliche Kategorien fassen lässt. Denn ob die Tour de France nun ein linkes oder rechtes, ein konservatives oder liberales, ein soziales oder ökologisches Projekt ist, wird wohl niemand guten Gewissens beantworten können. Und von daher überrascht es vielleicht auch nicht allzu sehr, dass mein Münsteraner Kollege Markus Lewe von der CDU an völlig anderen Mehrheiten scheiterte, als er seinem Rat vorschlug, den Grand Départ in Münster stattfinden zu lassen.

Ebenfalls wohl nie völlig aufklären lassen wird sich der Umstand, weshalb die damalige FDP-Fraktionsvorsitzende Strack-Zimmermann zu den erbittertsten Gegnern der Tour de France zählte. Immerhin gehörte sie gerade sechs Jahre vorher noch zu den glühendsten Anhängern des »Eurovision Song Contests« in Düsseldorf, eines Ereignisses, das die Stadt unterm Strich mit großer Sicherheit – die einschlägigen Unterlagen sind heute leider nicht mehr aufzufinden! – teurer gekommen ist als die Tour de France, zumal für den »ESC« seinerzeit eigens ein provisorisches Fußballstadion errichtet werden musste und sich gleichzeitig die akquirierten Sponsorenmittel in eher bescheidenen Grenzen hielten. Mit mangelnder Transparenz kann ihre Gegnerschaft wohl kaum etwas zu tun gehabt haben. Ich möchte nur daran erinnern, dass die Entscheidung für den Gesangswettbewerb als Eilentscheidung lediglich von meinem Vorgänger und Frau Strack-Zimmermann selbst unterzeichnet wurde und die einschlägigen Verträge nie – noch nicht einmal den Mitgliedern des Rates – offengelegt wurden. Verglichen damit war die Tour de France ein fast schon gläsernes Ereignis.

Gleichwohl ist über die Kosten des Grand Départ viel debattiert und gestritten worden. Manch einer aus den Reihen von CDU und FDP bezweifelte gar, ob die Stadt finanziell überhaupt in der Lage sein würde, ein derartiges Großereignis zu schultern. Offenbar hatten sie vergessen oder verdrängt, dass die meisten von ihnen – gerade einmal zehn Jahre früher – eine Olympiabewerbung Düsseldorfs unterstützt hatten, deren Kosten im Erfolgsfall um ein Vielfaches höher gelegen hätten als der voraussichtliche Fehlbetrag eines Tourstarts in Düsseldorf.

Bemerkenswert ist auch, dass in den leidenschaftlich geführten Diskussionen über die Tour de France im Rat gerne geflissentlich übersehen wurde, dass das Defizit letztlich geringer ausfiel, als es in der Vorlage vom November 2015, als der Rat der Bewerbung zustimmte, in Aussicht gestellt worden war. Damals gingen wir von einem Fehlbetrag in einer Größenordnung von über 9 Millionen Euro aus, letztlich betrug er etwa 8 Millionen Euro.

Freilich hatten wir manche Aufwands- und Ertragsposition seinerzeit falsch eingeschätzt. Deutlich unterschätzt hatten wir in dieser Vorlage die erforderlichen Kosten für Sicherheit, und

Der Grand Départ in Düsseldorf mit Tour-Direktor Christian Prudhomme

überschätzt hatten wir die Ertragspotenziale aus sogenannten VIP-Plätzen, die – nicht zuletzt aufgrund immer strengerer Compliance-Regeln – zu einem regelrechten Ladenhüter wurden. Umgekehrt überstiegen die Einnahmen aus Sponsoring alle unsere Erwartungen, wobei das Sponsoring durch städtische Töchter – entgegen vielfach verbreiteter »Fake News« – hierbei lediglich einen Bruchteil ausmachte.

Wie kleinmütig die Kostendiskussion wirklich war, mag man auch daraus ersehen, dass bei etwa einer Million Besuchern an den beiden Tagen des Grand Départ letztlich jeder Besucher mit einem Betrag von 8 Euro aus dem städtischen Haushalt subventioniert wurde. Dafür bekam er ein unvergessliches Erlebnis und die Stadt Düsseldorf weltweit positive Publicity. Die Pro-Kopf-Subvention fast aller Kulturveranstaltungen in Düsseldorf beträgt ein Vielfaches davon, selbst dann, wenn das Ereignis nicht als unvergesslich wahrgenommen und der Stadt kein Image-Vorteil zuteilwird.

Im Nachhinein fast ein wenig ironisch mutet es an, dass der Haushalt der Landeshauptstadt Düsseldorf ausgerechnet im Jahre des Grand Départ einen Rekordüberschuss von über 40 Millionen Euro (nota bene: ohne Berücksichtigung des »Kanaldeals«) auswies. Dem Oberbürgermeister wurde für diesen Jahresabschluss einstimmig und ohne Debatte die Entlastung erteilt, obwohl sich eine Ratsmehrheit in einer denkwürdigen Sitzung im September 2017 geweigert hatte, einen Teilbetrag von 2,7 Millionen Euro des Grand-Départ-Fehlbetrags zu bewilligen, sodass dieser Betrag im Jahresabschluss eigentlich immer noch offen war.

Aber vielleicht ging es ja in den ganzen Diskussionen zum Grand Départ in Wahrheit nie um die städtischen Finanzen, sondern schlicht und ergreifend um »Politik«.

Wie dem auch sei: Mit dem Grand Départ der Tour der France 2017 bewies Düsseldorf sehr eindrucksvoll, dass die Stadt in der Lage ist, sportliche Großereignisse nicht nur hochprofessionell, sondern auch mit begeisterter Anteilnahme der Düsseldorferinnen und Düsseldorfer durchzuführen. Wem gelingt es schon, aus einem völlig verregneten Einzelzeitfahren ein veritables Sommermärchen zu machen, das seinen Abschluss mit dem legendären Konzert der Düsseldorfer Pop-Ikonen Kraftwerk im Ehrenhof fand?

EM 2024: die Besten im Westen

Der Erfolg des Grand Départ zahlte natürlich auch ein auf zukünftige Bewerbungen. Besonders hervorzuheben ist dabei unsere Bewerbung als Standort für die Fußball-Europameisterschaft 2024, um deren Ausrichtung sich der Deutsche Fußballbund beworben hatte. Hier galt es, auch ein wenig die Scharte der erfolglosen Bewerbung um eine Beteiligung an der Fußball-Weltmeisterschaft 2006 auszuwetzen.

Aus diesem Grunde wollten wir nichts dem Zufall überlassen und setzten ein Projekt auf, das alle relevanten Gesichtspunkte der Bewerbung – und das waren eine ganze Menge! – berücksichtigte. Und was die Teams um Martin Ammermann, Michael Brill, Frank Schrader, Thomas Hussmann und Thomas Neuhäuser ausgearbeitet hatten, beeindruckte ganz offensichtlich auch den DFB. Wir, die wir eigentlich als Außenseiter gestartet waren, landeten unter den 14 Bewerberstädten auf einem sensationellen dritten Platz! Damit mussten wir uns lediglich den ohnehin gesetzten Kandidaten Berlin und München geschlagen geben. Im Westen waren wir die Besten, noch vor Dortmund und Gelsenkirchen.

Und als ein Jahr später Deutschland schließlich den Zuschlag für die Ausrichtung der Europameisterschaft bekam, kannte die Freude keine Grenzen mehr. Den Jubelschrei nach der Bekanntgabe des Ergebnisses werde ich jedenfalls nie vergessen.

Auch die Ausrichtung der Invictus Games, die ursprünglich für das Jahr 2022 in Düsseldorf geplant waren, wegen der Corona-Pandemie aber um ein Jahr verschoben werden, dürfte letztlich dem Ruf Düsseldorfs als kompetentem und professionellem Veranstalter derartiger Events zu verdanken sein. Immerhin waren die Veranstalter dem Vernehmen nach schon einige Zeit auf der Suche nach einem deutschen Ausrichter, und der ursprüngliche Plan, die Veranstaltung in Köln stattfinden zu lassen, scheiterte offenbar am für dortige Verhältnisse zu kurzen Vorlauf.

Als die für Sport zuständige Staatssekretärin in der nordrhein-westfälischen Staatskanzlei, Andrea Milz, telefonisch vorsichtig bei mir anfragte, ob wir uns in der Lage sähen, die Spiele mit einem Vorlauf von gerade einmal knapp zweieinhalb Jahren auszurichten, sagte ich – selbstverständlich unter dem Vorbehalt einer Zustimmung des Rates – sofort zu.

Und dem Team, das bereits bei den Bewerbungen um den Grand Départ und die EM 2024 erfolgreich zusammengearbeitet hatte, gelang es auch, die hochrangigen Vertreter der Bundeswehr und die Mitglieder der von Prinz Harry ins Leben gerufenen Invictus Games Foundation davon zu überzeugen, dass Düsseldorf der Ort ist, wo nicht nur internationale Sportwettkämpfe perfekt veranstaltet, sondern wo auch die Kriegsversehrten und traumatisierten Sportler und ihre Familien gastfreundlich empfangen und willkommen geheißen werden.

Moderne Verwaltung, gesunde Finanzen

Das Ringen um den ehrlichen Stellenplan

Mein Verhältnis zum Personalrat war während meiner Amtszeit fast immer vertrauensvoll und auf Augenhöhe, mit manchen Mitgliedern sogar regelrecht freundschaftlich. Dazu trug sicherlich bei, dass ich die Übung der Vierteljahresgespräche mit dem Gesamtpersonalrat und dem Personalrat der allgemeinen Verwaltung wieder einführte. So konnten wir uns regelmäßig in großer Runde austauschen, und wenn es irgendwo brannte, gab es auch darüber hinaus schnell einen Termin in kleinerem Kreis.

Allerdings war dieses grundsätzlich gute Verhältnis bisweilen auch Belastungsproben ausgesetzt. Die größte war wohl das Projekt »Verwaltung 2020«, das von den Kolleginnen und Kollegen im Personalrat und der Gewerkschaft ver.di anfangs als rigoroses Spar- und Stellenstreichungskonzept gebrandmarkt wurde.

Das war es natürlich nicht. Aber was steckte wirklich hinter dieser Verwaltungsstrukturreform?

Schon früh in meiner Amtszeit musste ich feststellen, dass sich um das Thema Personal und Stellenplan offenbar in vielen Jahren niemand richtig gekümmert hatte. Eine – wie auch immer geartete – Systematik war im Stellenplan kaum zu erkennen. Neben zahlreichen unbesetzten Planstellen waren im Lauf der Jahre Hunderte von überplanmäßigen Stellen entstanden. Dies führte mit der Zeit zu einem so dramatischen Anstieg der Personalausgaben, dass der Kämmerer sich irgendwann genötigt sah, die Reißleine zu ziehen, und verfügte, dass mit Ausnahme einzelner eng definierter Bereiche Neueinstellungen nur noch mit Genehmigung der Verwaltungskonferenz vorgenommen werden dürften. Außerdem sollten die Personalausgaben dadurch reduziert werden, dass der Stellenplan einfach nicht ausfinanziert war. Vielmehr sollte es den einzelnen Dezernaten selbst überlassen bleiben, wie sie eine »Kompensationsvorgabe«, die im Jahr 2014 auf einen mittleren zweistelligen Millionenbetrag angewachsen war, einhalten konnten.

Damit waren der Fantasie, man könnte auch sagen: der Trickserei, Tür und Tor geöffnet, und in der Regel wurde die Kompensationsvorgabe dadurch eingehalten, dass die einzelnen Ämter ihre Sachausgaben etwas großzügiger budgetierten, um anschließend das Personal durch Umschichtung von Sachmitteln in Personalmittel zu finanzieren. Es lag also auf der Hand, dass diesem Wildwuchs Einhalt geboten und dafür gesorgt werden musste, dass Aufgaben, Personal, Stellen und die hierfür budgetierten Haushaltsmittel wieder miteinander in Einklang stehen.

Das zweite Motiv für »Verwaltung 2020« hatte mit dem zu tun, was ich einmal als »demografische Schlagseite« der Beschäftigtenstruktur in der Düsseldorfer Stadtverwaltung bezeichnet habe. Gemeint ist damit die Tatsache, dass zu meinem Amtsantritt die Verwaltung mehr als doppelt so viele Mitarbeiter im Alter von 45 bis 60 Jahren als im Alter von 25 bis 40 Jahren hatte. Von daher war absehbar, dass wir spätestens dann, wenn die Jahrgänge 1955–1965, also die sogenannte Babyboomer-Generation, in Ruhestand gehen würden, ein erhebliches Problem bekommen würden, unsere Aufgaben überhaupt noch erfüllen zu können.

Es war also höchste Zeit, zum einen die Verwaltung zu rationalisieren und zum andern die Anstrengungen zu verstärken, junge Menschen zu rekrutieren. Letzteres nahmen wir sofort in Angriff, und tatsächlich gelang es uns, die Zahl der Auszubildenden zwischen 2014 und 2020 mehr als zu verdreifachen.

Beim Thema Rationalisierung ging es im Wesentlichen um drei Themen. Zunächst einmal sollte überprüft werden, ob die Aufgaben, die gegenwärtig von der Verwaltung wahrgenommen wurden, tatsächlich auch weiterhin von ihr erfüllt werden mussten. Immerhin konnte es ja sein, dass diese Angebote gar nicht mehr nachgefragt würden oder andere Organisationen diese Aufgaben tatsächlich besser erledigten oder erledigen könnten.

Zweitens sollte hinterfragt werden, ob die verwaltungsinternen Prozesse effizient gestaltet waren. Bisweilen hatte ich den Eindruck gewonnen, dass sich vielerorts Verwaltung an Verwaltung abarbeitete, ohne dass für den Kunden, also die Bürgerinnen und Bürger der Stadt, hierbei irgendein Nutzen geschaffen wurde.

Und drittens sollte überprüft werden, ob die Produktivität der einzelnen Mitarbeiterinnen und Mitarbeiter durch eine bessere Arbeitsorganisation oder bessere technische Hilfsmittel gesteigert werden könnte. Hierbei ging es natürlich in erster Linie um Möglichkeiten, die Verwaltung zu digitalisieren.

Mit Blick auf die Rationalisierung der Verwaltung wäre es gewiss das Einfachste gewesen, eine Unternehmensberatung zu beauftragen, um entsprechende Vorschläge zu entwickeln. Dies wollte ich allerdings ausdrücklich nicht. Vielmehr sollten die Ideen aus der Verwaltung selbst kommen.

Wie aber bringt man eine Verwaltung dazu, darüber nachzudenken, ob sie das Richtige tut und ob sie das auch richtig macht?

Am sinnvollsten erschien es mir, hierfür einen gewissermaßen disruptiven Impuls zu setzen. So kam es zu der Fragestellung an alle betroffenen Führungskräfte, wie sie ihre Bereiche neu aufstellen würden, wenn sie auf einmal – durch höhere Gewalt oder was auch immer – mit 20 % weniger Stellen auskommen müssten. Die Ausrede, das sei gar nicht möglich, sollte ausdrücklich nicht gelten; schlimmstenfalls müsste eben die aus

Sicht der Führungskraft zumindest noch bestmögliche Aufstellung von allen schlechten gewählt werden.

Natürlich war mir klar, dass dies nur eine Leitfrage sein würde, durch die ein Anlass gesetzt werden sollte, nicht in »Business-as-usual«-Kategorien, sondern – wie man so schön sagt – ein wenig »out of the box« zu denken. Dass tatsächlich 20 % der Stellen wegfallen würden, war offensichtlich illusorisch und nie beabsichtigt.

Dennoch war die Aufregung bei Personalräten und Gewerkschaftern groß. Sie gipfelte Anfang 2016 in einer Personalversammlung, die, soweit ich mich erinnere, unter dem Motto stand »Wenn das die Lösung ist, wollen wir unsere Probleme zurück!« und deren Verlauf durchaus hätte geeignet sein können, das an sich gute Verhältnis zwischen Stadtspitze und Personalrat nachhaltig zu gefährden.

Ganz einfach war es nicht, in einem sofort danach anberaumten Gespräch die Wogen wieder zu glätten. Immerhin gelang es mir, deutlich zu machen, dass es Ziel von »Verwaltung 2020« sei, die Verwaltung zukunftsfest aufzustellen. Dabei sei völlig klar, dass es unter keinen Umständen zu betriebsbedingten Kündigungen kommen würde. Die tariflichen Angestellten hätten schon von daher nichts zu befürchten. Die Herausforderung beträfe eigentlich eher die Führungskräfte, denn ihnen war die Aufgabe gestellt, sich Gedanken über die Effizienz und Produktivität ihres Bereichs zu machen.

Und diese Aufgabe wurde tatsächlich höchst unterschiedlich gelöst. Mancher Amtsleiter und manche Amtsleiterin nutzten das Projekt in der Tat als willkommene Chance, ihren Bereich zeitgemäß neu aufzustellen. Sie machten Gebrauch vom gesamten zur Verfügung stehenden Instrumentarium und kamen in der Regel zu erheblichen Effizienzsteigerungen.

Andere machten es sich leichter und reduzierten in erster Linie das Aufgabenspektrum ihrer Ämter. Dies war dort in Ordnung, wo tatsächlich die Nachfrage weggefallen war oder von anderen Organisationen befriedigt werden konnte. Aber es gab auch Bereiche, die seinerzeit bereits Schwierigkeiten hatten, vorhandene Stellen zu besetzen. Hier war der Wegfall der Stellen der Weg des geringsten Widerstands. Akzeptabel war dies aber nicht. Insbesondere im Bereich des Ordnungs- und Servicedienstes, wo es schon seit geraumer Zeit besonders schwierig war, qualifiziertes Personal zu finden, konnte die Lösung nicht darin liegen, Stellen zu streichen, sondern diese attraktiver zu gestalten. Unter dem neuen Ordnungsdezernenten Christian Zaum wurde dieser Weg dann auch mit beachtlichem Erfolg beschritten.

Andere Bereiche schlugen den Wegfall von Aufgaben und der damit verbundenen Stellen vor und spekulierten ganz offensichtlich darauf, dass ihre Vorschläge anschließend »politisch« wieder kassiert würden, sodass letztlich alles beim Alten bleiben konnte. Sie mussten dann allerdings erklären, weshalb ihnen kein anderer, vielleicht nicht ganz so unpopulärer Vorschlag eingefallen war.

Am einfachsten, und auch das kam vor, machten es sich die Führungskräfte, die einfach überprüften, welche von ihren Beschäftigten als Nächste altersbedingt in Ruhestand gingen. Diese Stellen sollten dann nicht wiederbesetzt werden. Damit hatten sie natürlich das Thema verfehlt.

Hilfreich für die im Verlauf des Projektes immer bessere Zusammenarbeit mit dem Personalrat war auch, dass die Arbeitnehmervertreter im Steuerungsgremium von Anfang an dabei waren und der von uns eingesetzte Berater gut und vertrauensvoll mit dem Personalrat und einem von ihm für dieses Projekt beauftragten eigenen Berater zusammenarbeitete. So wurden dann im Steuerungsgremium, dem neben dem Personalrat die gesamte Verwaltungskonferenz und das Hauptamt als Projektmanager angehörten, die Reorganisationsvorschläge Amt für

Amt erörtert, wobei bisweilen Vorschläge als zu wenig ehrgeizig zurückverwiesen, häufiger aber als überzogen kassiert wurden.

Ämter, deren Zielorganisation vom Steuerungsgremium genehmigt worden war und die einen Migrationspfad vorlegen konnten, wie diese Zielorganisation – etwa durch Ausweis von sogenannten kw(»kann wegfallen«)-Vermerken – schrittweise erreicht werden sollte, wurden zertifiziert. Diese Zertifizierung brachte den praktischen Vorteil, dass von nun an – anders als in der Vergangenheit – Neueinstellungen auf Planstellen der Zielorganisation eigenständig ohne Zustimmung der Verwaltungskonferenz vorgenommen werden konnten.

Im Ergebnis brachte das Projekt »Verwaltung 2020« keine erhebliche Stellenreduzierung, was angesichts des Wachstums der Stadt und neuer Aufgaben etwa im Bereich der Flüchtlingshilfe auch nicht überraschend ist. Immerhin aber wurde das Ziel erreicht, einen »ehrlichen« Stellenplan aufzustellen, also einen, bei dem tatsächlich die Stellen ausgewiesen und ausfinanziert sind, die für die Wahrnehmung kommunaler Aufgaben in Düsseldorf erforderlich sind.

Und der anfängliche Widerstand des Personalrats ist mittlerweile dem gemeinsamen Bemühen gewichen, unsere Stadtverwaltung so attraktiv zu machen und darzustellen, dass die ausgewiesenen Stellen auch tatsächlich mit qualifiziertem Personal besetzt werden können. Denn das Problem ist längst nicht mehr ein Mangel an Stellen, sondern der Fachkräftemangel. Um diesem zu begegnen, haben wir etwa die Ausbildungsoffensive gestartet, mit der wir versuchen, junge Menschen für die Tätigkeit in der Verwaltung zu begeistern.

Aber wir gehen auch neue und bisweilen unkonventionelle Wege. »Employer Branding« beispielsweise dürfte bis vor Kurzem für öffentliche Arbeitgeber ein eher unbekanntes Fremdwort gewesen sein. Und mit speziellen Azubi-Wohnungen, die insbesondere die städtische Wohnungsbaugesellschaft in immer mehr ihrer Projekte realisiert, adressieren wir ein Problem, das nicht wenige von einer Tätigkeit in Düsseldorf abhält, nämlich den Mangel an bezahlbarem Wohnraum für Auszubildende.

Ohne Zweifel war das Projekt »Verwaltung 2020« ein wichtiger Schritt bei der Reform der Düsseldorfer Stadtverwaltung. Die Modernisierung und zeitgemäße Anpassung der städtischen Aufgaben und Dienstleistungen freilich bleiben eine Daueraufgabe. Vor dem Hintergrund der digitalen Transformation entstehen neue Möglichkeiten, Verwaltungshandeln effizienter und gleichzeitig kundenfreundlicher zu gestalten. Und auch aus der aktuellen Corona-Krise können Lehren gezogen werden, wie eine moderne Verwaltung aufzustellen ist.

Neues Arbeiten im neuen technischen Rathaus

Insofern kommt das Projekt »Neues technisches Verwaltungsgebäude« (TVG) gerade recht.

Ausgelöst wurde dieses Projekt ursprünglich von einer verwaltungsinternen Untersuchung, bei der der Zustand der Gebäude untersucht wurde, in denen gegenwärtig die Bereiche Stadtplanung, Hoch- und Tiefbau, Gebäudewirtschaft, Liegenschaften, das Vermessungsamt und das Umweltamt, aber auch etwa der Stadtentwässerungsbetrieb untergebracht sind. Diese Untersuchung kam zu dem Ergebnis, dass ein Neubau voraussichtlich langfristig wirtschaftlicher sein würde als die Sanierung der Bestandsgebäude, zumal diese sich an einem Standort befinden, der zumindest größtenteils perspektivisch auch als attraktives Wohnquartier genutzt werden kann.

Mittlerweile hat der Rat entschieden, dass das neue Technische Rathaus an der Moskauer Straße, also in unmittelbarer Nähe des Bahnhofs, als etwa 35-stöckiges Hochhaus errichtet werden soll. Anders als der etwas sperrig klingende Projektname vermuten lässt, geht es um wesentlich mehr als um die Errichtung eines Gebäudes. Vielmehr soll der Umzug, der für das Jahr 2026 vorgesehen ist, eine völlig neue Arbeitskultur in der Verwaltung einläuten.

Als Inspiration diente uns bei der Planung das neue Technische Rathaus in der niederländischen Stadt Venlo. Dieses erfüllt nicht nur als Gebäude alle Anforderungen der Kreislaufwirtschaft (»cradle to cradle«), des Klimaschutzes und maximaler Energieeffizienz. Auch im Gebäude wird ganz anders gearbeitet, als wir dies herkömmlicherweise von der Verwaltung kennen. Statt Einzel- und Doppelbüros mit Namensschildern an der Tür wird im »Business Club« Teamarbeit praktiziert, und zwar selbstverständlich ohne fest zugeordnete Arbeitsplätze. Insgesamt gibt es nur »nonterritoriale«, also nicht fest zugeordnete Arbeitsplätze, und das auch nur für 75 % der Gesamtbelegschaft, was nach Erfahrung der holländischen Kollegen ohne Weiteres ausreicht, da die Arbeitszeit flexibel ausgestaltet ist. Niemand achtet auf die Einhaltung einer Kernarbeitszeit, vielmehr gilt der Grundsatz der Vertrauensarbeit mit vielfältigen Möglichkeiten mobilen Arbeitens. Und die Ergebnisse können sich nach den in Venlo gemachten Erfahrungen sehen lassen.

Natürlich muss solch ein Kulturwandel vorbereitet werden. Viele über Jahre eingespielte Standardprozesse werden sich ändern, Regeln müssen überarbeitet werden, und manche Betriebsvereinbarung wird auf den Prüfstand kommen. Und fast alles, was heute noch analog und mit Papier erledigt wird, wird digitalisiert werden. Die Jüngeren, die als »Digital Natives« groß geworden sind, werden sich damit leichter tun als manche erfahrene Verwaltungskraft.

Aber gerade die Erfahrungen, die wir während der Corona-Krise gemacht haben, stimmen mich zuversichtlich. Damals mussten wir von einem Tag auf den anderen lernen, digital zu arbeiten. Das war ein Sprung ins kalte Wasser mit viel Improvisation und natürlich auch der einen oder anderen Panne. Aber irgendwie geklappt hat es letztlich doch. Und die Erfahrungen in Venlo haben gezeigt, dass die ganz überwiegende Mehrheit der Beschäftigten sehr schnell mit dieser neuen Arbeitskultur zurechtkommt und heute die größeren Freiheitsgrade nicht mehr missen möchte.

Das Mantra
der Schuldenfreiheit

Seit September 2007 ist die Landeshauptstadt Düsseldorf »offiziell« schuldenfrei. Damals hatte Oberbürgermeister Joachim Erwin einen Teil des RWE-Aktienvermögens der Stadt und die Mehrheitsbeteiligung an den Stadtwerken zu einem sehr attraktiven Preis verkauft und ließ sich hierfür mit großem Brimborium auf dem Marktplatz feiern.

Die damals installierte Schuldenfreiheitsuhr, die bis vor Kurzem die Frontseite des Rathauses geziert hat, konnte allerdings nicht darüber hinwegtäuschen, dass die Stadt so richtig schuldenfrei eigentlich nie war. Tatsächlich stehen nämlich bis heute noch Altschulden in zweistelliger Millionenhöhe in den Büchern der Stadt, deren Ablösung schlicht unwirtschaftlich gewesen wäre.

Hinzu kommt, dass die vermeintliche Schuldenfreiheit immer schon eine Frage der Definition war. Schulden von kommunalen Betrieben wie etwa des Stadtentwässerungsbetriebes, die sich aus Gebühren refinanzieren, waren wohlweislich unberücksichtigt geblieben. Und selbstverständlich spielten auch die Kreditverbindlichkeiten städtischer Töchter bei der Frage der Schuldenfreiheit keine Rolle.

Insofern hätte sich theoretisch die Schuldenfreiheit auch dadurch aufrechterhalten lassen, dass man einfach immer mehr potenziell defizitäre städtische Aufgaben in Form privatrechtlicher Kapitalgesellschaften erbringt. Dass dies tatsächlich in nicht geringem Umfang auch gemacht wurde, zeigt die Tatsache, dass in der konsolidierten Gesamtbilanz der Stadt Bankverbindlichkeiten in Höhe von über 1 Milliarde Euro ausgewiesen sind.

Nichtsdestoweniger steht Düsseldorf finanziell hervorragend da. Während andere Städte in Nordrhein-Westfalen bereits bilanziell überschuldet sind, weist Düsseldorf eine höchst auskömmliche Eigenkapitalquote von etwa 80 % aus. Damit ist die Stadt nahezu unbegrenzt kreditfähig und für die Kreditwirtschaft ein hochwillkommener »Triple-A«-Schuldner.

Vor diesem Hintergrund mutet es etwas erstaunlich an, dass die Schuldenfreiheit in den Jahren vor meiner Wahl fast zu einem Selbstzweck geworden war. Mit Beschluss einer Mehrheit von Schwarz, Gelb und Grün wurde unmittelbar vor der Kommunalwahl 2014 sogar die Hauptsatzung dahingehend geändert, dass Investitionen nicht mit Krediten finanziert werden dürfen.

Wirtschaftlich ist dies natürlich ziemlicher Unsinn, da Ausgaben ja gerade dann als Investitionen bezeichnet werden, wenn sie ihrer Art nach geeignet sind, in der Zukunft Erträge zu erwirtschaften, die dann für ihre Refinanzierung zur Verfügung stehen. Dass dieser Effekt bei öffentlichen Investitionen eher mittelbar eintritt, sollte daran grundsätzlich nichts ändern. Denn auch wenn wir keine Gebühren oder Entgelte auf die Nutzung von Straßen oder Schulgebäuden erheben, dürfte auf der Hand liegen, dass intakte Straßen und Schulen die Attraktivität der Stadt erhöhen und ihr Wachstumsmöglichkeiten eröffnen, die sich über kurz oder lang auch in höheren Steuereinnahmen niederschlagen.

Bisweilen führte das Mantra der Schuldenfreiheit zu grotesken unwirtschaftlichen Ergebnissen. Ein Beispiel ist das unter meinen Vorgängern häufig praktizierte Modell einer sogenannten Private Public Partnership (PPP), das für die Finanzierung von Kitas recht beliebt war, aber auch etwa bei der Finanzierung des neuen Probenhauses des Düsseldorfer »Balletts am Rhein« Anwendung fand.

Das Modell funktioniert in der Regel so, dass die Stadt einem Investor ein Grundstück verkauft oder im Wege der Erbpacht zur Verfügung stellt und dieser dann hierauf die öffentliche Einrichtung baut. Diese wird dann von der Stadt für einen bestimmten Zeitraum gepachtet, wobei mit dem vereinbarten Pachtzins der gesamte Kapitaldienst des Investors geleistet wird. Nach Ablauf der Pachtdauer hat die Stadt also die gesamte Investition refinanziert, gerade so, als hätte sie selbst das Investitionsdarlehen aufgenommen. Der Unterschied ist nur, dass bei der PPP die Einrichtung nach der Tilgung des Kredits nicht der Stadt, sondern dem Investor gehört oder – in der Erbpachtvariante – dieser sich zumindest eines »goldenen Endes« erfreuen darf. Wirtschaftlich ergibt dies offensichtlich keinen Sinn, zumal die Stadt mit ihrem unschlagbaren Rating den Kredit in der Regel sogar zu günstigeren Konditionen hätte aufnehmen können als der Investor. Aber so handelt man eben, wenn man die Schuldenfreiheit zur »heiligen Kuh« macht.

Das Sparschwein ist leer

Gleich in der ersten Ratssitzung, die ich als Oberbürgermeister leiten durfte, überreichte mir der Vorsitzende der CDU-Ratsfraktion ein Sparschwein, das mit 307 Millionen Euro »gefüllt« war – so hoch waren angeblich die liquiden Mittel der Stadt zum

31. Mai 2014. Dies war natürlich Augenwischerei, da der Betrag zu einem Stichtag unmittelbar nach einem Hebetermin für die Gewerbesteuer ermittelt worden war.

Tatsächlich lebte Düsseldorf schon seit Jahren deutlich über seine Verhältnisse. Die sogenannte Ausgleichsrücklage, die zum Zeitpunkt der Einführung des neuen kommunalen Finanzwesens im Jahre 2009 noch bei rund 570 Millionen Euro gelegen hatte, war mit dem Haushaltsabschluss 2014 bereits auf gerade noch 164 Millionen Euro geschmolzen. Im Finanzplan schlugen insbesondere die Investitionen für die neue U-Bahn »Wehrhahnlinie« und das Tunnelprojekt am Köbogen zu Buche, die in etlichen Haushaltsjahren bis zu zwei Drittel des gesamten Investitionsvolumens in Anspruch nahmen.

Im Nachhinein wird man gerade auch unter Haushaltsgesichtspunkten beide Projekte kritisch beurteilen müssen, wenn auch aus unterschiedlichen Gründen.

Die Wehrhahnlinie ist grundsätzlich sicherlich ein sinnvolles Projekt: Die neue U-Bahn entlastet die Innenstadt und erhöht die Attraktivität des öffentlichen Personennahverkehrs. Allerdings habe ich nie so ganz verstanden, weshalb von den Gesamtkosten in Höhe von fast 1 Milliarde Euro noch nicht einmal die Hälfte von Bund und Land bezuschusst wurde. Nach der Rechtslage liegt die Förderung für derartige Projekte bei bis zu 90 % und in der Regel jedenfalls bei etwa 75 % des Gesamtkostenvolumens. Ein Förderanteil, der so niedrig ist wie für die Düsseldorfer Wehrhahnlinie, dürfte bundesweit einmalig sein. Es mag sein, dass eine wohlhabende Stadt wie Düsseldorf nicht jedem Cent hinterherlaufen muss, ein dreistelliger Millionenbetrag sollte aber auch in Düsseldorf des Schweißes der Edlen wert sein! Für den Köbogentunnel gab es keinen Cent öffentliche Förderung, da das Projekt, so wie es konzipiert war, offenbar von Anfang an nicht förderfähig war. Auch wenn es vielleicht nicht der

Meinung meiner Partei entspricht, räume ich ein, dass mir das Köbogenprojekt mit dem Libeskind-Bau von Anfang an gefallen hat und ich auch keinen Anlass sah, dem Tausendfüßler eine Träne nachzuweinen.

Allerdings war es aus meiner Sicht ein großes Versäumnis, diese Chance nicht zu nutzen, um die Verkehrssituation in der Innenstadt generell neu zu ordnen. Der Tausendfüßler geht auf die Planung von Friedrich Tamms zurück, der ganz im Sinne der »autogerechten Stadt« den gesamten Durchgangsverkehr über die Berliner Allee mitten durch die Stadt führte.

Diese Fehlplanung – jedenfalls aus heutiger Sicht – hätte man dadurch korrigieren können, dass man die Innenstadt durch einen Teilrückbau des gesamten Straßenzuges verkehrlich entlastet und stattdessen entlang der Gleisanlagen des ehemaligen Derendorfer Güterbahnhofs einen weiteren leistungsfähigen Tunnel- und Straßenzug geschaffen hätte, durch den die A 52 aus Essen mit der A 46 im Süden verbunden worden wäre. Hierdurch hätte auch der notorisch mit Autos verstopfte »Lastring« im Osten der Innenstadt signifikant entlastet werden können. Vor dem Hintergrund der Erfahrungen, die wir mit dem Rheinufertunnel gemacht haben, gehe ich davon aus, dass ein derartiges Projekt förderfähig gewesen wäre und den städtischen Haushalt im Ergebnis kaum stärker belastet hätte als der Köbogentunnel. Und überhöhte Stickoxidwerte auf der Corneliusstraße mit all ihren Folgen (Umweltspur!) hätten wir dann auch nicht zu befürchten gehabt.

Aber: Tempi passati – die Chance ist wohl vertan!

Der Kanaldeal

Zurück zum städtischen Haushalt.

Mit dem Jahresabschluss 2016 war die Ausgleichsrücklage zum ersten Mal aufgebraucht. Dies lag vor allem an einem gewissen Einbruch bei der Gewerbesteuer, der seine Ursache aber nicht darin hatte, dass die Wirtschaftskraft der Düsseldorfer Unternehmen merklich zurückgegangen wäre, sondern vielmehr in dem Umstand, dass die Kämmerin erstmals eine ganze Reihe von mit hoher Wahrscheinlichkeit uneinbringlichen Steuerforderungen wertberichtigt hatte.

Der Verbrauch der Ausgleichsrücklage hatte zur Folge, dass wir nunmehr gezwungen waren, unseren Haushaltsplan von der Bezirksregierung genehmigen zu lassen. Wirklich praktische Auswirkungen hatte dies nicht, da wir auch in der Vergangenheit – und in den späteren Jahren, in denen wir die Ausgleichsrücklage wieder angefüllt hatten – zwar den Haushaltsplan nur anzeigen mussten, gleichwohl aber bis zur Reaktion der Bezirksregierung, die in der Regel einige Monate auf sich warten ließ, nach dem Verfahren der vorläufigen Haushaltsführung wirtschaften mussten.

Allerdings stand nunmehr das Thema »Sparen« – nolens volens – auf der Tagesordnung. Im Rat wurde eine Haushaltsstrukturkommission gebildet, die gemeinsam mit der Verwaltung ein strukturelles Defizit, das vorläufig auf etwa 100 Millionen Euro beziffert wurde, schließen sollte. Gleichzeitig stellten wir in der Verwaltung Überlegungen an, wie wir Liquidität beschaffen konnten, um die teilweise vom Rat bereits beschlossenen Investitionen, insbesondere in Schulen, Bäder, Kitas und Jugendfreizeiteinrichtungen, finanzieren zu können.

Eine Finanzierung über Investitionskredite schied aus, da sich Grüne und FDP eindeutig gegen eine entsprechende Änderung der Hauptsatzung ausgesprochen hatten. Die Idee einer »Bürgeranleihe« wurde recht lange diskutiert, aber letztlich nicht weiterverfolgt, wohl auch deshalb, weil es im Ergebnis ja auch um eine Kreditfinanzierung gegangen wäre, wobei voraussichtlich – neben dem erheblichen Bearbeitungsaufwand – ein deutlich höherer Zinssatz herausgekommen wäre als bei einem normalen Bankkredit.

Ebenfalls ergebnislos verliefen die Diskussionen über die Veräußerung von städtischen Unternehmensbeteiligungen. Zwar liebäugelte die FDP in öffentlichen Äußerungen immer wieder mal mit einer Veräußerung unserer Flughafen-Beteiligung. Irgendwann aber musste sie wohl gemerkt haben, dass dies noch nicht einmal im Interesse der privaten Miteigentümer war, da diese sehr wohl wussten, wie stark sie bei der Finanzierung des Flughafens von der Bonität ihres Mitgesellschafters profitierten.

Durchaus sinnvoll allerdings erschien die Veräußerung des Flughafengeländes an die Flughafengesellschaft. Vorläufige Schätzungen kamen zu dem Ergebnis, dass hierdurch ein mittlerer dreistelliger Millionenbetrag in die städtischen Kassen gespült werden konnte. Letztlich scheiterten aber auch diese Überlegungen vor allem daran, dass der Flughafen aus eigener Kraft nicht in der Lage war, diese Investitionen zu stemmen, und die privaten Gesellschafter ihrerseits nicht bereit waren, eine solche Transaktion zu unterstützen.

Blieb als Letztes das »Kanalvermögen«. Dieses Vermögen umfasst sämtliche Abwasserleitungen im Stadtgebiet Düsseldorf samt den dazugehörenden Kläranlagen. Bislang war dieses Vermögen bilanziell aufgeteilt auf den Stadtentwässerungsbetrieb und die Stadt, und zwar dergestalt, dass alle Investitionen, die nach Ausgründung des Stadtentwässerungsbetriebes als eigenbetriebsähnliche Einrichtung im Jahre 2001 getätigt wurden, dort als Anlagevermögen bilanziert wurden, während die Altanlagen bei der Stadt verblieben und vom Stadtentwässerungsbetrieb angepachtet wurden. Weshalb dies so gemacht wurde, hat sich mir nie ganz erschlossen. Ich nehme an, steuerliche Erwägungen dürften wieder einmal maßgeblich gewesen sein.

Im Ergebnis führte diese Gestaltung allerdings zu völlig unnötiger Komplexität. Offensichtlich war es sinnvoller, wenn das gesamte Vermögen einheitlich bilanziert würde. Und gleichzeitig bot sich hierdurch die Gelegenheit, der Stadt einen Veräußerungserlös zu ermöglichen, mit dem dann ohne Kreditaufnahme Investitionen finanziert werden könnten. Dass sich der Stadtentwässerungsbetrieb für den Erwerb dieser Vermögenswerte würde verschulden müssen, war für die Logik der Schuldenfreiheit unerheblich, da es sich ja um einen gebührenfinanzierten Betrieb handelte, der immer schon Kreditverbindlichkeiten hatte, ohne dass dies die Gralshüter der Schuldenfreiheit gestört hätte. So waren es eben ein paar mehr.

Was aber würde der angemessene Preis für das Kanalvermögen sein? Die Kämmerin hatte ursprünglich den Restbuchwert vorgeschlagen, das wären knapp 400 Millionen Euro gewesen. Erfahrungen aus anderen Kommunen, die entsprechende Vermögenswerte privatisiert hatten, zeigten allerdings, dass der »Markt« offenbar gewillt war, einen erheblichen Goodwill auf die ausgewiesenen Buchwerte zu bezahlen. Ich bat daher darum, ein Beratungsunternehmen mit der Wertermittlung und der anschließenden Finanzierung des sich hieraus ergebenden Kaufpreises zu beauftragen, wobei der Preis so bemessen sein sollte, dass der Abwasserkunde nach der Transaktion keine Gebührenerhöhung zu befürchten haben sollte.

Im Ergebnis kamen die Experten auf einen Kaufpreis von knapp 600 Millionen Euro, wobei der Buchwertgewinn in Höhe von etwa 200 Millionen Euro in voller Höhe der Ausgleichsrücklage zugeführt werden konnte. Die Zinslasten, die den Stadtentwässerungsbetrieb infolge der Transaktion belasten, erschienen verkraftbar: Bei einer Laufzeit von bis zu 50 Jahren lag der durchschnittliche effektive Jahreszins gesichert über die gesamten Darlehenslaufzeiten gerade einmal bei 1,65 %!

Natürlich gab es wegen des Kanaldeals ein erhebliches Geschrei der Opposition, die mir Täuschung und Trickserei vorwarf. Zugegeben: Tatsächlich ging es allein um eine Vermögensverschiebung innerhalb des Stadtkonzerns. Dabei machten wir uns die Interpretationsspielräume der in Düsseldorf geltenden Definition der Schuldenfreiheit zunutze. Ein schlechtes Gewissen hatte ich dabei aber keineswegs. Denn die mit der Liquidität des Kanaldeals finanzierten Investitionen hätte man besten Gewissens auch über einen ganz normalen Kredit finanzieren können, zumal ein Triple-A-Schuldner wie die Landeshauptstadt Düsseldorf in Zeiten, in denen die Zentralbank Strafzinsen gegenüber Banken erhebt, ohnehin allenfalls vernachlässigbare Zinsen hätte zahlen müssen.

Mit dem Kanaldeal und der infolgedessen wieder aufgefüllten Ausgleichsrücklage war der Spardruck natürlich erst mal weg, zumal in den Jahren nach 2017 die Gewerbesteuereinnahmen wieder kräftig sprudelten. Die Haushaltsstrukturkommission war darüber offensichtlich nicht unglücklich und löste sich mehr oder weniger stillschweigend auf, was schon insofern nicht weiter auffiel, als bei den wenigen Sitzungen, zu denen sie sich traf, nach meiner Kenntnis kein einziger ernsthafter struktureller Sparvorschlag diskutiert wurde, sondern man sich darauf beschränkte, sich von der Kämmerin die Haushaltslage erklären zu lassen.

Nur der Gewerbesteuer war es nicht zu verdanken, dass in den Jahren 2017, 2018 und 2019 die Haushalte nicht nur allesamt strukturell ausgeglichen waren, sondern sogar mit einem Überschuss abschlossen. Zwar gab es mit Ausnahme des Projektes Verwaltung 2020, dessen Effekte ohnehin erst später zu Buche schlagen würden, keine wirklichen strukturellen Einschnitte. Immerhin aber spülte beispielsweise eine ganze Reihe von Grundstücksgeschäften ordentlich Geld in die Kasse, wohl auch deshalb, weil anders als bisweilen in der Vergangenheit die Zahlungsbereitschaft des Käufers ernsthaft getestet wurde.

Sparen nach Corona

Mit der Corona-Pandemie des Jahres 2020 und ihren gravierenden Auswirkungen auf die Haushaltslage in den Folgejahren dürfte das Thema Sparen wieder aktuell werden.

Allein im Jahr 2020 dürften die Einnahmen aus der Gewerbesteuer um einen mittleren dreistelligen Millionenbetrag einbrechen. Hinzu kommen ausbleibende Ausschüttungen, insbesondere bei der Messe und beim Flughafen, wobei Letzterem sogar bereits Kapital in einer Größenordnung von 50 Millionen Euro nachgeschossen werden musste. Und auch das Defizit der Rheinbahn dürfte erstmals in der Geschichte des Unternehmens den Betrag von 100 Millionen Euro deutlich übersteigen.

Ob und in welchem Umfang die großzügig versprochenen Staatshilfen tatsächlich fließen, bleibt abzuwarten. Aus der zunächst in Aussicht gestellten vollständigen Kompensation der Gewerbesteuermindereinnahmen scheint wohl nichts zu werden; die Kämmerin jedenfalls berichtete in der letzten Verwaltungskonferenz, der ich als scheidender OB vorsaß, sie rechne lediglich mit einer Kompensation in der Größenordnung von

200 Millionen Euro für das Jahr 2020, und was danach käme, stünde in den Sternen.

Insofern wird man sich wohl auf die eigene Kraft besinnen müssen.

Bei den Investitionen zu sparen, würde ich nicht empfehlen. Ganz im Gegenteil: Gerade in Zeiten einer heraufziehenden Rezession tut die öffentliche Hand gut daran, nicht selbst Öl ins Feuer zu gießen und den Abschwung zu forcieren, sondern zu investieren und damit die Wirtschaft wieder anzukurbeln. Einmal ganz abgesehen davon, dass Investitionen, insbesondere etwa in Schulen, den zukünftigen Wohlstand unserer Stadt sichern.

Stattdessen sollte also der konsumtive Haushalt entlastet werden. Ideen dazu gibt es, sie müssen nur formuliert und umgesetzt werden. Aber vielleicht hilft ja die Krise, beim Haushalt auch einmal die eingefahrenen Pfade zu verlassen. Ich denke beispielsweise an die über 170 Millionen Euro, die Düsseldorf jedes Jahr an den Landschaftsverband Rheinland überweist. Hier bietet sich an, die angespannte Finanzlage zum Anlass zu nehmen, einmal ernsthaft und sorgfältig zu untersuchen, ob das Sammelsurium an Aufgaben, die vom Landschaftsverband wahrgenommen werden, nicht effizienter von einzelnen Gebietskörperschaften oder speziell gegründeten Zweckverbänden übernommen werden könnte. Andere Bundesländer jedenfalls scheinen ohne Weiteres auch ohne Landschaftsverbände auszukommen.

Auch der zweistellige Millionenbetrag, den die Stadt jährlich an die IT Kooperation Rheinland überweist, sollte angesichts der heraufziehenden Haushaltskrise einmal auf den Prüfstand gestellt werden. Kommunale Zusammenarbeit ist immer dann sinnvoll, wenn hierdurch Synergien und Skalenvorteile gehoben werden können. Bei der ITK sind diese Vorteile allerdings schon deshalb begrenzt, weil die Kooperationspartner ganz überwiegend kleinere Kommunen sind, die andere Anforderungen an Verwaltungssoft- und -hardware haben als die Landeshauptstadt. Und bei kundennahen Dienstleistungen (»First Level Support«) dürfte in der Regel der Koordinationsaufwand höher sein als der Wert etwaiger Synergien.

Auch bei der Frage, ob Zuwendungen des Landes tatsächlich richtig bemessen sind, besteht für Düsseldorf ein Optimierungsspielraum. Denn für deren Höhe ist häufig die Einwohnerzahl maßgeblich, und die wird vom Land nach wie vor auf der Grundlage des fortgeschriebenen Mikrozensus von 2011 ermittelt. Heraus kommt bei dieser Methode eine Einwohnerzahl, die bereits 2018 um fast 30.000 Einwohner niedriger war als die sich aus dem Melderegister ergebende (tatsächliche!) Einwohnerzahl. Im Ergebnis bedeutet dies, dass die Zuschüsse systematisch um etwa 5 % zu niedrig bemessen sind!

Selbstverständlich gibt es auch Möglichkeiten, vor der eigenen Tür zu sparen. So böte die aktuelle Finanzkrise die Gelegenheit, einmal darüber nachzudenken, ob wir wirklich zehn Stadtbezirke in Düsseldorf brauchen, die alle über Bezirksvertretungen verfügen, die von der Stadtverwaltung bedient werden müssen. Köln kommt mit neun Stadtbezirken aus, und ich bin sicher, dass die Qualität der politischen Partizipation nicht mit der Anzahl der Stadtbezirke steigt, zumal es für alle Parteien immer schwieriger wird, qualifizierte Bewerber für die Bezirksvertretungen zu finden.

Vielleicht kann die aktuelle Krise auch genutzt werden, um im Bereich der städtischen Immobilien genauer zu untersuchen, wo hier, ohne dass der kommunalpolitische Auftrag darunter leidet, Erträge generiert und Kosten vermieden werden können. Auf der Grundlage der bereits in den letzten Jahren durchgeführten Analyse des städtischen Immobilienportfolios sollte zeitnah entschieden werden, was mit den städtischen Liegenschaften geschehen soll, die nicht der Erfüllung kommunaler Aufgaben, kulturellen Zwecken oder der Daseinsvorsorge im weiteren Sinne dienen. Hier dürfte in der Regel die Veräußerung die vernünftigste Alternative sein, zumal die Betreuung derartig verwaltungsfremden Immobilienbesitzes personelle und nicht selten auch finanzielle Ressourcen in erheblichem Umfang bindet. Dass man sich mit solchen Entscheidungen nicht beliebt macht, liegt auf der Hand, ist in einer schwierigen Haushaltslage, wie sie sich seit dem ersten Lockdown entwickelt, aber unvermeidlich.

Sinnvoll erscheint auch, sich einmal die von der Stadt gerade in den letzten Jahren angemieteten Immobilien etwas genauer anzuschauen. Mit der Erfahrung, die wir in der Corona-Zeit mit mobilem Arbeiten und Homeoffice gemacht haben, dürfte der tatsächliche Raumbedarf der Verwaltung nicht nur kurzfristig, sondern nachhaltig deutlich gesunken sein. Hinzu kommt, dass man sich so auch bereits auf das neue Arbeiten im neuen technischen Verwaltungsgebäude vorbereiten kann, in dem ohnehin nur noch nonterritorial mit deutlich weniger fest eingerichteten Arbeitsplätzen gearbeitet werden soll.

Und natürlich bietet sich die aktuelle Situation auch für die Diskussion über sinnvolle Budgetbeschränkungen in der Kultur an, auf die ich in vorangegangenen Kapiteln bereits hingewiesen habe.

Annäherung an das Brauchtum

Mit dem Düsseldorfer Brauchtum, also mit Karnevals-, Schützen- und Heimatvereinen, hatte ich keinerlei Berührungspunkte, als ich mich entschied, für das Amt des Oberbürgermeisters zu kandidieren. Aus diesem Grunde war ich alles andere als glücklich darüber, dass ausgerechnet im Wahljahr 2014 die Karnevalsession bis Anfang März dauern sollte. Da, so dachte ich mir, mache ich wohl keinen Schnitt. Tatsächlich aber kam es ganz anders: Mit einem spontanen Radschlag bei der Karnevalsgesellschaft Düsseldorfer Radschläger und einem Auftritt als Charlie Chaplin mit Vera als Marlene Dietrich beim Düsseldorf Fernsehkarneval gelang es, nicht nur meine Bekanntheit dramatisch zu steigern, sondern auch die Herzen vieler Düsseldorfer Karnevalistinnen und Karnevalisten zu erobern. Für den späteren Wahlsieg war damit der Grundstein gelegt.

Der Karneval spielte auch während meiner gesamten Amtszeit eine bedeutende Rolle. Nicht nur, dass ich in den letzten sechs Jahren eine beachtliche Sammlung an Kostümen, Karnevalsorden und Narrenkappen anlegen konnte; die fünfte Jahreszeit wurde Jahr für Jahr auch sorgfältig geplant, mit der Auswahl des von Jacques Tilly gestalteten OB-Ordens, dem (privaten) Kennenlerntermin mit dem Prinzenpaar und der Auswahl repräsentativer Karnevalstermine einschließlich einer »Tingeltour« mit dem Prinzenpaar. Am wichtigsten aber war die Entscheidung, wie wir uns in der jeweiligen Session verkleiden würden. Hierfür trafen wir uns alljährlich meist Anfang Dezember mit unserer Freundin Elke Pflips, die uns nicht nur immer wunderbar schminkte, sondern auch ein Händchen für die richtigen Kostüme hatte. Die Idee, uns als Bert und Sophia Wollersheim zu verkleiden, was in der Session 2016 eine Woche lang die Schlagzeilen beherrschte, ging freilich auf mein Konto. Dass wir als Quasimodo und Esmeralda allerdings nach der herrschenden Meinung in den sozialen Netzwerken sogar Anthony Quinn und Gina Lollobrigida Paroli bieten konnten, haben wir allein Elke zu verdanken!

Wie Eingeweihte bestätigen werden, ist der Karneval eine ausgesprochen ernste Angelegenheit; manch eine(r) meint ja sogar, beim Karneval höre der Spaß auf. Miterleben durfte ich dies, nachdem Josef Hinkel 2015 überraschend seinen Rücktritt als Präsident des Komitees Düsseldorfer Karneval erklärt hatte. Fast alle Funktionäre, die sich heillos zerstritten hatten, schütteten seinerzeit an unserem Küchentisch ihr Herz aus, und angesichts der geschilderten Intrigen und Verletzungen, bisweilen auch gekränkten Eitelkeiten wurde mir schnell klar, dass man als Oberbürgermeister in einer Karnevalshochburg nicht nur über Sinn für Humor, sondern auch über psychologisches Feingefühl verfügen sollte.

Mein Einstand beim Düsseldorfer Schützenwesen verlief etwas holpriger. In Unkenntnis der einschlägigen Kleiderordnung erschien ich zu meinem ersten Schützenfest – in Garath, soweit ich mich erinnere – nicht, wie es sich gehört, im dunklen Anzug mit Krawatte, sondern in Jeans und Polohemd. Auch beim großen Verein von 1316 dauerte es eine Weile, bis wir miteinander warm wurden. Beim Schützenfest 2014 wollte mich der Schützenchef erst gar nicht begrüßen, mit der etwas konstruierten Begründung, ich sei zwar schon gewählt, aber ja noch nicht im Amt. Und zu einer ernsten Verstimmung kam es anlässlich der Investitur des Schützenkönigs 2016, die ich schwänzte, um stattdessen ausgerechnet eine Einladung zu den – horribile dictu – »Kölner Lichtern« anzunehmen.

Mit der Zeit aber lernten die Schützinnen (ja, die gibt es auch!) und Schützen aber durchaus zu schätzen, dass ich gerne und häufig Schützenfeste besuchte und es mir insbesondere nur selten nehmen ließ, verdiente Schützen eigenhändig mit dem Stadtorden auszuzeichnen. Und ich selbst machte die Erfahrung, dass das Schützenwesen keineswegs eine angestaubte Veranstaltung sein muss, son-

Hoppeditzerwachen am 11.11.

dern die Werte der Sebastianer – »Glaube, Sitte, Heimat« – richtig verstanden Ausdruck eines vorbildlichen Bürgersinnes sind.

Auch zu den Düsseldorfer Heimatvereinen hatte ich vor Beginn meines kommunalpolitischen Engagements keine Verbindung. Von den Düsseldorfer Jonges hatte ich schon einmal gehört und die Vorstellung, es handele sich hierbei um einen finsteren Männerbund, bei dem Pöstchen und Geschäfte in Hinterzimmern ausbaldowert werden.

Heute weiß ich, dass es ganz wesentlich auch ein Verdienst der Düsseldorfer Heimatvereine ist, dass die Stadt so liebenswert und attraktiv ist. Die in der Aktionsgemeinschaft zusammengeschlossenen Düsseldorfer Heimat- und Bürgervereine und die Düsseldorfer Jonges zeigen nach meiner Erfahrung sehr eindrucksvoll, dass Traditionsverbundenheit und Weltoffenheit keine Gegensätze sein müssen. Gerade für die städtebauliche Entwicklung haben die Jonges und die AGD immer wieder wichtige Impulse gesetzt. Und wenn es um die

Solidarität mit Flüchtlingen oder darum ging, seine Stimme gegen Rassismus, Antisemitismus und andere Formen der Menschenfeindlichkeit zu erheben, konnte man sich auf die Düsseldorfer Jonges und ihren Baas immer verlassen.

Dass die Jonges bis heute nur Männer – »Jonges« eben – aufnehmen, mag dem einen oder der anderen ein wenig aus der Zeit gefallen erscheinen. Mit mangelndem Respekt vor Frauen hat dies aber offenkundig nichts zu tun. Denn häufig sind gerade Einrichtungen für Frauen und Mädchen Adressaten von Wohltätigkeitsveranstaltungen der Jonges. Und im Karneval beispielsweise dient das Jonges-Haus in der Mertensgasse als Zufluchtsort für Frauen und Mädchen, die Schutz vor Gewalt und sexueller Belästigung suchen.

Wie wäre es also, wenn wir die Jonges Jonges sein lassen und sie ganz einfach als eine Ausprägung der wunderbaren Vielfalt unserer Stadt respektieren?

Vielfalt integrieren, feiern und ertragen

Das pralle Leben

Nicht viele Großstädte der Größenordnung Düsseldorfs zeichnen sich durch so viel Vielfalt und Buntheit aus wie die nordrhein-westfälische Landeshauptstadt. Dazu beigetragen haben gewiss die sprichwörtliche rheinische Lebensart und Toleranz, die dafür gesorgt hat, dass Menschen, die in Düsseldorf Wurzeln schlagen und ihr Glück machen wollten, hier – völlig unabhängig von ihrer Herkunft – eigentlich immer mit gastfreundlich-offenen Armen aufgenommen wurden.

Dies war so im ausgehenden 19. Jahrhundert mit Einwanderern aus Osteuropa, die in der sich entwickelnden Schwerindustrie Arbeit fanden, und setzte sich fort über die nach dem Ende des Zweiten Weltkriegs aus den ehemaligen deutschen Ostgebieten Vertriebenen, über die Gastarbeiter des Wirtschaftswunders bis hin zu den Menschen, die heute aus Kriegs- und Bürgerkriegsregionen der Welt kommen und in unserer Stadt Zuflucht suchen. Sie alle kamen zunächst als Fremde, wurden aber zumeist sehr schnell zu Düsseldorferinnen und Düsseldorfern und waren so auch prägend für das weltoffene Selbstverständnis, das sich hier am Rhein entwickelt hat.

Zu diesem Selbstverständnis gehört es auch, dass nicht nur Menschen unterschiedlicher geografischer, kultureller und religiöser Herkunft hier heimisch werden können, sondern auch, dass jeder – egal welchen Lebensentwurf er wählt – hier nach seiner Fasson selig bzw. glücklich werden kann, wobei sich der Rheinländer selbstverständlich nicht am Preußenkönig orientieren muss, sondern darauf verweisen kann, dass hierzulande eben jeder Jeck anders ist.

Und tatsächlich sind die Jecken in dieser Stadt höchst unterschiedlich.

Im Bereich der Kultur reicht die Vielfalt vom traditionsverbundenen Brauchtum mit Heimatverein, Karneval und Schützenwesen bis zur sogenannten Hochkultur mit Oper, Theater und Sinfoniekonzert. Eine ihrem Selbstverständnis nach avantgardistische freie Szene gehört genauso zur Kulturmetropole Düsseldorf wie eher konsumorientierte Influencer, die im Netz eine »Followerschaft« im fünf- bis sechsstelligen Bereich haben und etwa um den ebenfalls hier in Düsseldorf gegründeten »Web Video Price« konkurrieren.

Die Vielfalt wird in Düsseldorf auch gefeiert in allen denkbaren Formen sexueller Identität und Orientierung, bei denen ein konservatives Bürgertum vor einigen Jahren noch – bestenfalls – schamvoll weggeschaut hätte, die heute aber jedenfalls von der identitätsprägenden Mehrheit der Stadtgesellschaft ohne Weiteres akzeptiert werden. Und natürlich gibt es auch Unterschiede in den Präferenzen und Bedürfnissen zwischen den Generationen, die nicht nur durch die steigende Lebenserwartung und den demografischen Wandel, sondern auch durch die digitale Transformation tendenziell immer stärker ausgeprägt sind.

Ebenfalls zur Vielfalt gehören die sozialen Gegensätze, die in Düsseldorf ganz besonders auffällig sind. Dass es hier viele Wohlhabende und nicht wenige »Superreiche« gibt, ist landesweit bekannt und prägt bei nicht wenigen ganz maßgeblich ihr Bild von Düsseldorf. Weniger bekannt ist, dass in dieser Stadt immerhin 20 % der Bewohner unterhalb der Armutsgrenze leben. Das ist zwar verglichen mit anderen Städten der Größenordnung Düsseldorfs nicht sonderlich hoch, für die Betroffenen aber insofern gravierend, als es durchaus einen Unterschied macht, ob man auf dem flachen Land in Mecklenburg-Vorpommern oder in der Wohlstandsmetropole Düsseldorf mit weniger als 60 % des bundesdeutschen Durchschnittseinkommens über die Runden kommen muss.

Die Vielfalt ist also etwas, was unsere Stadt auf der einen Seite bereichert, auf der anderen Seite die Stadtgesellschaft insgesamt, vor allem Politik und Verwaltung, aber auch vor beachtliche Herausforderungen stellt.

Viele Organisationen und ehrenamtlich Tätige – im Brauchtum, in den Wohlfahrtsorganisationen, in den Kirchen, im Sport und in der Kultur – kümmern sich um ein gelingendes soziales Miteinander in dieser heterogenen Stadt. Besonders erwähnen möchte ich in diesem Zusammenhang die vor gut zwei Jahren im November 2019 in Düsseldorf gegründete »Lobby für Demokratie«, die sich unter dem Eindruck politisch, aber auch weltanschaulich und religiös motivierter Spaltungstendenzen in unserer Gesellschaft dieses Thema zur besonderen Aufgabe gemacht hat.

Als Oberbürgermeister habe ich meine Aufgabe immer ganz wesentlich auch darin gesehen, die gesamte Stadtgesellschaft in ihrer Vielfalt zu repräsentieren und zu integrieren. Dies war der Grund, dass mein Terminkalender in den sechs Jahren meiner Amtszeit immer gut gefüllt war. Denn die ganze Stadt in ihrer Vielfalt kennenzulernen, erfordert nicht nur Neugierde und Empathie, sondern eben auch eine Menge Zeit. Aber die habe ich mir gerne genommen, denn – und das war vielleicht die schönste Erfahrung für mich – Oberbürgermeister von Düsseldorf zu sein, das ist das »pralle Leben«!

Hilfen und Chancen

Ein gelingendes Miteinander in einer so heterogenen Stadtgesellschaft wie der in Düsseldorf hängt nach meiner Überzeugung wesentlich davon ab, dass die sozialen Unterschiede nicht zu groß werden und sich vor allem nicht derart verfestigen, dass Möglichkeiten sozialen Aufstiegs praktisch nicht bestehen und in erster Linie Herkunft und familiärer und sozialer Hintergrund für die individuellen Lebensperspektiven maßgeblich sind. Zahlreiche Initiativen, Organisationen und Einrichtungen wirken in Düsseldorf daran mit, dass Menschen, die, aus welchen Gründen auch immer, in eine schwierige Lebenssituation geraten sind, geholfen und eine zweite – wenn nötig auch eine dritte – Chance gegeben wird, um ein menschenwürdiges Leben führen und ihren Lebensunterhalt möglichst aus eigener Kraft bestreiten zu können.

Auf der Grundlage einer zwischen der Stadt und der »Liga der Wohlfahrtsverbände« (das ist der Zusammenschluss von Diakonie, Caritas, Arbeiterwohlfahrt, Rotem Kreuz, Paritätischem Wohlfahrtsverband und der Wohlfahrtsorganisation der jüdischen Gemeinde) geschlossenen Rahmenvereinbarung werden soziale Leistungen – Schuldnerberatung, Obdachlosenhilfe, Zuflucht für Prostituierte, niedrigschwellige Arbeits- und Ausbildungsmöglichkeiten etc. – angeboten, die denen zugutekommen, die ansonsten vom Netz staatlicher Fürsorge kaum erreicht werden. Hinzu kommen private Initiativen, die durch Streetwork, kundenorientierte Beschäftigungsangebote und nicht selten auch – im weiteren Sinne – seelsorgerische Tätigkeit gezielt denen helfen, die auf der sozialen Leiter ganz unten stehen.

Insbesondere erwähnen möchte ich insofern die Initiative »fifty-fifty«, die in den 25 Jahren ihres Bestehens durch die Un-

Die Düsseldorfer Tafel

terstützung insbesondere vieler Künstler, aber auch durch die engagierte Streetwork ihrer Mitstreiterinnen und Mitstreiter vielen Obdachlosen wieder ein Zuhause, eine Lebensperspektive und nicht selten auch ein neues Selbstbewusstsein gegeben hat. Und die franziskanische Initiative »vision:teilen« versorgt mit dem »Gute-Nacht-Bus« nicht nur Obdachlose mit Kleidung und Nahrung, sondern schafft auch eine wunderbare Gemeinschaft zwischen Menschen ganz unterschiedlicher sozialer Stellung.

Die Stadt selbst bietet über das Jobcenter und die Zukunftswerkstatt Menschen, die lange arbeitslos waren, die Möglichkeit, Schritt für Schritt im Arbeitsmarkt wieder Tritt zu fassen. Angebote der städtischen Volkshochschule, der Jugendberufshilfe oder des Berufsbildungszentrums der Arbeiterwohlfahrt richten sich an junge Menschen, denen ohne qualifizierten Schul- und Bildungsabschluss ansonsten eine Hartz-IV-Karriere drohen würde. Insgesamt ist es so gelungen, die Zahl der Langzeitarbeitslosen in den letzten Jahren deutlich zu senken.

Wenn nicht soziale Herkunft, sondern das Leistungsprinzip gesellschaftlichen Status bestimmen soll, dann geht es natürlich ganz wesentlich um Chancengerechtigkeit. Und diesbezüglich hat die Stadt naturgemäß insbesondere bei den Jungen, bei Klein- und Schulkindern die größten Möglichkeiten.

Cui bono? Kita- und Musikschulbeiträge

Deshalb hat Düsseldorf schon unter meinen Vorgängern Joachim Erwin und Dirk Elbers einen besonderen Schwerpunkt auf ein qualitativ und quantitativ gutes Kinderbetreuungsangebot gelegt. Und was den Schulbau angeht, für den wir als Schulträger verantwortlich sind, haben wir in den letzten sechs Jahren die Versäumnisse der Vergangenheit aufgeholt und können heute diesbezüglich eine Vorbildfunktion beanspruchen.

Im Jahr 2010 hatte mein Vorgänger die Beitragsfreiheit für Kita-Kinder im Alter von über drei Jahren eingeführt, die bereits Joachim Erwin in seinem »politischen Testament« angekündigt hatte. Dass dies eine sehr populäre Maßnahme war, lag auf der Hand. Allerdings hatte ich von Anfang an erhebliche Zweifel, ob damit wirklich ein Beitrag zur Chancengerechtigkeit geleistet wird. Immerhin waren meine Frau und ich Hauptprofiteure dieser städtischen Wohltat, da alle unsere Kinder bereits sehr frühzeitig die Kita besuchten. Die dadurch ermöglichte Vereinbarkeit von Beruf und Familie bescherte uns ein erhebliches zusätzliches Familieneinkommen, das wir durchaus bereit gewesen wären, mit der Stadt in Form von Kitagebühren ein Stück weit zu teilen.

Aus diesem Grunde stellte ich gleich zu Beginn meiner Amtszeit gemeinsam mit dem zuständigen Dezernenten Burkhard Hintzsche Überlegungen an, die Beitragsfreiheit für gut situierte Haushalte wieder abzuschaffen und im Gegenzug für bedürftige

Familien den Kitabesuch unabhängig vom Alter der Kinder generell beitragsfrei zu machen. Auch wenn dieses Ansinnen bei Vertretern der Wohlfahrtsverbände, die die Mehrheit der Düsseldorfer Kitas betreiben, durchaus auf Sympathie stieß, ging die Ablehnung im Rat quer durch das gesamte politische Spektrum, sodass wir die Pläne recht bald wieder fallen lassen mussten.

Allerdings bin ich auch im Nachhinein gesehen überzeugt, dass die damaligen Überlegungen zutreffend waren. Tatsächlich führt die beitragsfreie Kita-Betreuung – wie das Beispiel meiner eigenen Familie zeigt – gerade bei gut situierten Haushalten zu erheblichen Mitnahmeeffekten.

Vor allem aber sollte berücksichtigt werden, dass die Stadt ein besonderes Interesse daran haben sollte, dass insbesondere Kinder mit Migrationshintergrund und aus sogenannten bildungsfernen Milieus in die Kita gehen, da dies unstreitig der effektivste Weg ist, um Chancengleichheit und Integration zu verwirklichen. Die Erfahrung zeigt allerdings, dass ausgerechnet Kinder aus diesen schwierigen Milieus das Kita-Angebot zu einem geringeren Teil in Anspruch nehmen als Kinder aus finanziell bessergestellten Familien.

Mit der Überlegung, dass Migrationshintergrund und Bildungsferne vergleichsweise stark mit dem Haushaltseinkommen (negativ) korrelieren, hatte Burkhard Hintzsche daher vorgeschlagen, die Beitragsfreiheit lediglich für Kinder aus Familien mit einem Haushaltsjahreseinkommen von unter 50.000 Euro aufrechtzuerhalten und die für höhere Einkommen zu erhebenden Kita-Beiträge in einen weiteren quantitativen Ausbau des Angebots und insbesondere gezielte »Reach-out«-Aktivitäten in sozialen Brennpunkten zu investieren. Mir selbst kam damals noch der Gedanke, dass eine derartige Differenzierung möglicherweise auch geeignet sein könnte, die verfassungsrechtlichen Bedenken gegen eine – für Kinder aus integrationsbedürftigen Milieus aus meiner Sicht durchaus wünschenswerte – »Kita-Pflicht« auszuräumen. Angesichts des Shitstorms, den bereits der Vorschlag zur Modifizierung der Beitragsfreiheit ausgelöst hatte, wurde mir allerdings von gutmeinenden Beratern nachdrücklich empfohlen, diese Überlegungen lieber erst gar nicht zu äußern.

Auch bei anderen städtischen Wohltaten scheint mir die Überlegung richtig zu sein, sie immer wieder einmal darauf zu überprüfen, ob diejenigen, die in ihren Genuss kommen, auch tatsächlich bedürftig sind.

Ein Beispiel war mein Vorstoß, die Gebühren der städtischen Clara-Schumann-Musikschule sozial zu staffeln. Auslöser dieser Initiative war die vielbeklagte lange Warteliste für städtischen Musikunterricht. Nach meinem Eindruck bzw. nach meiner Erfahrung als Vater von vier musizierenden Kindern war Ursache für die lange Warteliste nicht ein mangelndes Angebot an qualifiziertem Musikunterricht in Düsseldorf, sondern vielmehr der Umstand, dass das städtische Angebot eben konkurrenzlos preisgünstig angeboten wurde.

Tatsächlich deckten die Gebühren gerade einmal etwa ein Drittel der unmittelbaren Personalkosten für die Musiklehrerinnen und Musiklehrer ab. Rechnete man Overhead und Gebäudekosten noch hinzu, war die Kostendeckungsquote noch entsprechend niedriger. Spaßeshalber hatte ich einmal angemerkt, wären die privaten Musikschulen in die Handwerksrolle eingetragen, wäre der Handwerkskammerpräsident mit Sicherheit der Erste, der sich gegen eine derartige Wettbewerbsverzerrung zur Wehr setzen würde.

Vor diesem Hintergrund hatte ich vorgeschlagen, die Gebühren so zu staffeln, dass Kinder aus sehr gut situierten Elternhäusern (mit einem jährlichen Haushaltseinkommen von über 120.000 Euro) ihren Musikunterricht nur noch knapp zur Hälfte von der Stadt subventioniert bekommen sollten und umgekehrt Kinder, die das Angebot qualifizierter privater Musikschulen in Anspruch nehmen, ebenfalls einen städtischen Zuschuss erhalten sollten, falls ihre Eltern entsprechend bedürftig sind.

Auch diese Initiative war nicht sonderlich erfolgreich. Eine Integration der privaten Musikschulen in das städtische Fördersystem scheiterte, und auch bei den Gebühren der Clara-Schumann-Musikschule ließ sich allenfalls eine sehr gemäßigte soziale Staffelung politisch durchsetzen.

LSBTIQ+

Für den Umgang mit Vielfalt wurde Düsseldorf wiederholt ausgezeichnet. Zuletzt durfte ich gemeinsam mit der Leiterin des Gleichstellungsbüros, Elisabeth Wilfart, und der Diversity-Beauftragten der Stadt, Jana Hansjürgen, den Max-Spohr-Preis entgegennehmen, den der Völklinger Kreis, ein Netzwerk schwuler Führungskräfte, öffentlichen Einrichtungen verleiht, die sich durch ein vorbildliches Diversity-Management auszeichnen.

Und tatsächlich hat Düsseldorf diesbezüglich einiges zu bieten. Schon seit vielen Jahren gibt es etwa das schwul-lesbische Jugendzentrum »Puls«, und in den letzten Jahren kamen mit der Transberatungsstelle, der Fachstelle »Altern unterm Regenbogen«, dem »Netzwerk d!vers« und der Einrichtung einer Diversity-Beauftragten noch eine ganze Reihe weiterer Angebote für die LSBTIQ+-Community hinzu. Sehr gerne hätten wir im Jahre 2020 auch die Eurogames – ein internationales Sportfest der Lesben und Schwulen – veranstaltet. Der Zuschlag für Düsseldorf war erteilt, und die Vorbereitungen waren schon in vollem Gange, aber dann machte uns Corona einen Strich durch die Rechnung.

Seit Beginn meiner Amtszeit wurde anlässlich des Christopher Street Day die Regenbogenfahne am Rathaus gehisst, und die »Community« war regelmäßig ins Rathaus eingeladen. Einmal beschloss ich den Austausch mit der augenzwinkernden Bemerkung, dass unterschiedliche Lebensformen und Lebensentwürfe, auch wenn sie manchen ungewöhnlich erschienen, unsere Stadt bereicherten und deshalb Respekt und Wertschätzung verdienten; und dies würde ich auch für meinen eigenen »Lebensentwurf«, nämlich mit Ehefrau und fünf Kindern in einem Haushalt zu leben, in Anspruch nehmen, der mittlerweile so außergewöhnlich sei, dass er statistisch gar nicht mehr erfasst wird. (Erfasst werden in der städtischen Statistik nur noch Haushalte mit »3 und mehr Kindern« und selbst die machen noch nicht einmal mehr 2 % aller Düsseldorfer Haushalte aus!)

Der Rat
der Religionen

Eine so vielfältige Stadtgesellschaft wie Düsseldorf kann nur dann funktionieren, wenn insbesondere unterschiedliche Religionsgemeinschaften friedlich und gedeihlich zusammenleben. Bei meinen zahlreichen Besuchen von Kirchen, Moscheen und Gotteshäusern ganz unterschiedlicher Religionen habe ich immer wieder festgestellt, dass sich die Gläubigen in ihrer ganz überwiegenden Mehrheit in ihrer neuen Heimat wohlfühlen und sich mit ihr identifizieren.

Besonders augenfällig ist dies bei der griechisch-orthodoxen Gemeinde in Düsseldorf, deren Gotteshaus, die im Jahre 1990 geweihte Sankt-Andreas-Kirche im Stadtteil Hassels, ein Mosaik ziert, auf dem alle für Düsseldorf charakteristischen Gebäude – das Schauspielhaus, der Rheinturm, die Lambertus-Kirche und die Gehry-Bauten – abgebildet sind. Schöner, denke ich, kann man seine Verbindung zu dieser Stadt wohl kaum zum Ausdruck bringen.

Und die jüdische Gemeinde Düsseldorf, die sich bereits kurz nach Kriegsende wieder gegründet hatte, ist heute die drittgrößte ihrer Art in Deutschland. Mit der Yitzhak-Rabin-Grundschule (auf die auch drei meiner Kinder gingen!), dem Albert-Einstein-Gymnasium, der Synagoge und dem Gemeindezentrum, aber auch etwa den jüdischen Kulturtagen und der Verleihung der Josef-Neuberger-Medaille ist sie längst zu einem ebenso lebendigen wie selbstverständlichen Teil der Düsseldorfer Stadtgesellschaft geworden. Ein besonders eindrucksvolles Beispiel für das gute Zusammenleben unterschiedlicher Religionen war der »Toleranzwagen« bei den Rosenmontagszügen 2019 und 2020, bei denen unterschiedliche christliche Konfessionen gemeinsam mit Juden und Muslimen das närrische Volk mit – koscheren – Kamelle beglückten. Und auch der KdDM-Cup, das große Fußballturnier der muslimischen Gemeinden in Düsseldorf, steht für das Miteinander der Konfessionen; zum Abschluss des Turniers spielen muslimische Imame gegen christliche Pastoren unter der Leitung eines jüdischen Schiedsrichters!

Aber es gibt auch Probleme und Herausforderungen.

In Holthausen und Wersten, wo es einen hohen Anteil von Zugewanderten überwiegend muslimischen Glaubens gibt, wurde schon vor etlichen Jahren ein Arbeitskreis gegründet, in dem sich engagierte Vertreter von Schulen, Kindergärten, sozialen Einrichtungen und Kirchen um das soziale Miteinander im Stadtteil kümmern. Bei einem Treffen wurde mir von diesen berichtet, dass es eine wachsende Zahl von muslimischen Kindern gebe, die von ihren Eltern indoktriniert würden, nicht an »christlichen« Veranstaltungen wie etwa dem Martinsumzug teilzunehmen, und in diesem Sinne auch auf ihre ebenfalls muslimischen Klassenkameraden einwirkten.

Mir leuchtete sofort ein, dass dies in der Tat eine gefährliche Entwicklung ist, weil hierdurch Kinder aus religiös-fundamentalistischen Gründen von einem Gemeinschaftserlebnis ausgeschlossen werden, das mitnichten einen christlich-missionarischen Inhalt hat, aber sehr wohl einen wichtigen Beitrag zur Integration leisten kann.

Diese Erfahrung war ein Grund, weshalb wir – dem Beispiel andere Metropolen folgend – die Initiative für einen »Rat der Religionen« ergriffen. Ein anderer Grund waren – offensichtlich religiös motivierte – Angriffe und Anfeindungen gegenüber einem Kippa tragenden Juden in der Düsseldorfer Altstadt und dem Rabbiner der jüdisch-orthodoxen Chabad-Gemeinde.

Der Rat der Religionen, zu dem Vertreter aller in Düsseldorf praktizierenden (Welt-)Religionen eingeladen sind, hat im Wesentlichen drei Aufgaben. Er dient zunächst als Lobby der Religionen gegenüber der Stadtverwaltung. Er ist, zweitens, eine Plattform für den interreligiösen Austausch. Und er dient, drittens, auch der Stadtverwaltung als Ansprechpartner, Ratgeber und gegebenenfalls Mediator, wenn Konflikte zwischen einzelnen Religionsgemeinschaften drohen oder fundamentalistische Strömungen zu befürchten sind, die das gedeihliche Miteinander der Religionen gefährden können.

Die für das Frühjahr 2020 geplante konstituierende Sitzung des Rates der Religionen fiel leider dem Corona-Lockdown zum Opfer. Ich bin allerdings zuversichtlich, dass das Vorhaben hierdurch nur verschoben, nicht aber aufgehoben wurde.

Alt und Jung

Auch der Zusammenhalt der Generationen, das Miteinander von Jung und Alt stellt die Stadt vor Herausforderungen. So ist etwa der Umgang mit den Möglichkeiten der digitalen Transformation vielfach auch eine Altersfrage. Für das praktische Verwaltungshandeln heißt dies, dass wir auf absehbare Zeit zweigleisig in dem Sinne fahren müssen, dass wir Angebote und Dienstleistungen der Verwaltung sowohl digital – also online – wie analog – beispielsweise in Bürgerbüros – vorhalten müssen, um tatsächlich alle Bürgerinnen und Bürger in einer Art und Weise zu erreichen, mit der sie umgehen können und wollen.

Auch im Wohnungsbau und in der Wohnungswirtschaft hinterlässt der demografische Wandel seine Spuren. Natürlich ist es wünschenswert, dass alte Menschen so lange wie möglich selbstständig in ihrer eigenen Wohnung leben können. Vielfach aber sind diese Wohnungen, worauf ich im Wohnungsbau-Kapitel hingewiesen habe, nicht barrierefrei und zu groß. Von daher sollte ein Schwerpunkt im Wohnungsbau darauf gelegt werden, im selben Quartier kleine und barrierefreie Wohnungen zu schaffen, um alten Menschen in ihrer angestammten Umgebung eine Wohnperspektive zu geben und gleichzeitig ein Miteinander unterschiedlicher Generationen in lebendigen Stadtteilen zu schaffen. Das Thema Mehr-Generationen-Wohnen wird ebenfalls an Bedeutung gewinnen. Ein Pilotprojekt der städtischen Wohnungsgesellschaft auf dem Grundstück eines ehemaligen Benrather Krankenhauses wird, da bin ich mir sicher, viele Nachfolger finden.

Und auch das Thema stationäre Pflege wird zukünftig eine (noch) größere Rolle spielen. »Gut gemeinte« rechtliche Änderungen im Hinblick auf Mindestgrößen von stationären Pflegeplätzen haben das Angebot an verfügbaren Plätzen deutlich verringert und damit den Bedarf, der durch den demografischen Wandel ohnehin wächst, spürbar vergrößert. Wie ein Pflegegipfel mit den Betreibern von Düsseldorfer Pflegeeinrichtungen im Sommer 2020 ergeben hat, benötigt die Stadt in den nächsten fünf Jahren über 1000 zusätzliche stationäre Pflegeplätze, um den sich schon heute abzeichnenden Bedarf zu befriedigen. Dies ist eine Herausforderung, der sich Düsseldorf nicht entziehen kann, schon deshalb nicht, weil es für viele ältere Menschen eine schwer erträgliche Vorstellung ist, ihre Heimat gerade in ihrem letzten Lebensabschnitt, wenn sie auf Hilfe und Pflege angewiesen sind, verlassen zu müssen.

Toleranz und Respekt

Die Integration einer so vielfältigen Stadtgesellschaft wie der von Düsseldorf ist eine Daueraufgabe. Politische Patentrezepte, wie das am besten gelingt, gibt es nicht, und das politische Instrumentarium, das einem Kommunalpolitiker zur Verfügung steht, ist begrenzt.

Natürlich lässt sich durch politische Gestaltung Chancengleichheit verbessern, indem man etwa den Zugang zu Bildungseinrichtungen erleichtert und diese in quantitativ ausreichender und qualitativ hochwertiger Form zur Verfügung stellt. Politik und Verwaltung können auch durch einen ordnungsrechtlichen Mix von Prävention und Repression die Voraussetzungen schaffen, dass unterschiedliche Communitys innerhalb eines Gemeinwesens nicht gegeneinander agieren, sondern im Sinne eines friedlichen Nebeneinanders koexistieren.

Das Zusammenleben einer heterogenen Stadtgesellschaft im Sinne eines Miteinanders allerdings lebt von Voraussetzungen, die die Politik selbst nicht schaffen kann. Sie müssen aus der Stadtgesellschaft selbst kommen, und Repräsentanten der Politik können diesbezüglich allenfalls Beispiel geben und bestenfalls Vorbild sein. Voraussetzung eines gelingenden Miteinanders ist nämlich die – im besten Falle sogar wertschätzende –

Anerkennung, der Respekt vor einer von der eigenen abweichenden Überzeugung, einer unterschiedlichen Lebensführung oder eines anderen Lebensentwurfs.

Wie weit dieser Respekt reichen muss, dass so ein gesellschaftliches Miteinander funktionieren kann, ist dabei nicht ganz einfach zu beantworten. Sicherlich nicht so weit, dass man das Anderssein befürworten oder gewissermaßen positiv konnotieren muss. Man kann durchaus einen anderen Lebensentwurf respektieren, auch wenn man ihn sich für sich selbst schlechterdings nicht vorstellen könnte.

Und natürlich wird ein gläubiger Christ, ein gläubiger Moslem oder ein gläubiger Jude seine eigenen religiösen Überzeugungen nicht in dem Sinne relativieren, dass er – aus Respekt vor Andersgläubigen – an deren »Wahrheit« zu zweifeln beginnt. Problematisch und inakzeptabel wird es allerdings dann, wenn man dem anderen – egal ob wegen seines Glaubens, seiner sexuellen Orientierung oder seiner Herkunft – sein Existenzrecht oder seine Menschenwürde abspricht. Wer meint, Andersgläubige durch einen »heiligen Krieg« bekehren zu müssen, zerstört das gesellschaftliche Miteinander ebenso wie diejenigen, die von einer »Herrenrasse« schwadronieren oder Menschen mit anderer sexueller Identität und Orientierung oder einer körperlichen oder geistigen Behinderung als »minderwertig« oder »lebensunwert« abqualifizieren. Hier ist eine Grenze überschritten, wo es keinerlei Toleranz geben kann.

Einer gewissen Großherzigkeit und Duldsamkeit gegenüber abweichenden Auffassungen und Lebensentwürfen bedarf es allerdings auch, wenn es um die Integration einer heterogenen Gesellschaft geht. Zu streng dürfen die Maßstäbe nicht sein, ansonsten droht uns die Gesellschaft an den Rändern zu entgleiten.

Farid Bang

Und damit wären wir beim Rapper Farid Bang, der eigentlich Farid el Abdellaoui heißt und dessen Video auf der städtischen Website nach Auffassung nicht weniger »Experten« möglicherweise mitursächlich für meine Niederlage bei der OB-Wahl war.

Der Hintergrund des Videos ist schnell erzählt. Die Düsseldorfer Altstadt und die Rheinuferpromenade sind insbesondere an warmen Sommerabenden sehr beliebte Treffpunkte, wo sich sehr viele Menschen drängen. Insofern wurden sie im Corona-Sommer 2020 sehr früh als potenzielle Hotspots identifiziert, an denen sich das Infektionsgeschehen schnell und unkontrolliert ausbreiten könnte.

Neben verstärkten Kontrollen durch Polizei und Ordnungsdienst wollten wir die Öffentlichkeit hierfür auch durch Video-Ansprachen prominenter Düsseldorfer sensibilisieren. Bekannte Sportler wie Timo Boll und Kulturschaffende wie Robby Heinersdorff machten mit, und in diesem Zusammenhang kam auch der Name des Düsseldorfer Rappers Farid Bang ins Gespräch.

Er schien besonders geeignet zu sein, gerade die jungen Männer mit überwiegend migrantischer Herkunft anzusprechen, die in den späteren Abendstunden das Rheinufer und insbesondere die Freitreppe am Burgplatz frequentierten, dabei die einschlägigen Abstandsregeln häufig nicht einhielten und den Anweisungen der Ordnungskräfte oft nur widerwillig Folge leisteten, was wiederholt zu einer polizeilichen Räumung der Freitreppe geführt hatte.

Ich lud also Farid Bang in mein Büro ein, um mit ihm über ein entsprechendes Video-Statement zu sprechen. Bekannt war er mir bis dahin nur von dem Skandal um die Echo-Preisverleihung 2018. Mein Pressesprecher, Marc Herriger, hatte mich darüber unterrichtet, dass es ein *Bild*-Zeitungsinterview gegeben habe, in dem Farid Bang sich von seinem damaligen Verhalten distanziert und sich insbesondere für eine inakzeptable, Holocaustopfer verhöhnende Textpassage entschuldigt habe. Als ich ihn darauf ansprach, meinte er, dass er dies in der Tat aufrichtig bereue, auch vor dem Hintergrund, dass er anschließend vom Internationalen Auschwitzkomitee nach Auschwitz eingeladen worden war, was bei ihm auch nach meinem Eindruck eine große Betroffenheit ausgelöst hat.

Farid Bang war sofort bereit, ein Video-Statement zu machen, und verlangte hierfür – im Gegensatz zu anderen »Celebritys« der Jugendszene, die wir gefragt hatten – auch keinerlei Honorar.

Noch vor der Veröffentlichung des Videos auf der Internetseite der Stadt brachte die *Rheinische Post* einen Artikel über die Zusammenarbeit des Oberbürgermeisters mit dem »Skandal-Rapper«, der einen Shitstorm auslöste, wie ich ihn bislang nicht erlebt hatte. Das Internet jedenfalls war voll mit in der Tat zum Teil äußerst widerwärtigen Äußerungen, Textpassagen und Postings, die Farid Bang zugeschrieben wurden, und der *Düsseldorfer Express* veröffentlichte gar auf einer ganzen Seite alles, was er in den Songs des Rappers an Frauenfeindlichkeit, Gewaltverherrlichung und Homophobie finden konnte.

Die SPD ging mit einer Presseerklärung auf Distanz zu mir, der grüne Fraktionsvorsitzende, Norbert Czerwinski, verlangte eine »Entschuldigung an die gesamte Stadtgesellschaft«, sein FDP-Kollege Manfred Neuenhaus wollte gar eine Sondersitzung des Rates einberufen lassen, und auch CDU und Linke äußerten sich empört. Unisono wurde die sofortige Löschung des Videos gefordert.

Nach einem Gespräch, zu dem ich alle Fraktionsspitzen eingeladen hatte, an dem allerdings nur SPD und Linke teilgenommen hatten, nahm ich das Video aus dem Netz, das bis dahin etwa 400.000 Clicks erfahren hatte.

War die Politik damit erst einmal beruhigt, gab es nunmehr Ärger zu Hause. Denn meine beiden 16-jährigen Zwillingstöchter hatten keinerlei Verständnis dafür, dass ich das Video aus dem Netz genommen hatte, und hielten mir vor, ich sei opportunistisch eingeknickt vor Politikern, die offenbar keine Ahnung von Rap hätten.

Im Nachhinein hatten sie vielleicht recht. Seinen Zweck jedenfalls hatte das Video erreicht. Denn es waren offenbar vor allem Farid-Bang-Fans, die das Video nicht nur angeklickt, sondern sich auch zu Herzen genommen hatten. Die Probleme am Rheinufer entschärften sich, und zu einer Räumung der Freitreppe kam es, soweit ich unterrichtet bin, danach nicht mehr.

Insofern verständigte sich die veröffentlichte Meinung auch sehr schnell auf die Sprachregelung, das Video sei an sich eine gute Idee gewesen, leider aber mit der falschen Person. Wieso aber soll Farid Bang die falsche Person gewesen sein?

Wenn man sich seine Vita anschaut, spricht manches dafür, ihn als Vorbild für gelungene Integration zu sehen. Mit acht Jahren kam er mit seiner marokkanischen Mutter nach Deutschland, absolvierte »mit Ach und Krach« die Realschule, um anschließend als Künstler in einem die Jugendkultur maßgeblich prägenden Genre erfolgreich und reich zu werden. Und seine Bekanntheit und seinen Wohlstand ist er bereit, heute für wohltätige Zwecke einzusetzen; so hat er sich nicht nur in den Dienst der Anti-Corona-Videokampagne der Stadt gestellt, sondern als wahrscheinlich größter Einzelspender in Düsseldorf insgesamt 24.000 Masken an soziale Einrichtungen in Düsseldorf verteilt. Natürlich tut er dies auch, um soziale Anerkennung zu erlangen. Na und? Ein verwerfliches Motiv ist das nicht.

Vielleicht sollten wir auch zurückhaltend sein, Battlerap-Texte allein mit dem vielleicht für mich maßgeblichen Maßstab eines kreuzbraven Familienvaters zu beurteilen. Meine Kinder jeden-

Mit Farid Bang auf der Freitreppe am Burgplatz

falls – durchaus selbstbewusste junge Mädchen – sehen das wesentlich entspannter. Und vielleicht wäre es ja auch nicht verkehrt, sich einmal Gedanken zu machen, wie wohl der Düsseldorfer Stadtrat vor 35 Jahren reagiert hätte, wenn man sich anheischig gemacht hätte, die – heute allseits verehrten – Toten Hosen zu Botschaftern unserer Stadt zu machen.

Auch Farid Bang und seine Fans gehören nach meiner Überzeugung zur Vielfalt in unserer Stadt. Und, so gern wir es täten, wir können diese Vielfalt nicht immer feiern; manchmal müssen wir sie regelrecht ertragen. Aber das ist eben das Wesen der Toleranz.

Wenn wir die Vielfalt einengen auf die Grenzen unserer eigenen Political Correctness, dann laufen wir Gefahr, uns in einem recht kleinen selbstreferenziellen System wiederzufinden, das immer größere Teile unserer Gesellschaft außen vor lässt.

Preise und Auszeichnungen

Ehre, wem Ehre gebührt

Zu den besonders angenehmen Tätigkeiten eines Oberbürgermeisters gehört die Verleihung von Preisen und Auszeichnungen.

In Düsseldorf bestehen dafür viele Gelegenheiten, denn es gibt nicht nur eine Menge Bürgerinnen und Bürger, die eine solche Anerkennung verdient haben. Den Stadtvätern und -müttern hat es offenbar auch immer schon gefallen, großartige Leistungen durch Preise, Ringe, Plaketten, Taler und dergleichen zu würdigen.

Nicht nur zur Verleihung Düsseldorfer Auszeichnungen ist der Oberbürgermeister berufen; bisweilen geht es auch um »Auftragsverwaltung nach Weisung«, und zwar keines Geringeren als des Bundespräsidenten. In seinem Auftrag durfte ich insgesamt über 30 Mal den Verdienstorden der Bundesrepublik Deutschland in seinen verschiedenen Formen, mal als Verdienstkreuz, mal als Verdienstmedaille, verleihen.

Auch wenn es um den Rheinlandtaler des Landschaftsverbands Rheinland, um den Preis für Zivilcourage des Heinrich-Heine-Kreises, um den Literaturpreis der Stadtsparkasse oder um Auszeichnungen der Düsseldorfer Jonges geht, ist das Stadtoberhaupt in der Regel zumindest mit »Honneurs« beteiligt.

Verdiente langjährige Feuerwehrmänner – in Einzelfällen mittlerweile auch Feuerwehrfrauen – werden im Jan-Wellem-Saal des Düsseldorfer Rathauses für 25 oder 35 Jahre, Mitglieder freiwilliger Feuerwehren auch schon mal für 40 oder gar 50 Jahre treue Pflichterfüllung mit den einschlägigen Verdienstkreuzen geehrt. Und alljährlich geben sich am selben Ort die

Düsseldorfer Sportlerinnen und Sportler ein Stelldichein, die bei nationalen und internationalen Meisterschaften die Stadt siegreich vertreten haben.

Um ihrem Ruf als Modehauptstadt der Republik gerecht zu werden, verleiht Düsseldorf natürlich auch einen »Fashion Award«. Verbunden wird diese Preisverleihung mit einem festlichen Dinner, das immer an unterschiedlichen »In-Locations« stattfindet und zu der die in Düsseldorf reichlich vertretene Community der Modeschöpfer, -produzenten, -groß- und -einzelhändler geladen ist.

Das Kulturdezernat hält eine ganze Reihe von Preisen parat, die durchaus auch ein internationales Renommee genießen. Dies gilt vielleicht weniger für die Förderpreise, die in den Disziplinen Tanz, Literatur, Musik, Performance und Wissenschaft an hoffnungsvolle Talente vergeben werden. Diese Veranstaltung, die üblicherweise im Düsseldorfer Bürgerzentrum Salzmannbau in Bilk stattfindet, machte mir aber jedes Jahr besonders viel Spaß, nicht zuletzt wegen der bisweilen recht »verquasten« Formulierungen, mit denen die Jury aus den zuständigen Beiräten des Kulturausschusses die Preisverleihung begründete und die ich in meinen Laudationes mit großem Vergnügen zitierte.

Der wohl bedeutendste Preis, den Düsseldorf verleiht, ist nach dem großen Sohn der Stadt, Heinrich Heine, benannt und wird alle zwei Jahre an Persönlichkeiten verliehen, die sich – ganz auf den Spuren Heines – nicht nur als Literaten, sondern auch als »Weltbürger« hervorgetan haben. Die Leitung der Jury, die traditionsgemäß beim Oberbürgermeister liegt, war für mich jedes Mal ein eindrucksvolles Erlebnis. Zum einen, weil ich, der ich von Berufs wegen kaum mehr Zeit für die Lektüre von Schöngeistigem hatte, dabei die Gelegenheit bekam, mir einen Überblick über einen relevanten Ausschnitt der aktuellen Literatur zu verschaffen. Zum anderen war bei diesen Sitzungen bisweilen auch diplomatisches Verhandlungsgeschick vonnöten, um zwölf selbstbewusste und von ihren jeweils eigenen Vorschlägen zutiefst überzeugte Jurorinnen und Juroren zu einem mehr oder weniger einhelligen Votum zu bewegen.

Schlussendlich gelang es immer, und selbst die Jurymitglieder, die Vorbehalte gegen die letztlich getroffene Wahl hatten, waren spätestens am Tag der Preisverleihung wieder versöhnt, die nicht nur stets einen festlichen Rahmen hatte, sondern sich auch immer durch großartige Reden der Preisträger und Laudatoren auszeichnete. Insbesondere die Laudatio des Düsseldorfers Wim Wenders auf den Heine-Preisträger 2018, meinen palermitanischen Kollegen Luca Orlando, wird sicher vielen noch in guter Erinnerung sein.

Auch wenn ich selbst mit der Vergabe des Käutner-Preises, mit dem in Düsseldorf verdiente Filmschaffende ausgezeichnet werden, nichts zu tun habe, habe ich diese Preisverleihungen in ganz besonders schöner Erinnerung.

Dies lag gewiss auch an der Auswahl der Künstler. Ulrich Tukur beispielsweise wurde im Jahre 2015 ausgezeichnet. Ich kann mich erinnern, dass das gemeinsame Abendessen mit dem Preisträger unmittelbar im Anschluss an eine Ratssitzung stattfand, in deren nichtöffentlichem Teil eine hitzige Diskussion über die Pension meines Vorgängers stattfand, die mir – so viel sei gesagt – nicht allzu viel Freude machte. Im Anschluss an die Sitzung rief ich meine Frau an und sagte ihr, eigentlich hätte ich für heute genug, sodass ich niemanden mehr sehen und allein mit ihr essen gehen wolle; wir müssten allerdings zumindest noch kurz den Käutner-Preisträger begrüßen, zu dessen Ehren ein Abendessen gegeben werde. Wir blieben nicht nur beim Abendessen, sondern verabredeten uns mit Ulrich Tukur und seiner Frau auch noch gleich für die beiden folgenden Abende und sind bis heute gut befreundet. Und auch mit den Preisträgerinnen der Jahre 2017 und 2019, Margarethe von Trotta und Charlotte Link, stehen wir bis heute in freundschaftlichem Kontakt.

Plaketten, Ringe und Ehrenbürger

Von ganz besonderer Bedeutung ist natürlich die Verleihung von Auszeichnungen, die auf der Grundlage der »Satzung über Ehrenauszeichnungen der Landeshauptstadt Düsseldorf« erfolgt. Diese Satzung regelt, wie die entsprechende Auszeichnung gestaltet ist und für welche Verdienste sie verliehen werden soll.

Mitglieder politischer Gremien der Stadt, also insbesondere des Rates und der Bezirksvertretungen, werden ausgezeichnet, sobald sie eine bestimmte Amtszeit hinter sich gebracht haben. Und für besonders verdiente »Normalbürger« gibt es je nach Art und Bedeutung ihrer Verdienste die Verdienstplakette, den Jan-Wellem-Ring oder den großen Ehrenring der Landeshauptstadt Düsseldorf.

Insgesamt neun Mal durfte ich die Verdienstplakette verleihen, und die Geehrten deckten in der Tat fast das gesamte Spektrum der Stadtgesellschaft ab. Die Plakette erhielten Repräsentanten der Hochkultur (Günther Beelitz und Alexander von Maravic) ebenso wie der Streetart (Klaus Klinger), des Brauchtums und der Traditionspflege vom Bürgerverein (Fritz Baumdick) bis zum Karneval (Engelbert Oxenfort), der Wirtschaft mit Unternehmern (Josef Klüh) und Gewerkschaftern (Nihat Öztürk) und des Sports mit dem langjährigen Borussia-Präsidenten Fritz Wienke; und für sein karitatives Engagement wurde Norbert Hüsson vom Kinder- und Jugendhospiz Regenbogenland ausgezeichnet.

Mit dem Jan-Wellem-Ring wurden während meiner Amtszeit insbesondere Verdienste um die Kunststadt Düsseldorf gewürdigt, deren Vielfalt die geehrten Ringträger ganz wunderbar zum Ausdruck bringen. Verliehen wurde der Ring an den künstlerischen und intellektuellen Spiritus Rector der Düsseldorfer Rosenmontagszüge Jacques Tilly, den Mitbegründer der weltbekannten »Zero«-Bewegung Heinz Mack und den wunderbaren Bert Gerresheim, dessen Kunstwerke überall in Düsseldorf zu bewundern sind. Und auch der unlängst verstorbene Jan-Wellem-Ringträger Willi Kemp beförderte den Ruf der Kunstmetropole, indem er seine großartige Sammlung dem Kunstpalast vermachte.

In den exklusiven Kreis der Träger eines großen Ehrenrings der Landeshauptstadt Düsseldorf wurden der ehemalige Victoria-(heute Ergo-)Vorstandsvorsitzende Edgar Jannott und Patrick Schwarz-Schütte aufgenommen. Beide erfüllten nicht nur durch ihr großzügiges Mäzenatentum, sondern auch durch ihr persönliches Engagement in der und für die Stadt die mit dieser Auszeichnung verbundenen hohen Anforderungen.

Auffallend ist, dass unter den Geehrten fast keine Frauen sind. Immerhin entschied der Rat in einer der letzten von mir geleiteten Sitzungen, Jenny Jürgens für ihr Engagement für die Initiative Herzwerk mit der Ehrenplakette auszuzeichnen. Herzwerk kümmert sich mit großem Einsatz und viel Fantasie um alte Menschen, die oft gleichermaßen unter Armut und Einsamkeit leiden.

Am fehlenden Engagement der Frauen liegt es mit Sicherheit nicht, dass sie vergleichsweise selten ausgezeichnet werden. Vielleicht liegt es daran, dass sie seltener die Öffentlichkeit suchen und deshalb weniger Prominenz erlangen. Gleichwohl gibt es längst auch prominente Frauen, die sich um Düsseldorf in besonderer Weise verdient gemacht haben. Nur eine möchte ich nennen: die Rektorin der Heinrich-Heine-Universität. Es ist in besonderer Weise das Verdienst von Anja Steinbeck, dass die Universität heute in der Stadt so präsent ist, dass man Düsseldorf nicht mehr nur als eine Stadt mit einer bedeutenden Universität, sondern als »Universitätsstadt« bezeichnen kann.

Und eine Frau durfte ich während meiner Amtszeit auszeichnen, die dieselbe Auszeichnung schon mal erhalten hatte: Die Friedensaktivistin Barbara Gladysch hatte unter Oberbürgermeister Joachim Erwin ihren Jan-Willem-Ring aus Protest gegen dessen Haltung zu Tibet zurückgegeben; ich konnte sie glücklicherweise davon überzeugen, ihn doch wieder an sich zu nehmen. Natürlich nicht nur, weil sie eine der wenigen Frauen ist, die ausgezeichnet wurden, sondern vor allem deshalb, weil sie wie kaum jemand anderes das Gesicht des menschlich-zivilisierten Düsseldorf ist und daher eine ganz besonders würdige Trägerin dieser Auszeichnung.

Nach wie vor überhaupt keine Frauen gibt es im Kreis der Ehrenbürger Düsseldorfs. Mit Albrecht Woeste durfte ich dem 29. Mann und insgesamt dem vierten Mitglied der Henkel-Dynastie diese Ehre zuteilwerden lassen.

Hilfsstandesbeamter

Nach meiner Erfahrung zu den schönsten Aufgaben eines Oberbürgermeisters gehört es, die Funktion eines Standesbeamten auszuüben. Dies mag damit zu tun haben, dass ich, obwohl in zweiter Ehe verheiratet, aus eigener Erfahrung ein leidenschaftlicher Anhänger des Instituts der bürgerlichen Ehe und von daher gerne behilflich bin, wenn es darum geht, andere Paare in den Stand rechtmäßig verbundener Eheleute zu befördern.

Insofern zögerte ich keine Sekunde, als mir der Leiter des Düsseldorfer Standesamtes das Angebot machte, mich im Rahmen einer halbtägigen Ausbildung zum Hilfsstandesbeamten zu qualifizieren.

Wenn meine Rechnung stimmt, habe ich während meiner Amtszeit insgesamt 82 Ehen geschlossen. Die Paare, die ich in der Regel im Jan-Wellem-Saal des Rathauses – aber auch an exotischeren Orten wie dem Schlossturm am Burgplatz, dem Hetjens-Museum oder dem Benrather Schloss – verheiratete, repräsentierten die gesamte Vielfalt der Düsseldorfer Stadtbevölkerung. Natürlich waren persönliche Freunde und Arbeitskollegen darunter, Prominenz aus Kultur, Sport und Brauchtum, aber nicht selten auch Düsseldorferinnen und Düsseldorfer, die mich so freundlich oder originell anfragten, dass ich mir dachte: ›Die würde ich gerne kennenlernen, da sage ich zu!‹

Meine erste Trauung war das Ergebnis einer Auktion, deren Erlös der Wiederherstellung der städtischen Grünanlagen nach dem fürchterlichen Orkan Ela dienen sollte. Neben Kunstwerken, kulinarischen Leckereien, nützlichen Haushaltsgegenständen und Nippes aller Art konnte dabei auch die erste Trauung des damals noch recht frisch gewählten Oberbürgermeisters ersteigert werden. Über 1000 Euro kamen dabei, wenn ich mich recht erinnere, dem Projekt »Neue Bäume für Düsseldorf« zugute.

Standesbeamter in Corona-Zeiten: Trauung im Autokino

Besonders beeindruckend fand ich die Trauung – in diesem Falle wohl eher Bestätigung des Eheversprechens – eines Paares, das bereits seit 60 Jahren verheiratet war, damals allerdings aufgrund des »Standesunterschieds« der Eheleute (der Ehemann war der Chauffeur des Brautvaters) geheim und ohne Familie getraut wurde. Drei Generationen feierten gemeinsam mit einem Brautpaar, das erkennbar immer noch »so verliebt wie damals« war.

Die größte Hochzeit war wohl die Trauung der beiden Karnevalsprinzen Thomas I. und Carsten I. Der Jan-Wellem-Saal war rappelvoll, im Eingangsbereich des Rathauses eine Etage tiefer wurde das Geschehen auf einer Videowand übertragen, und wer dort keinen Platz fand, feierte auf dem Marktplatz, wo nach der Trauung die – Kölner! – Karnevalsband »Höhner« für Stimmung sorgte. Alle waren begeistert, auch meine damals dreijährige jüngste Tochter Teresa, obwohl sie bis zum Schluss vergeblich auf die Ankunft der Braut gewartet hatte.

Und, wer weiß, vielleicht habe ich als Standesbeamter ja auch einen Anteil am – zumindest vorübergehenden – Erfolg von Fortuna Düsseldorf gehabt. Denn schon Otto Rehhagel hat darauf hingewiesen, dass Spieler, die unter der Haube sind, nicht auf dumme Gedanken kommen. Und immerhin vier Spieler der Fortuna durfte ich während meiner Amtszeit in den Stand rechtmäßig verbundener Eheleute befördern; sie folgten dabei ihrem Trainer, Friedhelm Funkel, der seiner Anja ebenfalls im Jan-Wellem-Saal vor einem mit der Amtskette des Oberbürgermeisters ausgestatteten Hilfsstandesbeamten das Jawort gegeben hatte. Und selbst im fernen Westfalen hatte sich offenbar in Fußballkreisen herumgesprochen, dass eine Trauung in Düsseldorf ein durchaus vergnügliches Ereignis sein kann. Ich jedenfalls gab mir alle Mühe, auch bei der Trauung von Marco Reus deutlich zu machen, dass Trauungen mit Trauerfeiern nun absolut gar nichts zu tun haben sollten.

Eine überraschende Niederlage?

OB-Wahlkampf und SPD-Wahlkampf

Lange Zeit hatte ich nicht damit gerechnet, die Wahl zu verlieren. Sechs Monate zuvor hatte ich sogar noch die – im Nachhinein gesehen ziemlich verwegene – Hoffnung, die OB-Wahl vielleicht sogar bereits im ersten Wahlgang für mich entscheiden zu können.

Denn der Wahlkampf fing eigentlich gut an. Zum Jahreswechsel 2019/2020 war die Stimmung nach meiner Wahrnehmung durchaus positiv. Mein erklärtes Ziel war es, das »weltoffene« Düsseldorf, das aufgeklärte Bürgertum dieser Stadt, also durchaus auch Sympathisanten von CDU, FDP und Grünen, für meine Wiederwahl zu mobilisieren.

Und damit schien ich auch ganz erfolgreich zu sein. Immerhin reflektierten die Testimonials auf meiner Kampagnen-Website die ganze Breite der Düsseldorfer Stadtgesellschaft: Gewerkschafter und Unternehmer waren dabei, Kirchenleute, Kulturschaffende, Repräsentanten des Brauchtums, Studierende und prominente Vertreterinnen und Vertreter des Düsseldorfer Sports; und alle nannten ihre ganz persönlichen Gründe, weshalb sie meine Wiederwahl unterstützen wollten.

Mein Wahlkampf-Video mit dem Song »Düsseldorf – ich liebe diese Stadt« des Düsseldorfer Liedermachers Enkelson wurde unzählige Mal angeklickt. Und die Wahlplakate, die in der heißen Phase an 200 Standorten aufgestellt werden sollten, bekamen ebenfalls gute Kritiken: Hier präsentiere sich ein sympathischer, volksnaher Oberbürgermeister, der gleichermaßen

Tatkraft und Freude an der Arbeit ausstrahle, wurde mir von Werbefachleuten bescheinigt.

Auch die »10 Zukunftsbilder für Düsseldorf«, mit denen ich meine Visionen für die weitere Entwicklung Düsseldorfs illustrierte, kamen nach meinem Eindruck gut an. Die Pressekonferenz Anfang Juli im 23. Stock des Dreischeibenhauses jedenfalls war hervorragend besucht und das Medienecho ganz überwiegend positiv.

Und personell waren wir für den Wahlkampf gut aufgestellt. Carlo Schuster, der schon bei meiner ersten Wahl wertvolle Dienste geleistet hatte, war wieder mit dabei, und die ehemalige Vorsitzende des Düsseldorfer Jugendrates, Shaylin Shahinzad, nahm sogar ein Urlaubsemester von ihrem Medizinstudium, um den Wahlkampf zu managen.

Die Gegenkandidaten, so dachte ich, sollten mich vor eine lösbare Aufgabe stellen. Stephan Keller kannte ich noch aus seiner Zeit als Düsseldorfer Verkehrsdezernent, in der ich ihn als tüchtigen Verwaltungsmann zu schätzen gelernt hatte. Zwar war mir durchaus bewusst, dass er mit den Themen Sauberkeit, Sicherheit und »Staufreiheit« wahlkampfrelevante Themen ansprach; ich konnte mir allerdings kaum vorstellen, dass ihm diesbezüglich besondere Glaubwürdigkeit zugeschrieben würde, da seine Wirkungsstätte der letzten fünf Jahre, nämlich die Stadt Köln, unter seiner Ägide als Stadtdirektor mit diesen Themen nun wirklich nicht gerade glänzen konnte.

Meine Herausforderin von der FDP machte zwar einen engagierten und originellen Wahlkampf, und man nahm ihr auch ab, dass sie für das angestrebte Amt »brannte«. Freilich war davon auszugehen, dass sie mit ihrer polarisierenden Art so viele Menschen vor den Kopf stoßen würde, dass es für mehr als einen Achtungserfolg kaum reichen würde. Und der Kandidat der Grünen blieb nach meinem Eindruck während des gesamten Wahlkampfs relativ blass.

Wahrscheinlich war es die Corona-Pandemie, die meinem Wahlkampf einen ersten Dämpfer versetzte. An drei Artikeln in der *Rheinischen Post*, im *Handelsblatt* und im *Kölner Stadtanzeiger* sowie einem Interview mit der *Berliner Zeitung*, in denen ich mich kritisch mit dem Krisenmanagement der Kanzlerin auseinandergesetzt hatte, schieden sich die Geister. Mit der Folge, dass ich damit zwar bundesweit Beachtung gefunden, mir letztlich aber wohl mehr Feinde als Freunde gemacht hatte.

Vor allem aber machte die Pandemie meinem Wahlkampfkonzept insofern einen Strich durch die Rechnung, als man in Zeiten von »Social Distancing« und strengen Hygieneregeln eben nicht als volkstümlicher Oberbürgermeister punkten kann. Und meine Popularität in den zurückliegenden Jahren hatte einen Grund ja auch ganz wesentlich darin, dass ich jederzeit präsent, nahbar und ansprechbar war.

Damit war Schluss: Statt Händeschütteln und Bützen waren nun Masketragen und ein Sicherheitsabstand von mindestens 1,50 m angesagt. Und allein der Wahlkampf in der Düsseldorfer Außengastronomie, auf den ich auswich, um einigermaßen regelkonform mit möglichst vielen Menschen in Kontakt zu kommen, konnte dieses Manko allenfalls unzureichend kompensieren.

Ebenfalls anders, als ich mir das vorgestellt hatte, verlief der Wahlkampf der SPD.

Zwar erhielt ich auf dem – Corona-bedingt in den Juni verschobenen – Nominierungsparteitag mit 98,5 % ein »Traumergebnis«, und die in meiner Rede angesprochenen Punkte stießen auf viel Beifall bei den Delegierten. Einfluss auf die Wahlkampfplanung der Parteiführung hatte dies aber nicht. Statt, wie von mir vor-

geschlagen, die Leistungen eines sozialdemokratischen Oberbürgermeisters und einer von der SPD-Fraktion angeführten
Ampel-Kooperation zu feiern und selbstbewusst als »Düsseldorf-
Partei« aufzutreten, entschied sich die SPD-Wahlkampfleitung
für den Slogan »Nachbarn wählen« und eine Themensetzung,
die eher an eine Oppositions- als eine Regierungspartei denken
ließ. Eine prominente Rolle in der Kampagne spielte beispielsweise das Sammeln von Unterschriften für ein Bürgerbegehren
für eine Milieuschutzsatzung, das maßgeblich von der Partei
Die Linke auf den Weg gebracht worden war. Mit Selbstbewusstsein und Stolz auf die von Sozialdemokraten in den letzten fünf
Jahren erfolgreich umgesetzte Politik für Wohnungsbau und
bezahlbaren Wohnraum hatte dies ganz offensichtlich wenig
zu tun.

Meine Strategie, einen Doppelwahlkampf dergestalt zu führen, dass ich beim OB-Wahlkampf ganz auf Persönlichkeit und
beim Ratswahlkampf, bei dem ich als Spitzenkandidat der SPD-
Liste antrat, auf die SPD setzen würde, ging nicht auf. Tatsächlich
machten mir viele Genossinnen und Genossen den Vorwurf, ich
wollte mich von meiner Partei distanzieren, da auf meinen OB-
Wahlplakaten ein Hinweis auf die SPD fehlte. Im Nachhinein gesehen war der Verzicht auf das SPD-Logo in der Tat ein Fehler,
auch wenn der Vorwurf nicht ganz fair war und bei manchen
wohl auch nicht ganz ehrlich. Immerhin hatte ich angeregt, in
allen Ratswahlkreisen gemeinsame Fotos von Spitzenkandidat
und Wahlkreiskandidat – selbstverständlich mit SPD-Logo – zu
plakatieren. Weshalb dieser Vorschlag von der SPD-Wahlkampfleitung nicht aufgegriffen wurde, habe ich nicht verstanden.

Drei politische Dummheiten

Nicht wenige sind der Auffassung, dass drei Entscheidungen im letzten Jahr vor der Wahl den Wahlausgang maßgeblich beeinflusst haben: das Video mit Farid Bang, die Umweltspur und der »Pop-up-Radweg« am Rheinufer.

Zugegeben: Wahnsinnig intelligent mit Blick auf den bevorstehenden oder bereits laufenden Wahlkampf waren diese Aktionen gewiss nicht.

Ob die Stadtgesellschaft das Video mit dem Rapper tatsächlich als so skandalös empfunden hat, wie es die Reaktion der Ratsfraktionen vermuten ließ, möchte ich allerdings bezweifeln. Wenig hilfreich aber war mit Sicherheit die Reaktion meiner Partei, die sich von dieser Aktion ihres Oberbürgermeisters distanzierte, bevor ich mich hierzu auch nur geäußert hatte. Dazu beigetragen hatte ich selbst insofern, als ich es (aufgrund einer familiären Angelegenheit, die für mich seinerzeit Priorität hatte) unterlassen hatte, Partei und Fraktion über das Video vorab zu unterrichten.

Dass die Umweltspur möglicherweise wahlentscheidend werden könnte, ist eigentlich schon allein deshalb erstaunlich, weil es sich hierbei, wie erwähnt (siehe Seite 98), um eine Maßnahme des Luftreinhalteplans der Bezirksregierung handelte, auf deren Einführung insbesondere die Landesregierung gedrängt hatte. Insofern konnte man mir allenfalls den Vorwurf machen, dass es mir offenbar nicht gelungen war, diesen Sachverhalt hinreichend deutlich zu kommunizieren. (Manch einer käme vielleicht auch auf die Idee, diesen Vorwurf an die Düsseldorfer Medien zu richten.)

Allerdings hatte ich mir bei der Umweltspur eine politische Dummheit zuschulden kommen lassen. Denn natürlich wäre es taktisch klüger gewesen, sich von der Umwelthilfe verklagen oder sich einen Vergleich zwischen dem Land und der Umwelthilfe aufnötigen zu lassen. Aber für derlei Pontius-Pilatus-Verhalten nach dem Motto »Ich wasche meine Hände in Unschuld« fehlte mir vielleicht die politische Chuzpe.

Ebenfalls eine Dummheit war der sogenannte Pop-up-Radweg an der Cecilienallee (siehe Seite 75). Genau genommen hatte ich damit gar nichts zu tun, da die Initiative keineswegs von der Verwaltung ausging, sondern von einer Ad-hoc-Koalition aus Vertretern von SPD, Grünen, Linken und zunächst auch der FDP im Verkehrsausschuss. Diese hatten sich offenbar in der Bundeshauptstadt inspirieren lassen und setzten im Ausschuss mit knapper Mehrheit (dann ohne FDP) einen provisorischen Radweg auf der Cecilienallee durch.

Ich kann mich noch gut erinnern, als meine Frau und ich an einem Sommerabend von einem Event im Autokino zurückkamen und beobachteten, wie der Pop-up-Radweg gerade eingerichtet wurde. »Das gibt garantiert einen Shitstorm«, sagte ich zu meiner Frau, als ich sah, wie Parkbuchten gesperrt und rotweiße Baken zur Absperrung der »Protected Bike Lane« aufgestellt wurden. Wäre ich politisch klug gewesen, hätte ich einfach die Eröffnung des Radweges am nächsten Tag geschwänzt. So aber wurde dieser Radweg zum »Geisel-Radweg« und zum Dauerthema in der Saure-Gurken-Zeit des Sommers.

Sturm und Drang und Biedermeier

Aber waren Farid Bang, die Umweltspur und der Pop-up-Radweg wirklich wahlentscheidend?

Ich denke: nein.

Ein wenig fühle ich mich bei diesen Diskussionen an die Ungeschicklichkeiten meines Vorgängers erinnert, namentlich seine Bemerkung, im Ruhrgebiet wolle man »nicht tot überm Zaun hängen«. Manch einer glaubt, diese dumme Äußerung hätte ihn die Wahl gekostet. Ich denke, es war eher das Ventil, das gesucht wurde, um sich Luft machen zu können wegen eines viel tiefer liegenden Unbehagens mit seiner Amtsführung.

Und wahrscheinlich verhält es sich mit meinen drei genannten politischen Dummheiten ganz ähnlich. Was mir nämlich im Verlauf des Wahlkampfes zunehmend Sorgen bereitete, war weniger die Aufregung um Umweltspur, Pop-up-Radweg und Farid Bang, als vielmehr ein Thema, das meine drei Hauptkontrahenten jede(r) in seiner bzw. ihrer eigenen Variation spielte und das ganz offenbar beim Publikum immer besser ankam.

In fast jeder der nach meiner Zählung insgesamt 14 Podiumsdiskussionen sprach Stephan Keller nämlich über die aus seiner Sicht notwendige Diskussion über die »Grenzen des Wachstums« Düsseldorfs, Stefan Engstfeld über seine Überzeugung, dass Düsseldorf im Wesentlichen »fertig gebaut« sei, und die FDP-Kandidatin beklagte die zunehmende »Ballermannisierung« Düsseldorfs.

Was sie damit meinten, war ziemlich klar. Das Tempo, das Düsseldorf in den letzten Jahren an den Tag gelegt hatte, war nach ihrer Auffassung einfach zu hoch gewesen. Noch mehr Einwohner, noch mehr Arbeitsplätze, noch mehr Wohnungen, noch mehr Hochhäuser, noch mehr »Events«, noch mehr Touristen, noch mehr Hotels, noch mehr Städtepartnerschaften, noch mehr internationale Strahlkraft – das wollten sie einfach nicht und trafen damit den Nerv von offenbar immer mehr Düsseldorferinnen und Düsseldorfern. Nicht die pulsierende Metropole am Rhein, sondern das beschauliche Dorf an der Düssel war auf einmal angesagt. Die Willkommenskultur einer »Großstadt für alle«, mit der ich sechs Jahre zuvor noch so erfolgreich geworben hatte, mobilisierte mit zunehmender Dauer des Wahlkampfes immer weniger. Populärer war es auf einmal, unter sich zu bleiben, und da hatte jemand, der sich als »treibende Kraft« anpries, der nicht von hier kam, der »keiner von uns« war und dem immer schon unterstellt wurde, Düsseldorf nicht zu verstehen, natürlich schlechte Karten.

Zugegeben: Es mag schon sein, dass die Stimmung nicht so schnell und nicht so stark in diese Richtung gekippt wäre, wenn es nie eine Umweltspur und keine Corona-Pandemie gegeben hätte. Aber dass die Erfolgsgeschichte Düsseldorfs kein Selbstläufer sein würde, hatte ich bei verschiedenen Gelegenheiten in den zurückliegenden sechs Jahren immer wieder schmerzlich erfahren. Kaum ein Wohnungsbauprojekt, kaum ein Verkehrsprojekt, das nicht auf den Widerstand partikularer Besitzstandsinteressen gestoßen wäre. Auch an den meisten großen städtebaulichen Projekten schieden sich die Geister.

Und die schwierigen Diskussionen über den Grand Départ oder das Ed-Sheeran-Konzert waren wohl ein Menetekel dessen, womit ich am Wahltag zu rechnen hatte.

Ist damit Schluss mit der Dynamik der Metropole am Rhein?

Das glaube ich nicht. Immerhin vollzieht sich Geschichte erfahrungsgemäß nicht linear, sondern hält bisweilen inne, macht Rückschritte und Umwege. Auf Sturm und Drang folgt Biedermeier, auf Revolution Restauration.

In Düsseldorf folgte auf Joachim Erwin Dirk Elbers. Und wie es dann weiterging, ist bekannt.

Führung und Eigenleben der Verwaltung

Insofern mag es sein, dass meine Wahlniederlage eher einem »Zuviel« als einem »Zuwenig« geschuldet war. Denn die Bilanz, die ich nach sechs Jahren Oberbürgermeister vorgelegt hatte, konnte sich meiner Ansicht nach sehen lassen. Nicht nur, dass ich meine Wahlversprechen gehalten hatte, wie sogar das OB-Meter der *Rheinischen Post* einräumen musste. Mit dem Schulbauprogramm, mit großen städtebaulichen Projekten, mit internationalen Events, aber auch etwa mit der Art, wie Düsseldorf der Flüchtlingskrise und der Corona-Pandemie begegnet war, hatten wir weit über die Stadtgrenzen hinaus Akzente gesetzt und für Aufsehen gesorgt.

So offenkundig diese Erfolge waren, hatte die Art, wie sie herbeigeführt wurden, aber immer wieder für Kritik gesorgt. Von meinen Herausforderern bei der OB-Wahl, aber auch in den Medien, namentlich in der in Düsseldorf führenden Tageszeitung, wurden mir immer wieder »Alleingänge« bei der Verfolgung meiner Ziele vorgeworfen. Ich wolle mit dem Kopf durch die Wand und nähme Verwaltung, Politik und Bürgerschaft nicht mit.

Dieser Vorwurf dürfte die Wahlentscheidung nicht weniger Düsseldorferinnen und Düsseldorfer beeinflusst haben. Ob er freilich einer kritischen Überprüfung standhält, steht auf einem anderen Blatt.

Tatsächlich wird man kaum behaupten können, in den sechs Jahren meiner Amtszeit sei Politik über die Köpfe der Bürgerinnen und Bürger hinweg gemacht worden. Gerade bei großen Planungsvorhaben, sei es im Bereich der Verkehrsinfrastruktur oder bei der Stadtentwicklung, waren die in Düsseldorf maßgeblich von Planungsdezernentin Cornelia Zuschke angebotenen Beteiligungsformate ebenso sorgfältig vorbereitet wie inhaltlich umfassend. Die Bürgerbeteiligung beim »Raumwerk D«, beim Blau-grünen Ring oder bei Garath 2.0 – um nur drei Beispiele zu nennen – kann man guten Gewissens als vorbildlich bezeichnen. Allen-falls die Tatsache, dass bei kleinteiligeren Anhörungen häufig Partikular- und Besitzstandstandsinteressen den Ton angaben, könnte man vielleicht als »Alleingang« bezeichnen. Auch für mich persönlich möchte ich in Anspruch nehmen, dass ich bei allen größeren Vorhaben das Gespräch mit den Bürgerinnen und Bürgern gesucht habe: im Rahmen von OB-Dialogen, vor Ort oder auch bei einem Privatissime in meinem Büro im Rathaus.

Was die Führung der Verwaltung angeht, war es mein Ver-ständnis, dass der Oberbürgermeister jedenfalls dort involviert sein sollte, wo es um grundlegende stadtprägende Entscheidun-gen geht. Mit Mikromanagement hat dies nichts zu tun; viel-mehr geht es um die Ausübung der Richtlinienkompetenz und vor allem um die Übernahme von Verantwortung. Nach meinem Eindruck wussten die Beigeordneten es in der Regel auch durch-aus zu schätzen, dass sie sich mit dem Chef der Verwaltung über größere Projekte austauschen konnten und dieser auch bereit war, die Verantwortung dafür (mit) zu übernehmen.

Anders, als es das in der Öffentlichkeit bisweilen von mir ge-zeichnete »Rambo-Image« vermuten lässt, bedauere ich auch im Nachhinein nicht, an der einen oder anderen Stelle einen klaren Führungsanspruch innerhalb der Verwaltung erhoben zu haben. Dort, wo ich dies getan hatte, war ich nämlich zumeist durchaus erfolgreich. Die Neuordnung der Zuständigkeit für den Schulbau beispielsweise stieß anfangs auf erheblichen Widerstand sowohl des betroffenen Amtes für Gebäudemanagement als auch des zuständigen Dezernats. Heute wird allgemein anerkannt, dass ohne diese Verwaltungsreform das größte Investitionspro-gramm der letzten Jahre wohl kaum durchführbar gewesen wäre. Und auch das Projekt Verwaltung 2020 wäre kaum umsetzbar gewesen, wenn ich mich nicht über verwaltungsinterne und politische Widerstände hinweggesetzt hätte.

Eher schon lässt sich fragen, ob ich nicht in manchen Bereichen schneller und konsequenter hätte ein- und gegebenenfalls durchgreifen müssen. Dies gilt insbesondere für den Bereich der Verkehrsverwaltung. In der Rückschau ist es schon einigermaßen erstaunlich, wie wenig sich dieser Teil der Verwaltung von den programmatischen Zielsetzungen der Verwaltungsspitze und der Ratsmehrheit beeindrucken ließ. Themen, die die Verkehrswende voranbringen sollten, wurden häufig widerwillig und entsprechend dilatorisch bearbeitet. Das Thema Parkraumbewirtschaftung wurde mit Hinweis auf alle möglichen rechtlichen Bedenken zerredet, die Ampelvorrangschaltung zu einem teuren »Bürokratie-Monster« aufgeblasen und ein Masterplan für Park & Ride, der diesen Namen verdient gehabt hätte, wurde bis heute nicht vorgelegt.

Stattdessen kamen Vorschläge, über die ich bisweilen nur den Kopf schütteln konnte. Bestes Beispiel war vielleicht die Vorlage, die zu einer Reduzierung der Höchstgeschwindigkeit im Rheinufertunnel von 70 auf 60 km/h führte. Hier wurde auf der Grundlage eines Gutachtens argumentiert, dass die statistische Wahrscheinlichkeit eines tödlichen Unfalls durch diese Maßnahme derart reduziert werden könne, dass damit nunmehr nur noch alle 17 Jahre und nicht mehr wie bislang alle drei Jahre zu rechnen sei. Dass es im Rheinufertunnel, der im Jahr 2019 seinen 25. Geburtstag gefeiert hatte, bislang – auch bei Tempo 70 – noch nie zu einem tödlichen Unfall gekommen ist, erschien offenbar völlig irrelevant angesichts der Ergebnisse dieses »Bullshit-in-Bullshit-out«-Gutachtens, das der Verkehrsverwaltung einen fünfstelligen Betrag wert war. Immerhin gelang es mir, diese Vorlage ein Jahr lang zurückzustellen; danach musste ich dem Drängen der Verkehrsdezernentin nachgeben, die offenbar selbst unter dem Druck ihres Amtes stand, das angeblich schwere Haftungsrisiken befürchtete.

Ebenso wenig zielführend mit Blick auf die Mobilitätswende waren Vorlagen über die Erhöhung von etwa 150 Brückengeländern und zusätzliche Brandschutzmaßnahmen bei der U-Bahn in einer Größenordnung von etwa 120 Millionen Euro, für die ich freilich der Verkehrsverwaltung insofern mildernde Umstände zubilligen möchte, als diese Maßnahmen nicht auf ihrem eigenen Mist gewachsen waren, sondern auf die ziemlich absurde Regelungswut von Brüsseler Bürokraten zurückzuführen sind.

Ebenfalls hinter meinem eigenen Führungsanspruch zurückgeblieben bin ich im Bereich der Kultur. Auch wenn es nicht allen Kulturschaffenden gefallen hätte, wäre es nach meiner Überzeugung geboten gewesen, den einen oder anderen Besitzstand zu hinterfragen. Dort, wo ich es versucht hatte – bei der Struktur der Museen oder bei der Clara-Schumann-Musikschule –, blieb das Ergebnis deutlich hinter der Zielsetzung zurück. Sinnvoll gewesen wäre es wohl, einmal grundsätzlich das Selbstverständnis einer Kulturverwaltung auf den Prüfstand zu stellen, die sich – so jedenfalls meine Erfahrung – eher als Lobby der Besitzstände eines ziemlich vermachteten Kulturbetriebs versteht denn als Gestalterin einer lebendigen Kulturmetropole.

Ausführlich geschildert habe ich meinen Versuch, die Beteiligungsführung neu aufzustellen. Dass dieses Vorhaben gescheitert ist, hatte gewiss auch ein wenig mit dem Eigenleben und dem Beharrungsvermögen des zuständigen Dezernats zu tun. In erster Linie allerdings war es die Politik, die sich einer aus meiner Sicht überfälligen Reform verweigerte. Auffällig dabei war, dass es nicht die Opposition war, die besonders lautstark dagegen agitierte, sondern die Ampelpartner von FDP und Grünen. Und nicht verschwiegen sei, dass auch meine eigene Partei erkennbar ein erhebliches Unwohlsein mit meinem Vorschlag verspüren ließ.

Ampelpartner

Das Scheitern der Neuorganisation der städtischen Beteiligungsführung ist wohl das beste Beispiel für das schwierige Verhältnis zwischen Politik und Verwaltungsspitze, das mir in den letzten sechs Jahren immer wieder attestiert wurde. Dass die Ratsopposition, namentlich die CDU, zu einer inhaltlichen Zusammenarbeit nur in den allerseltensten Fällen bereit war, schien dabei niemanden sonderlich zu überraschen. Offenbar haben sich Öffentlichkeit und Medien damit abgefunden, dass in Stadträten hierzulande – anders als in Bayern und Baden-Württemberg – ein parlamentarisches Prinzip in dem Sinne gilt, dass eine parteiübergreifende Zusammenarbeit nicht die Regel, sondern eine seltene Ausnahme ist. Geradezu fundamental wurde die CDU-Opposition übrigens immer dann, wenn die Ampel nicht stand.

Bestes Beispiel ist die Abstimmung über die Tour de France, bei der die FDP sich entschlossen hatte, nicht mitmachen zu wollen. Obwohl viele Christdemokraten mit diesem Projekt – das ja eigentlich schon »ihr« Oberbürgermeister Joachim Erwin durchführen wollte – sympathisierten, waren sie aus Fraktionsdisziplin genötigt, contre cœur dagegen zu stimmen. Und ähnlich ging es wohl nicht wenigen CDUlern bei der Abstimmung über die Genehmigung des Ed-Sheeran-Konzerts, bei der die Grünen angekündigt hatten, der Vorlage des Oberbürgermeisters nicht zu folgen.

Dass vor diesem Hintergrund mein Verhältnis zur CDU-Opposition politisch schwierig war – menschlich übrigens keineswegs –, ist wenig erstaunlich. Erklärungsbedürftig allerdings ist die Tatsache, dass mir auch immer wieder eine Distanz zu den Ampelpartnern, ja sogar ein schwieriges Verhältnis zu meiner eigenen Partei bescheinigt wurde. Objektiv gesehen, also mit Blick auf die inhaltlichen Schwerpunkte meiner politischen Agenda, gab es hierfür wohl kaum eine Veranlassung. Insbesondere die SPD hatte offensichtlich gar keinen Grund zur Klage. Denn die Düsseldorfer Kommunalpolitik trug eine klare sozialdemokratische Handschrift; Priorität genossen die Themen Wohnungsbau und bezahlbarer Wohnraum, Schule und Bildung, Aufwertung der Stadtteile und Ausbau des öffentlichen Daseinsvorsorge.

Aber auch die anderen Ampelpartner hatten, was die politischen Inhalte anging, kaum Anlass, sich zu beschweren. Die Projekte, die sich die Ampel in ihrer Kooperationsvereinbarung vorgenommen hatte, wurden fast ausnahmslos sukzessive abgearbeitet.

Gerade in den Bereichen Weltoffenheit und Diversität, die insbesondere dem grünen Kooperationspartner so wichtig waren, hat Düsseldorf anerkanntermaßen unter meiner Ägide Vorbildliches geleistet. Das Thema Verkehrswende – ebenfalls ein grünes Topthema – wurde auf den Weg gebracht. Dass manches an Widerständen gescheitert ist, ließ sich kaum verhindern, zumal die Grünen selbst – siehe Umweltspur – »herumzueiern« begannen, wenn der Gegenwind zu stark wurde.

Und auch die FDP, die sich im Wahlkampf 2014 als Gralshüterin der Schuldenfreiheit profiliert hatte, kam auf ihre Kosten: Drei strukturell ausgeglichene Haushalte in Folge hatte sie mit dem Koalitionspartner CDU nie zustande bekommen.

Allerdings wäre es naiv, zu glauben, dass allein inhaltliche Übereinstimmung Konflikte im politischen Geschäft vermeiden lässt. Mancher Streit ist – so jedenfalls meine Erfahrung der letzten sechs Jahre – weniger inhaltlichen Überzeugungen geschuldet als dem persönlichen Geltungsbedürfnis oder schlicht der individuellen Eitelkeit der handelnden Personen. Und natürlich haben insbesondere kleinere Parteien nicht selten ein besonders ausgeprägtes Bedürfnis, sich zu präsentieren und profilieren, völlig unabhängig davon, ob sich das ausgewählte Thema hierfür wirklich eignet.

Vor allem aber musste ich bisweilen schmerzlich erfahren, dass es im politischen Geschäft eben nicht allein um Inhalte und Programme geht, sondern auch um das Selbstbewusstsein und Selbstverständnis von Parteien und Parteifunktionären. Und dies galt auch für meine eigene Partei, die SPD.

Parteiämter und Parteifunktionäre

Denn das eine oder andere politische Problem, mit dem ich in den letzten Jahren konfrontiert war, hatte auch mit der SPD und ihrer Ratsfraktion zu tun.

Es begann bereits mit den Verhandlungen zur Bildung der Ampel-Kooperation. An diesen Verhandlungen war ich selbst allenfalls am Rande beteiligt. Am Desinteresse meinerseits lag dies gewiss nicht, wohl aber daran, dass in Partei- und Fraktionsführung der SPD ganz offensichtlich Einigkeit darüber bestand, dass es sich hier um eine Angelegenheit der beteiligten Parteien und Fraktionen, nicht aber des Oberbürgermeisters handelte.

Erst viel später erfuhr ich, dass diese Auffassung von den Kooperationspartnern gar nicht geteilt wurde. Nach der Kommunalwahl 2020 nämlich wurde mir bei einem Gespräch mit den Grünen über eine mögliche Wahlempfehlung für die Stichwahl die Frage gestellt, weshalb ich seinerzeit nicht bereit gewesen wäre, den Kooperationsvertrag zu unterzeichnen, und damit zum Ausdruck gebracht hätte, nicht Teil der Ampel-Kooperation sein zu wollen. Nun, die Antwort mussten meine anwesenden Genossinnen und Genossen von Partei und Fraktion geben; klar war jedenfalls, dass es nicht an mangelnder Bereitschaft meinerseits gelegen hatte.

Ein gewisses Fremdeln, eine – oft keineswegs inhaltliche, sondern eher psychologische – Distanz zwischen der Partei und ihren prominenten Mandatsträgern, insbesondere wenn sie Ämter der Exekutive ausüben, ist ein Phänomen, das man in Parteien der Linken, früher auch bei den Grünen, ganz besonders aber bei der SPD, nicht selten beobachten kann. Es ist wohl eine Binsenweisheit, dass Helmut Schmidt weniger an der FDP als an seiner eigenen Partei scheiterte. Und ein prominentes kommunalpolitisches Beispiel für eine Entfremdung der Partei von ihrem Spitzenpersonal ist der ehemalige Münchner Oberbürgermeister Georg Kronawitter. Dieser populäre und erfolgreiche Oberbürgermeister wurde nach seiner ersten Amtszeit nicht wieder aufgestellt, weil ein paar SPD-Funktionäre die Auffassung vertraten, er sei der Partei nicht mehr »vermittelbar«. Die Folge war eine achtjährige CSU-Regentschaft im Münchner Rathaus, die dann 1984 wieder beendet wurde, nachdem die SPD in einem Anflug später Reue Kronawitter zum Spitzenkandidaten gekürt hatte.

Woran mag es liegen, dass gerade die SPD häufig mit ihrem Spitzenpersonal fremdelt? Zum einen hat es wohl mit dem Selbstverständnis einer Programmpartei zu tun, die sich eben über Inhalte definiert und ausdrücklich kein Wahlverein für ihr Führungspersonal sein möchte. Dies ist nachvollziehbar und aus meiner Sicht auch völlig in Ordnung.

Problematisch jedoch ist zum anderen die in SPD-Funktionärskreisen durchaus verbreitete Auffassung, sozialdemokratische Mandatsträger hätten sich bei der Ausübung ihres Amtes an Parteitagsbeschlüsse und Weisungen der Parteigremien zu halten. Dies ist aus meiner Sicht mit dem Demokratieprinzip schwer vereinbar, das ja zum Inhalt hat, dass sich die Ausübung öffentlicher Ämter letztlich auf das Vertrauen des Souveräns stützt, das dieser im Rahmen demokratischer Wahlen für eine begrenzte Zeit erteilt. Und dies gilt natürlich erst recht für Mandate, die nicht über eine Liste, sondern direkt durch eine Volkswahl vergeben werden, also etwa das Amt des Oberbürgermeisters!

Zu einer auch von den Medien genüsslich kolportierten Auseinandersetzung zwischen der Düsseldorfer SPD und ihrem Oberbürgermeister kam es im Zusammenhang mit den parteiinternen Wahlen im Frühjahr 2019.

Bereits bei den Wahlen 2017 hatte es Stimmen gegeben, die mir »abrieten«, für den Düsseldorfer SPD-Parteivorstand zu kandidieren. Darüber hatte ich mich seinerzeit hinweggesetzt und erzielte bei der Wahl der Beisitzer ein Spitzenergebnis.

2019 war der Druck ungleich höher. Zum einen wurde mir vorgeworfen, nicht regelmäßig an den Vorstandsitzungen teilgenommen zu haben; vor allem aber wurde darauf hingewiesen, dass ich als Oberbürgermeister ohnehin auch ohne formales Mandat jederzeit berechtigt wäre, an diesen Gremiensitzungen teilzunehmen. Würde ich also kandidieren, hätte dies zur Folge, dass ein hochmotiviertes Mitglied, das wesentlich mehr Zeit in die Vorstandsarbeit investieren könnte als ich, nicht gewählt würde.

Die Situation war nicht ganz einfach. Auf der einen Seite gehörte die Ausübung eines Mandats in Parteigremien nicht gerade zu meinen Lieblingstätigkeiten. Auf der anderen Seite aber sah ich natürlich die Gefahr, dass sich meine Arbeit als Oberbürgermeister von den Diskussionen und Beschlüssen der Partei – wenn nicht inhaltlich, so doch in der Innen- und Außenwahrnehmung – immer weiter entfernen könnte. Am wirkungsvollsten ließe sich dieser Gefahr ohne Zweifel mit einem überzeugenden Ergebnis bei den Gremienwahlen begegnen.

Auch hielt ich es für schwer erträglich, wenn die Vorstandsarbeit der SPD in Düsseldorf weitgehend von in der Öffentlichkeit unbekannten Funktionären bestimmt und der prominenteste Düsseldorfer Sozialdemokrat – und das war ja nun einmal ich – nicht einmal gewähltes Mitglied dieses Gremiums sein würde.

Und zugegebenermaßen war ich auch nicht begeistert von den Genossinnen und Genossen, die sich anheischig machten, in den Vorstand gewählt zu werden, um dort – anders als ich es könnte – viel Zeit zu verbringen.

Ein wenig fühlte ich mich an ein Gespräch mit Hans-Jochen Vogel vor etwa zehn Jahren erinnert, in dem wir über das »Relevanzproblem« der SPD gesprochen hatten, das nach Vogels Auffassung darin bestand, dass sich die Mitglieder und Wähler der Partei immer weniger mit den führenden Persönlichkeiten der Partei identifizieren können. Wie relevant dieses Problem ist, sollte sich ja bereits einige Wochen später bei der Europawahl zeigen, bei der der SPD-Wahlkampf von einem Juso-Vorsitzenden dominiert wurde, der zwar durchaus ein beachtliches politisches Talent an den Tag legte, es aber in seiner eigenen Alterskohorte noch nicht einmal vermochte, mehr Wähler für seine Partei zu mobilisieren, als es der Satire-Partei »Die Partei« gelang.

Am Ende verzichtete ich – ein wenig entnervt – auf eine Kandidatur und verständigte mich mit der Parteiführung darauf, mit einem für alle Seiten gesichtswahrenden Brief an die Düsseldorfer SPD-Mitglieder dem Eindruck entgegenzutreten, ich sei aus dem Parteivorstand herausgedrängt worden. Natürlich waren die Funktionäre der Partei darüber sehr glücklich, und ich tröstete mich damit, – ausnahmsweise einmal – Neigung vor Pflicht gestellt und mir damit viele wahrscheinlich nicht vergnügungssteuerpflichtige Sitzungen erspart zu haben. Im Rückblick betrachtet war dies ein Fehler, der möglicherweise mit ursächlich für die Wahlniederlage am 27. September war. Denn ohne ein – idealiter mit überzeugender Mehrheit errungenes – Mandat in den Gremien waren meine Möglichkeiten begrenzt, den Kommunalwahlkampf der SPD maßgeblich mitzuprägen. Die Quittung dafür bekamen wir – meine Partei ebenso wie ich selbst – bei der Kommunal- und OB-Wahl!

Alleingänge

Auch das Verhältnis zwischen mir und der SPD-Ratsfraktion wurde vielfach als distanziert wahrgenommen. Dies mag eine Ursache im gewaltenteiligen System der Kommunalverfassung haben. Dass zwischen Exekutive und Legislative eine gewisse Rivalität herrscht, selbst wenn sie von Vertretern derselben Partei repräsentiert werden, ist durchaus nicht unüblich und lässt sich auf allen Ebenen der staatlichen Ordnung – Bund, Land und eben auch in den Kommunen – immer wieder beobachten.

In Düsseldorf kam aber nach meinem Eindruck noch erschwerend hinzu, dass sich führende Vertreter der SPD-Fraktion bisweilen in einem Loyalitätskonflikt zwischen »ihrem« Oberbürgermeister und den Ampel-Kooperationspartnern sahen, bei dem offenbar nicht selten die Erwägung den Ausschlag gab, dass mit den Ampel-Partnern eine bindende Vereinbarung bestand, mit dem Oberbürgermeister hingegen nicht. Besonders deutlich wurde dieser Loyalitätskonflikt bei den angeblichen »Alleingängen«, die mir immer wieder unterstellt wurden.

Entgegen dem gerade auch in der veröffentlichten Meinung vermittelten Eindruck gab es dergleichen Alleingänge übrigens so gut wie gar nicht. Tatsächlich nämlich wurden alle Entscheidungen von mehr als marginaler Bedeutung im regelmäßig alle 14 Tage stattfindenden »Ampel-Frühstück« vorbereitet, erläutert und erörtert. Hinzu kamen regelmäßige Treffen mit der SPD-Fraktionsspitze.

Bei Themen, die ein höheres Maß an Vertraulichkeit erforderten, suchte ich in der Regel das direkte Gespräch mit den Vorsitzenden der Ampel-Fraktionen. Die von mir im Frühjahr 2019 geplante Neuaufstellung der Beteiligungsführung ist ein gutes Beispiel dafür. Es liegt auf der Hand, dass diese Angelegenheit so lange wie möglich vertraulich behandelt werden musste. Gleichwohl waren selbstverständlich Spitzenvertreter aller Ampel-Kooperationspartner in diese Pläne eingeweiht. Dass sie im Nachhinein öffentlich das Gegenteil behaupteten, gehört wohl zum politischen Geschäft.

Die Benennung des Düsseldorfer Flughafens nach Johannes Rau, die im Frühjahr 2016 diskutiert wurde, war schon deshalb kein Alleingang, weil dieses Vorhaben gemeinsam mit der Ministerpräsidentin Hannelore Kraft geplant war. Richtig ist allerdings, dass die entsprechenden Pläne offenbar aufgrund einer Indiskretion der Staatskanzlei an die Öffentlichkeit gelangten, bevor ich Gelegenheit hatte, die Ampel hierüber zu unterrichten.

Für das Verhalten meiner eigenen Partei in diesem Zusammenhang hatte und habe ich dennoch bis heute wenig Verständnis. Den Düsseldorfer Flughafen nach dem bedeutendsten Politiker Nordrhein-Westfalens zu benennen war ohne Zweifel und nicht nur aus der Sicht eines Sozialdemokraten eine angemessene und überfällige Würdigung von Raus langjährigem Wirken als Ministerpräsident und Bundespräsident. Immerhin wurde dieses Ansinnen – auch öffentlich – von Weggefährten Raus aus anderen Parteien unterstützt, von Burkhard Hirsch beispielsweise, Rita Süssmuth oder Michael Vesper.

Vor diesem Hintergrund hätte man erwarten können, dass die SPD-Fraktion – völlig unabhängig davon, ob sie in die entsprechenden Pläne eingeweiht war oder nicht – nachdrücklich Zustimmung signalisiert und die Erwartung zum Ausdruck gebracht hätte, dass dies von einer breiten Mehrheit, jedenfalls aber allen Ampel-Kooperationspartnern mitgetragen würde.

Stattdessen schwiegen sowohl der Partei- als auch der Fraktionsvorsitzende zunächst und äußerten sich noch nicht einmal, als die FDP-Fraktionsvorsitzende über die Medien ebenso haltlose wie despektierliche Äußerungen über Johannes Rau verbreiten ließ. Und die Erleichterung in der Fraktionsspitze war spürbar, als ich den Vorschlag schließlich zurückzog, um es nicht zu einem unwürdigen Abstimmungsergebnis kommen zu lassen, das dem Andenken Johannes Raus Schaden zugefügt hätte.

Der Schaden, den sich die SPD-Fraktion dabei selbst zugefügt hatte, ließ sich freilich nicht mehr beheben. Der Eindruck jedenfalls blieb, dass sich die SPD (mal wieder) von den kleineren Kooperationspartnern hatte vorführen lassen, dabei »ihren« Oberbürgermeister »im Regen stehen« ließ und auch noch in Kauf nahm, dass eine Partei-Ikone wie Johannes Rau beschädigt wurde. Geradezu wie Hohn mutet es an, dass einige Monate später ausgerechnet die FDP forderte, den Leipziger Flughafen nach dem seinerzeit verstorbenen ehemaligen Außenminister Hans-Dietrich Genscher zu benennen.

Zugegebenermaßen ein Alleingang war das Farid-Bang-Video. Hier unterblieb in der Tat eine vorherige Unterrichtung von Partei und Fraktion. Zwar konnte ich durchaus verstehen, dass die Person Farid Bang bei vielen Mitgliedern der SPD auf erhebliche Vorbehalte stieß; wenig Verständnis hatte ich aber dafür, dass sich die SPD von dieser Aktion »ihres« Oberbürgermeisters distanzierte. Von anderen Parteien jedenfalls ist mir Derartiges, zumal in Wahlkampfzeiten, nicht bekannt.

In der Außenwirkung ist ein solches Verhalten offenkundig alles andere als hilfreich. Für einen unbeteiligten Beobachter des politischen Geschehens ist der Oberbürgermeister der prominenteste Vertreter der SPD, und wenn die SPD Form und Inhalt seiner Vorschläge oder Maßnahmen kritisiert, dann gibt es Streit in der SPD, und das kommt grundsätzlich nicht gut an, und am allerwenigsten in Düsseldorf, wo derartiger Zwist erfahrungsgemäß von den dominierenden Medien genüsslich ausgeschlachtet wird.

Ich möchte aber keinen falschen Eindruck erwecken. In der Regel klappte – wenn auch von den Medien unbemerkt oder unbeachtet – gerade die Zusammenarbeit mit der SPD-Fraktion gut, und die meisten Mitglieder der Fraktion waren nicht nur loyale, sondern leidenschaftliche Unterstützer unserer gemeinsamen Politik. Insbesondere mein Verhältnis zu Bürgermeisterin Klaudia Zepuntke war nicht nur vertrauensvoll, sondern von gegenseitiger Freundschaft und Sympathie getragen; Klaudia war nicht nur häufig ein sehr sensibles Frühwarnsystem, sie vermochte auch die Wogen zu glätten, wenn die Warnung einmal zu spät kam.

Das Ganze denken

*»Die gefährlichste aller Weltanschauungen ist
die Weltanschauung der Leute, welche die Welt
nicht angeschaut haben.«*
Alexander von Humboldt (1769–1859)

Wenn ich auf die sechs Jahre meiner Amtszeit zurückblicke, tue ich dies ohne Bitterkeit. Es waren sechs intensive und erfüllte Jahre. Und Spaß gemacht hat es auch. Ja, Oberbürgermeister von Düsseldorf war in der Tat mein Traumberuf.

Düsseldorf hat sich in den sechs Jahren meiner Amtszeit verändert, und niemand wird sich darüber wundern, dass ich persönlich diese Veränderung als positiv wahrnehme. Die Stadt ist nicht nur an Einwohnern, Arbeitsplätzen und Gewerbesteueraufkommen gewachsen, nach meinem Eindruck ist die Stadt auch sympathischer und noch liebenswerter geworden. Vieles ist während meiner Amtszeit gelungen, und darüber bin ich glücklich und denen, die dazu beigetragen haben, dankbar.

Freilich bin ich bei einer ganzen Reihe von Vorhaben auch an Grenzen gestoßen und deshalb hinter meinem eigenen Anspruch zurückgeblieben. Persönlich ist das enttäuschend, aber auf den Wahlausgang am 13. und 27. September 2020 hatte dies, so vermute ich, kaum einen Einfluss. Vielleicht trifft sogar eher das Gegenteil zu: Es wäre manchmal besser gewesen, die eigenen Ansprüche zurückzunehmen. Gerade in der Verkehrspolitik wäre es vielleicht taktisch klüger gewesen, wenn ich an der einen oder anderen Stelle zunächst die politischen Befindlichkeiten überprüft hätte, bevor ich mich daranmachte, das umzusetzen, was ich mir vorgenommen hatte. Auch etwa beim Wohnungsbau wäre es womöglich besser gewesen, auf diejenigen zu hören, die mir rieten, mehr Rücksicht auf gut organisierte Nachbarinteressen zu nehmen, als »stur« die vereinbarte wohnungspolitische Agenda durchzusetzen. Und auch in der Kulturpolitik wäre mir wohl mancher Konflikt erspart geblieben, wenn ich schlicht »die Klappe gehalten« oder den einen oder anderen Punkt ausgesessen hätte. Im Ergebnis hätte ich damit dann zwar wahrscheinlich weniger umgesetzt, politisch aber wäre ich mit ziemlicher Sicherheit erfolgreicher gewesen. Denn entgegen dem Bild, das gerne in der Öffentlichkeit gezeichnet wird, ist der »Macher« in der Regel eben kein erfolgreicher Politiker.

Und insofern mag eine Ursache meiner Niederlage vielleicht gerade darin liegen, dass ich mich in den letzten sechs Jahren eben nicht – wenn man so will – mit Haut und Haaren auf das politische Geschäft eingelassen habe, sondern ein »Manager«, bestenfalls aber ein »Grenzgänger« zwischen Politik und Wirtschaft geblieben bin.

Ich habe bereits im Kapitel zum Stadtkonzern darauf hingewiesen, dass die Anforderungen und Erfolgskriterien in Politik und Wirtschaft durchaus unterschiedlich sind. Dies hat mit dem Erfahrungshintergrund und der daraus resultierenden Selbstwahrnehmung der handelnden Personen zu tun. Und in dem Maße, wie das politische Geschäft immer spezialisierter wird und sich damit auch immer mehr verselbstständigt, wird der »Grenzübertritt« immer schwerer.

Dass das politische Geschäft immer spezialisierter wird, hat natürlich mit steigenden Anforderungen zu tun. Selbst die grundsätzlich ehrenamtliche Tätigkeit eines Ratsmitglieds lässt sich kaum mehr nebenher, gewissermaßen »mit links«, erledigen. Sie erfordert hohen zeitlichen Einsatz, sachliche Kompetenz und – mit Blick auf öffentliche Kritik und allfällige Shitstorms – oft auch ein dickes Fell. Wenn man sich die Biografien der Ratsmitglieder anschaut, steigt – in allen Fraktionen – die Zahl derjenigen, die mehr oder weniger hauptberuflich Politik machen. Und vor diesem Hintergrund ist es nicht überraschend, sondern eher schon folgerichtig, dass nicht wenige in einem Ratsmandat auch ein mögliches Sprungbrett sehen für eine Karriere als Berufspolitiker in Land und Bund.

Dass jemand die Politik zu seinem Beruf machen möchte, ist nichts, worüber man die Nase rümpfen sollte. Ganz im Gegenteil: Aus eigener Erfahrung weiß ich, dass es kaum etwas Erfüllenderes gibt als eine Tätigkeit für das Gemeinwohl. Problematisch an einem solchen »Leben von der Politik« ist aus meiner Sicht allerdings, dass sehr leicht Abhängigkeiten entstehen können, die einer Amtsausübung, die der eigenen Überzeugung entspricht oder – wie es im Grundgesetz so schön heißt – nur dem eigenen »Gewissen unterworfen« ist, entgegenstehen.

Derartige Abhängigkeiten können zum einen unmittelbar finanzieller Natur sein. Auch wenn die Ratsarbeit grundsätzlich ehrenamtlich ist, kann man in dieser Eigenschaft durch die Wahrnehmung von Mandaten in städtischen Beteiligungsunternehmen oder Zweckverbänden durchaus ein erkleckliches Zubrot verdienen. Und mit Blick auf die bisweilen recht üppigen Mandatsvergütungen und Sitzungsgelder, die in Verkehrsverbünden, Landschaftsverbänden und insbesondere in Verwaltungsräten von Sparkassen bezahlt werden, mag der eine oder die andere Kommunalpolitiker(in) aus nachvollziehbaren Gründen vor Fragestellungen und Strukturreformen zurückschrecken, die ihn oder sie möglicherweise das Mandat kosten könnten.

Vor allem aber entstehen Abhängigkeiten gegenüber der Partei, der man das politische Mandat zu verdanken hat, von dem man lebt. Entscheidend hierfür ist nämlich in erster Linie der parteiinterne Rekrutierungs- und Nominierungsprozess. Und

Die ganze Stadt im Blick

maßgeblicher Erfolgsfaktor hierbei ist weniger der »Appeal« beim Wähler als die Fähigkeit, einen Parteitag zu begeistern und erfolgreich Absprachen mit anderen Funktionären zu treffen. Insofern wird durch dieses Berufspolitikertum einer Tendenz Vorschub geleistet, bei der Politik immer mehr zu einem selbstreferenziellen System in dem Sinne wird, dass über Erfolg und Misserfolg weniger das praktische politische Gestaltungsvermögen entscheidet als vielmehr der virtuose Umgang mit parteiinternen Gremien und Verfahren. Politik beginnt, Nabelschau zu betreiben, der »Apparat« wird immer mächtiger und fängt an, sich zu verselbstständigen.

Dies ist eine der Ursachen für die Distanz, die sich gerade in einer Partei wie der SPD nicht selten zwischen der »Funktionärsbasis« und ihren Repräsentanten in öffentlichen Spitzenämtern entwickelt. Gewissermaßen am eigenen Leibe habe ich dies bei den Gremienwahlen 2019 erfahren.

Politikerfahrene Berater aus meinem Umfeld haben mich immer wieder darauf aufmerksam gemacht, ich dürfe unter keinen Umständen den Eindruck erwecken, die Politik »nicht ernst zu nehmen«. Nun, dass es im kommunalpolitischen Geschäft ganz wesentlich auf die Politik ankommt, war mir schon klar, und das Zeitbudget, das ich auf Diskussionen mit Politikern – seien es Parteivertreter oder Ratsmitglieder aller Fraktionen – verwendete, war durchaus beachtlich. Allerdings räume ich ein, dass ich in der Zusammenarbeit mit der Politik nur einen Faktor erfolgreicher kommunalpolitischer Gestaltung sah; andere »Stakeholder« – seien es Kreative und Kulturschaffende mit guten Ideen, Investoren und Planer mit interessanten Vorhaben oder Ehrenamtler und Philanthropen mit originellen Projekten – erschienen mir diesbezüglich nicht weniger maßgeblich. Und das eine oder andere Mal ließ ich wohl auch durchblicken, dass ich erhebliche Zweifel hatte, ob die politischen Diskussionen innerhalb von Parteigremien oder unter der »Dunstglocke über dem Rathaus« tatsächlich die öffentliche Wahrnehmung und Stimmung im Hinblick auf ein bestimmtes Thema reflektierten.

Im Nachhinein war dies wohl eine verhängnisvolle Fehleinschätzung. Denn letztlich entscheidet über Erfolg und Misserfolg in der Politik eben kein wie auch immer gearteter objektiver Maßstab und schon gar keine quantifizierbare »Bottom Line«, sondern das, was die öffentliche und veröffentlichte Meinung daraus macht. Und wer dies nicht versteht oder nicht wahrhaben will, gerät schnell in den Ruf der Rechthaberei und des »Alleingängertums«.

Vielleicht lag es ja daran, dass mir bei mancher Diskussion gerade auch von Vertretern der Ampelfraktionen Misstrauen, manchmal sogar regelrechte Abneigung entgegenschlug. In den Augen der Politikprofis im Rat bin ich bis zum Schluss ein Grenzgänger geblieben, von dem man nicht recht wusste, ob es Arroganz, Sturheit oder Unerfahrenheit war, weshalb er sich nicht eindeutig zuordnen ließ und nicht so richtig in den Politikbetrieb passte.

Es wird – besonders in sogenannten Sonntagsreden – häufig bedauert, dass sich so wenig Personen aus der Wirtschaft in der Politik engagieren und der Weg von der Politik in die Wirtschaft selten und beschwerlich ist (und von einigen rühmlichen Ausnahmen abgesehen in der Regel nur in Lobbyisten-Positionen mit geringer Halbwertszeit führt). Dass ich insofern eine Ausnahme bin, ist, wie ich beschrieben habe, vielen glücklichen Zufällen geschuldet. Und manches spricht dafür, dass diese Karrieren auch die Ausnahme bleiben werden.

Wenig hilfreich in diesem Zusammenhang sind Diskussionen über eine angeblich zu große Nähe zwischen Politik und Wirtschaft, die insbesondere immer dann beklagt wird, wenn Politiker sich ziemlich ungeniert als – womöglich dafür auch noch bezahlte – Lobbyisten wirtschaftlicher Partikularinteressen gerieren oder ihr Amt ausnutzen, um Geschäfte zum eigenen Vorteil zu machen. Hieraus werden dann schnell Forderungen abgeleitet, die Durchlässigkeit zwischen Politik und Wirtschaft noch dadurch zu erschweren, dass nach einem Seitenwechsel Karenzzeiten eingehalten werden müssen, die manchem gar nicht lang genug sein können.

Hier wird offenkundig das Kind mit dem Bad ausgeschüttet. Denn aus dem Fehlverhalten des einen oder anderen Politik-Raffkes kann keineswegs geschlossen werden, dass Politik und Wirtschaft getrennte Sphären sein müssen, die sich nicht gegenseitig durchdringen dürfen. Vielmehr bekommen durch diese Diskussionen diejenigen Parteifunktionäre Oberwasser, denen es ohnehin am liebsten wäre, wenn nur noch »Linientreue« und »Ochsentourer« mit Mandaten und Pöstchen belohnt werden. Und die Tendenz ist heute schon unverkennbar, dass Parteien –

und dies gilt fast unterschiedslos für alle – Quereinsteigern kaum mehr eine Chance geben, selbst wenn diese für höhere Ämter qualifiziert wären und Wahlen gewinnen könnten. Helmut Kohl war vielleicht der letzte Parteiführer, der Quereinsteigern (jedenfalls so lange, wie sie ihm selbst nicht gefährlich wurden) bemerkenswerte Karrieren ermöglicht hat: Richard von Weizsäcker, Rita Süssmuth, Heiner Geißler, Norbert Blüm, Rupert Scholz, um nur einige zu nennen, wären ohne ihn wohl kaum in hohe und höchste Staatsämter gelangt.

Gegen den heutigen Trend, Parteien immer mehr zu »Closed Shops« werden zu lassen, scheint es kaum noch Widerstand zu geben, am wenigsten, so hat es den Eindruck, aus der Wirtschaft selbst. Hier begnügt man sich gerne damit, Politiker zu ignorieren, wenn nötig für eigene Zwecke zu instrumentalisieren und ein wenig von oben herab zu behandeln. Das klassische Parteileben, insbesondere an der Basis, ist eine Lebenswelt, die der Wirtschaft, jedenfalls in ihren gehobenen Etagen, immer fremder wird und von der man häufig gar keine Vorstellung mehr hat. Ich kann mich erinnern, dass ich bei meinen E.ON-Kollegen manchmal den Eindruck hatte, dass vielen von ihnen mein Besuch einer Jahreshauptversammlung des SPD-Ortsvereins so exotisch erschien, als würde ich an den deutschen Meisterschaften im Modernen Fünfkampf teilnehmen.

Natürlich ist diese Entwicklung besorgniserregend. Die Aufgabe der Politik ist es, auf staatlicher ebenso wie kommunaler Ebene die hoheitlichen Spielregeln zu setzen, innerhalb derer sich Gesellschaft und Wirtschaft entwickeln können. Da ist es nicht nur hilfreich, sondern geradezu geboten, auch aus eigener Erfahrung und Anschauung voneinander zu wissen. Empathie und Urteilsvermögen setzen nun einmal Erfahrung voraus.

Je geringer die gegenseitige Durchdringung und je größer die Distanz zwischen Politik und Wirtschaft ist, desto schwieriger wird es, adäquate, nicht nur dem Buchstaben, sondern auch dem Geiste nach akzeptierte Normen und Rahmenbedingungen zu entwickeln. Unter dieser Entwicklung leiden nicht nur der soziale Zusammenhalt, sondern letztlich auch die Akzeptanz der politischen Ordnung an sich und der Erfolg unseres Gesellschaftsmodells.

Aber – wer weiß? – vielleicht verläuft ja auch diese Entwicklung nicht linear, sondern stößt – womöglich schon sehr bald – an ihre Grenzen. Vielleicht geben uns ja die Corona-Pandemie – und insofern hätte sie dann doch etwas Gutes – und die mit ihr verbundene Disruption routinierter gesellschaftlicher und politischer Abläufe die Gelegenheit, innezuhalten und grundsätzlich darüber nachzudenken, wie wir unser Gemeinwesen neu denken und neu gestalten wollen.

Ich denke dabei etwa an einen neuen »Generationen-Vertrag«, der Solidarität zu mobilisieren imstande ist, und zwar gerade dort, wo eigene Interessen weniger oder gar nicht betroffen sind. Und Corona ist dabei ja gewissermaßen die »Blaupause«: So wie wir von den Jungen Solidarität bei der Eindämmung eines extrem altersdiskriminierenden Virus erwarten, sollten wir darauf vertrauen können, dass sich auch diejenigen an den Anstrengungen zur Eindämmung der Klimakatastrophe beteiligen, die ihre Auswirkungen mit hoher Wahrscheinlichkeit gar nicht mehr erleben werden.

Dasselbe gilt für die nachhaltige Sicherung des Zusammenhalts in unserer immer heterogeneren Gesellschaft: Hier bedarf es eines neuen Konsenses, dass für sozialen Status und die Zuteilung gesellschaftlicher Ressourcen nicht Abstammung und Herkunft, sondern Engagement und Leistung maßgeblich sein sollen.

Und wünschenswert, vielleicht sogar erforderlich, wäre auch ein neuer »ordnungspolitischer Konsens« über die Rollenverteilung von Staat und Gesellschaft in unserem Gemeinwesen. Ein äußerlich immer perfekteres System der Verrechtlichung – manch einer würde denselben Sachverhalt als »staatliche Regelungswut« fast aller gesellschaftlichen Bereiche bezeichnen – kontrastiert in manchmal fast grotesker Weise mit der weitverbreiteten Erfahrung staatlicher Ohnmacht gegenüber mächtigen gesellschaftlichen Akteuren, namentlich etwa im Bereich der Internet Economy.

Ein immer selbstreferenzielleres politisches System wird dazu nicht in der Lage sein. Und eine Gesellschaft, die sich in erster Linie als Vereinigung von Lobbyorganisationen zur Verteidigung von Besitzstandsinteressen versteht, noch viel weniger. Gelingen wird dies nur, wenn wir das Ganze denken wollen und können. Und das setzt voraus, dass es Grenzgänger gibt, die bereit und willens sind, einen Seitenwechsel vorzunehmen.

Aus eigener Erfahrung kann ich sagen, dass die Anstrengung sich lohnt. Auch wenn es nur sechs Jahre waren.

Danke

Dieses Buch habe ich im Wesentlichen zwischen Dezember 2020 und März 2021 geschrieben, also unmittelbar nach dem Ende meiner Amtszeit. Da ich über amtliche Unterlagen und Dokumente nicht verfüge, diente als Quelle in erster Linie meine Erinnerung; dort, wo ich mir nicht mehr sicher war, griff ich auf allgemein zugängliche Quellen zurück, und in Einzelfällen half meinem Gedächtnis auch ein Gespräch mit ehemaligen Mitarbeitern auf die Sprünge. Gleichwohl will ich nicht ausschließen, dass ich beim einen oder anderen Thema, das Gegenstand dieses Buches geworden ist, Gesichtspunkte und Tatsachen übersehen oder nicht erwähnt habe, die der eine oder die andere für relevant erachten mag. Dies könnte an meiner Vergesslichkeit liegen – insofern bitte ich schon vorsorglich um Nachsicht –, vielleicht aber auch daran, dass eben auch historische Vorgänge zu ihrem Verständnis der Interpretation bedürfen. Mit Bedacht habe ich mich darauf beschränkt, nur über Ereignisse und Erlebnisse zu berichten, die in meine Amtszeit gefallen sind. Dort, wo sich meine Ausführungen in die Zukunft richten, basieren sie auf dem Erkenntnisstand, den ich zum Zeitpunkt des Ausscheidens aus dem Amt hatte. Vorkommnisse und Entscheidungen, die in die Amtszeit meines Nachfolgers fallen, habe ich bewusst nicht erwähnt und schon gar nicht kommentiert.

Schriftstellerische Tätigkeit gehört – jedenfalls in der Regel – nicht zum Kerngeschäft eines Oberbürgermeisters und auch nicht eines Managers in der Energiewirtschaft. Umso glücklicher bin ich über vielerlei Rat, Zuspruch und Hilfe, die ich bei diesem Vorhaben erfahren habe: von Kolleginnen und Kollegen, mit denen ich sechs Jahre lang zusammenarbeiten durfte, von Freunden und Bekannten, die meine Tätigkeit als Betroffene und Au-

ßenstehende erlebt und beobachtet haben, und – last but not least –
von kritischen Geistern, die vom Schreiben und Formulieren
mehr verstehen als ich.

Pars pro toto möchte ich nur einige nennen: Jochen Wirtz, Dieter
Schneider-Bichel und Sarah Walther waren nicht nur enge Weg-
gefährten im Büro 01; sie haben mich auf die Idee gebracht, dieses
Buch zu schreiben, und mich auch dabei mit Rat und Tat begleitet.
Sebastian Juli, Michael Serrer, Andreas Turnsek, Bernhard von
Kries, Sabine von Hümmel und Christian Reichmuth haben zahllose Manuskriptfassungen gelesen und kritisch durchgesehen.
Jens Prüss hat nicht nur mein erstes Buch »Düsseldorf – persönlich« literarisch bereichert; auch das vorliegende Werk wäre ohne
sein Zutun sicherlich (noch) weniger unterhaltsam! Bert Rürup hat
sich gleich zwei Abende Zeit genommen für den Versuch, mir bei-
zubringen, wie man auch eine trockene Materie einigermaßen interessant zu Papier bringen kann. Dankbar bin ich meinen »Mit-
Ex-OBs« Ivo Gönner, Eva Lohse, Ulrich Pfeifle und Uli Maly, die sich
ebenfalls durch das Manuskript gearbeitet haben und denen ich
viele wertvolle Hinweise verdanke. Mein Lektor des Droste Verlags,
Christoph Nettersheim, hat nicht nur mit großer Akribie Tippfeh-
ler identifiziert und sprachliche Holprigkeiten eliminiert; ihm verdanke ich auch, dass inhaltliche Inkonsistenzen beseitigt wurden
und dort die Sprache angepasst wurde, wo ansonsten nur Insider
etwas verstanden hätten.

Den größten Dank aber schulde ich meiner Familie, meiner Frau
Vera und meinen fünf Töchtern. Sie haben mich nicht nur sechs
Jahre lang als Oberbürgermeister tapfer ertragen, sondern auch
manche Diskussion, manche Telefon- und Videokonferenz, den
pausenlos in Beschlag genommenen Drucker und was sonst noch
erforderlich war, um die letzten sechs Jahre schriftstellerisch auf-
zuarbeiten. Immerhin war es ihnen ein Trost, dass die Arbeit an diesem Buch meine Resozialisierung befördert und dafür gesorgt hat,
dass sich die Entzugserscheinungen nach sechs Jahren Traumjob
in Grenzen gehalten haben.